|개정판|

신교직실무

김헌수 · 심연흠 · 류재수

태영출판사

사범대학 및 교육대학원의 커리큘럼 개편의 일환으로 교직과정에 '교직실무' 과목이 개설된 것은 미래의 교사를 양성하는 학부와 대학원 과정에서부터 실질적이고 실무적 지식을 쌓게 하여 교사로서 일선 학교 현장에 나갔을 때보다 유능한 교사로 바로 설 수 있도록 하려는 목적에서 일 것이다. 이는 지금까지 사범대학이나 교육대학원에서 배출되는 교사들이 교직을 수행함에 있어 실무 능력이 미흡하다는 인식에서 비롯되었을 것으로 사료된다. 따라서 본 과목은 교육학의 여러 이론을 바탕으로 학교현장에서의 실무 능력을 함양시키는 과목이 되어야 할 것이다.

본 과목의 수강은 학부에서는 대개 3학년 2학기 이후에, 교육대학원에서는 4학기 이후에 수강이 이루어질 것이므로 이 과목을 공부하는 학생들은 이미 교육학개론이나 교육학의 각 분야와 관련된 과목들을 이수하여 상당한 정도의 교육학 전반에 관한 지식을 쌓았기 때문에 자칫 중복되는 부분이 많을 수도 있을 것으로 생각된다. 그래서 필자들은 본서를 집필함에 있어 이론적인 부분을 가급적이면 줄이거나 생략하고 철저하게 실무 위주로 집필하되 잡다한 설명을 배제하고 노트를 보고 공부하듯 쉽게 활용할 수 있도록 간략하며 간결한 문체로 집필하려고 노력하였다. 그러고 보니 본서의 체계나 내용이 일반 이론서에 비하여 학문적이지 못하고 매끄럽지 못하며 좀 산만한 느낌을 받을 수도 있을 것으로 여겨진다. 뿐만 아니라 현장에서 활용되는 많은 자료들을 수집하여 이를 재구성하는 식으로 집필이 이루진 관계로 공개된 자료들을 활용했음에도 불구하고 본의 아니게 본서에 앞서 출판된 서적이나 자료들을 인용함에 있어 일일이 허락받지 못한 부분도 있어 이 점 깊이 양해해 주실 것을 바란다.

집필자 중 30여 년을 사범대학에서 예비교사들을 대상으로 교육학을 강의해 온 김헌수 교수는 우리나라의 중견 교육학자로서 본서의 전반적인 체제와 구성 그리고 이론적 배경 부분을 담당했으며, 심연흠 겸임교수와 류재수 겸임교수는 중등교육계에서 쌓은 실무적 경험과 학부 강의를 바탕으로 예비교사들에게 반드시 필요한 실무적 부문을 담당하여 집필하였다. 이는 어쩌면 교육학 이론에 밝은 저명한 교육학자와 실무 능력과 현장 경험이 풍부한 중등교육 현장 출신의 저자들이 콤비를 이룬 형태로 본서 집필에 아주 적합한 조합이었다고 자부하는 바이다.

그리고 본서의 체제는 대학의 한 학기 강의가 대략 15주~16주인 점을 감안하여 강의에 편리하도록 14장으로 구성하였다. 제1장에서 제8장까지는 교직에 대한 이해와 교직만이 갖는 고유한 업무를 중심으로 다루었으며, 제9장에서 제12장까지는 교육공무원으로서 알아야 할 일반적인 행정 실무에 관한 내용을 담았다. 그리고 제13장에서는 교직을 수행하면서 겪을 수 있는 매너리즘을 극복하고 자기 계발을 통해 더 큰 보람을 느낄 수 있는 방안에 대하여 고찰하였고 제14장은 학사실무 관리에 대한 내용을 다루었다.

흔히 교사들은 자신이 담당한 과목만 잘 가르치면 되는 것으로 단순하게 생각하는 경우를 더러 보게 되는데 교사가 학생을 보다 더 잘 가르치기 위해서는 가르치는 실질적 방법과 더 좋은 실천적 방안에 대한 부단한 연구와 노력이 필요하며 학교도 하나의 단위 행정기관이고 교사도 공무원이기 때문에 가르치는 일 외에 공무 수행에 필요한 행정 업무가 있으므로 행정 업무 처리에 있어서도 능력을 발휘할 수 있어야 한다. 따라서 본서는 사범대학생 및 교육대학원생

뿐만 아니라 일선 교육 현장에 있는 교사들에게도 유용하게 활용할 수 있을 것이다.

끝으로 미흡한 내용을 기꺼이 출판해 준 김현태 사장님과 직원분들께 감사를 드리며, 실무서적이기 때문에 앞으로 법규가 바뀌거나 미흡한 부분에 대해서는 지속적으로 수정 · 보완해 나갈 것임을 천명한다.

2016년 1월

집필자 일동

차
례

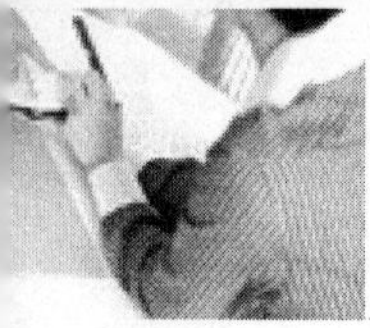

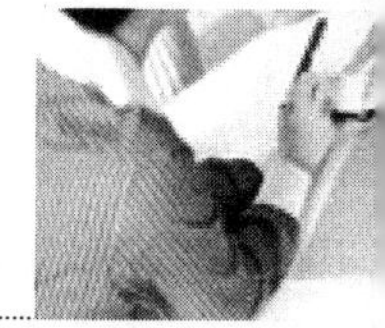

제 1 장

교직에 대한 이해

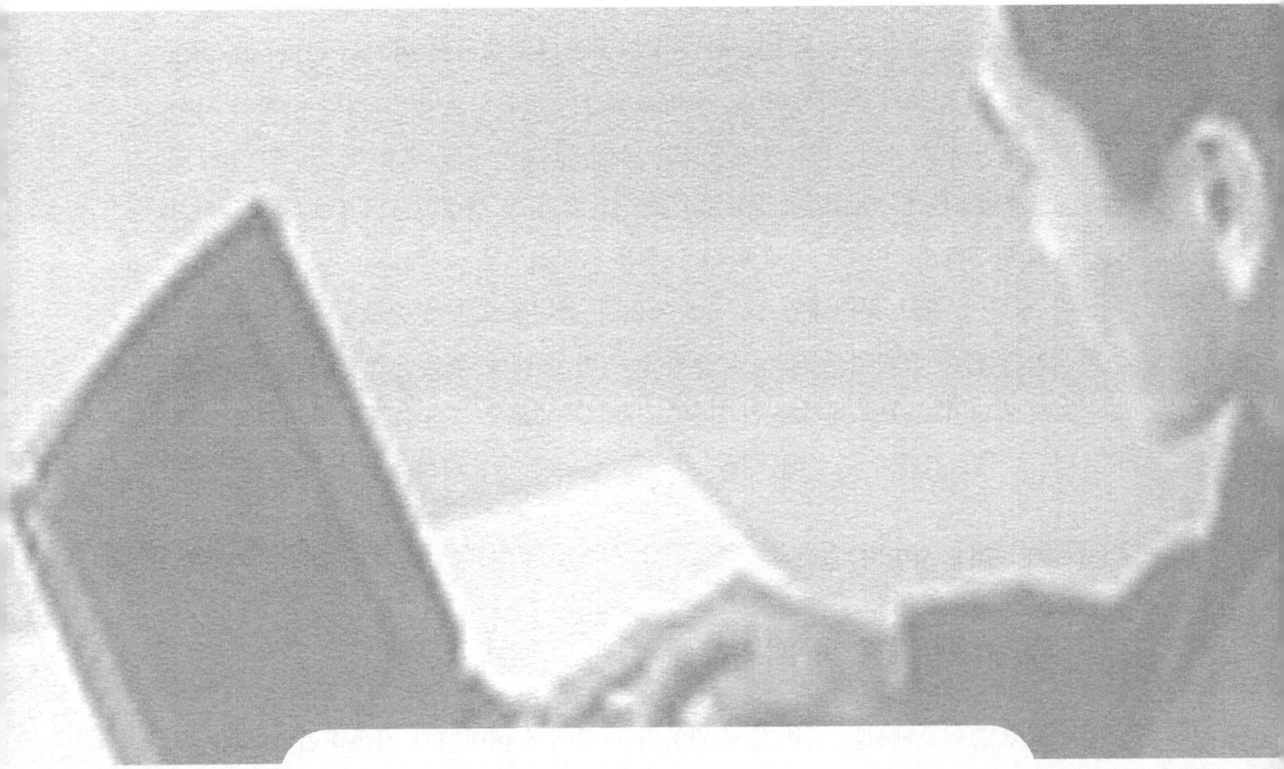

1. 교직의 기원과 변천
2. 현대의 교직
3. 교원의 권리와 의무

1. 교직의 기원(起源)과 변천

교육의 시작은 고대사회에서부터 지배계급들이 그들의 기득권을 유지하기 위하여 자신의 자녀들에게 일정한 지적 수준을 가진 사람을 고용해서 그 시대에 필요한 지식을 가르치도록 한 데서 비롯되었다. 오늘날의 학교를 뜻하는 'school'이라는 단어가 귀족층 자녀들이 여가를 선용하던 곳인 'scholē'를 어원으로 하고 있음이 바로 교육은 생산 활동에 직접 참여하지 않아 여유시간이 많은 계층의 자제들을 위해 교육이 기원하고 있는 것을 보여주는 단적인 예라 할 것이다.

따라서 고대 초기의 교직은 상류층에 고용되어 자제들의 개인 교육을 담당하는 예속적인 미천한 신분으로 특별한 전문지식을 필요로 하지는 않았으며 3R's를 지도할 정도의 지적 능력을 가지고 있으면 충분하였다. 그러나 사회가 차츰 발전하면서 지식의 양이 많아지고 교육에 대한 욕구와 수요가 소수의 엘리트 계층뿐만 아니라 대중들에게도 확대되어감에 따라 형식적 교육(formal education)기관이 발생하게 되었다. 이에 따라 교육을 전문적으로 수행하는 전문 직업으로서의 교직이 점차 뿌리내렸으며 그 지위도 점진적으로 상승되었다.

이와 같은 교직이 고대에서 중세를 거쳐 근대에 이르기까지 교육사적으로 교직 발달의 중요한 계기가 된 상징적 교사상(教師像)을 시대 순으로 개관해 봄으로써 교직의 기원과 변천에 대한 이해를 도모하고자 한다.

가. 고대 서양의 교직

(1) 최초의 교직 '파이다고고스'

고대 그리스에서는 아이가 출생하면 가정에서 어머니가 기초적인 교육을 실시하다가 8세에 이르면 어머니의 품에서 떠나 '파이다고고스(Paidagogos)'라 불리던 일종의 교복(教僕)으로부터 교육을 받았다.

당시 '파이다고고스'는 노예 신분으로 특별한 자질을 필요로 하지는 않았고 노예 중에서 특별하게 주인의 신망을 받는 자들이었으며 비록 신분은 낮았지만 주인의 어린 자녀들을 맡아서 성인이 될 때까지 항상 함께 동행하고 교육하는 몽학선생(가정교사)의 역할을 담당했기 때문에 그 영향력은 상당히 컸다고 볼 수 있었다. 따라서 이들은 고대 그리스 최초의 교직이었다고 할 수 있으며 이와 같은 파이다고고스의 성격을 가진 교직은 그리스뿐만 아니라 고대 로마나 이스라엘(신약성경, 갈라디아서 3 : 24) 등에도 있었다.

(2) 최초의 직업교사군(群) '소피스트'

소피스트(Sophist)란 '현인(賢人)' 또는 '지자(知者)'를 의미하는 것으로 B.C. 5세기 무렵부터 B.C. 4세기에 걸쳐 그리스에서 활약한 지식인들로서 금전적 대가를 받고 청소년들을 가르치는 일을 직업으로 하던 계층의 호칭이다. 이들은 페르시아 전쟁(B.C. 492~448년) 이후 그리스의 번영과 더불어 시민들의 지적 욕구가 상승하고 있을 때 아테네를 중심으로 그리스 전역을 편력하면서 변론술과 입신출세에 필요한 백과사전적 지식을 가르치며 많은 보수를 챙겼다. 아브데라의 프로타고라스, 레온티니의 고르기아스, 엘리스의 히피아스, 케오스의 프로디쿠스 등이 대표적이다. 이들은 거의가 지방 출신으로 자신들의 지식과 기술에 대한 자부심이 매우 강했으며 개인이나 국가로부터 돈을 받고 이를 제공했다. 프로타고라스처럼 '인간은 만물의 척도'라고 설파하며 덕(德)을 가르친다고 주장한 사람도 있었지만 대부분의 소피스트들이 가장 중요하게 가르친 과목은 변론술이었다. 따라서 그들은 '일신(一身)을 위해서나 국가를 위해서 선(善)을 도모하고 유능한 사람이 되는 길'을 청소년들에게 가르친다고 선전하였지만 실제로 가르친 것은 개인이나 국가에 대한 '선(善)과 지혜'보다는 선하지 않으면서 선한 자인 체하는 위선적 요소가 많았다. 그리고 이 세상에서의 성공을 진위(眞僞)에 상관없이 스스로에게 유리하도록 변론하는 기술에 중점을 두었기 때문에 그 가르침이 오도되기도 하였다. 한편 이들의 가르치는 행위는 보수를 목적으로 이루어졌기 때문에 지식을 판다는 비판과 자신들만이 최고의 지식인이라는 교만에 빠져 당시의 청소년들에게 많은 해독을 끼쳤다는 비판을 받기도 하였다.

그럼에도 불구하고 이들은 지식의 발전에는 크게 공헌하였으며 당시의 사회에 진리의 문제 그리고 윤리 도덕의 규준(規準)에 관한 회의적인 분위기를 일으켜 좋은 의미의 비판정신을 기르는데 기여하였다는 평가를 받고 있다.

(3) '너 자신을 알라'의 소크라테스

고대 그리스 최고의 철학자로 세칭 세계 4대 성인으로까지 추앙받고 있는 소크라테스(Socrates : B.C. 470경~399)는 교직의 표상으로 당시 그리스 사회에 만연한 소피스트들의 폐해를 극복하고 청소년들에게 올바른 가치관을 심어 주는 교육활동에 정성을 기울인 점에서 인류 최고의 교사였다고 볼 수 있다.

특히 소크라테스는 겸손을 교육의 가장 큰 덕목으로 설정하고 '내가 아는 유일한 것은 오직 아무것도 모른다는 것이다'라고 설파하며 소피스트들의 지적(知的) 교만을 꾸짖었다. 그가 추구한 개별화 교육 및 교육방법으로서의 문답법과 대화법 등은 그의 위대한 업적인 인간 철학 사상과 더불어 교직에서 추구해야 할 중요한 교육방법으로 현대의 교사들에게도 시사하는 바가 크다. 따라서 소크라테스야 말로 교육을 단순한 지적 노력에서 한 걸음 더 나아가 올바른 사고와 행동의 체제를 구성하기 위해 고민하고 당시의 젊은이들에게 참다운 진리를 깨우쳐 주기 위해 헌신했기에 오늘날에 비추어 보아도 우리가 본받아야 할 명실상부한 최고의 교직자였다고 할 수 있다(김민남, 敎育哲學 제16집).

(4) 최초의 공교사(公敎師) '퀸틸리아누스'

퀸틸리아누스(Quintilianus)는 스페인 북부지방에서 태어났지만 로마에서 교육받은 것으로 알려져 있다. 당시 고대 로마의 훌륭한 수사학자였던 도미티우스 아페르의 지도를 받았으며 한동안 법정 변론가로도 활동했다. 서기 57년 이후에 고향인 스페인으로 떠났으나 68년에 다시 로마로 돌아와 수사학을 가르치기 시작했다. 베스파시아누스 황제 치하(69년~79년)에서는 라틴어와 수사학을 가르치는 대가로 국가로부터 봉급을 받았으며, 티투스 황제와 도미티아누스 황제 때에는 로마에서 지도적인 교사로서의 직위도 갖게 되었다. 이로써 퀸틸리아누스는 교직 역사상 국가로부터 봉급을 받은 최초의 공교사(公敎師)가 된 셈이다. 그러나 그는 88년경에 교사를 그만두고 도미티아누스(81년~96년) 황제의 두 상속자의 교육을 위임받았으며 집정관(ornamenta consularia)이라는 칭호도 받았으나 도미티아누스가 암살된 직후에 사망한 것으로 추정된다. 그는 「웅변교수론」이라는 저서를 통해 교육은 지식을 가르치는 일뿐만 아니라 학생들의 심성 계발과 인품 형성의 중요한 수단으로 여기는 등 도덕성 교육 측면을 강조하고 있으며 학생의 성격이나 능력에 따라 각기 다른 교수법을 사용해야 한다고 하였다. 또한 학습을 놀이와 오락처럼 즐기도록 해야 한다며 당시의 교육 경향인 엄격한 교수 방법이 학생들의 기를 꺾을 위험성에 대해서도 경고하고 체벌을 비판하였으며 교사를 부모를 대신하는 사람으로 묘사하고 있어 한결 발전된 교육관을 보여주었다.

나. 중세 서양의 교직

(1) 성직자 교사

우리가 상식적으로 알고 있는 바와 같이 중세 유럽을 관통하는 사상은 기독교적 가치였다. 로마 시대에는 '모든 길이 로마로 통했다'면 중세에는 '모든 길은 교회로 통했다.'라고 표현할 수 있었다. 따라서 교육도 교회를 통해서 이루어졌으며 교회 지도자들이 바로 교사였다. 그러므로 중세에는 성경적 지식과 신앙이 우선이었으며 기독교에 치우치는 성격의 교육이 이루어졌다.

교육기관으로는 대체로 문답학교(초등교육) – 고급문답학교(중등교육) – 사원학교(고등교육)로 이어지는 형식을 갖추고 있었으며 이들 교육기관에서 교육에 종사하던 교사들은 대부분 성직자들이었다. 그래서 지금도 교직관을 논할 때 교직에 성직적 요소를 포함하는 것은 바로 이에서 기인한다고 하겠다.

(2) 교사 면허증(자격증)제도의 발생

십자군 전쟁 이후 아라비아 문화의 유입과 더불어 교육에도 세속적 요소가 증가하게 되고 상업이 발달함에 따라 직업 교육, 이른바 도제교육제도(徒弟敎育制度)가 생겨났으며 이로 인해 기능적이고 전문적인 교직이 출현하게 되었다. 그러나 이 시기의 교직도 초기에는 심화된 전문지식보다는 주어진 과목에 대한 대강의 지식을 강의하고 공부를 소홀히 하는 학생들을 체벌하는 데 치중하는 경향이 있어 엄격함을 바탕으로 기본 교육 중심의 고대적 요소가 강했던 것이다. 그러나 스콜라 철학이 발달하고 그 영향으로 이탈리아의 볼로냐대학(1088), 프랑스 파리대학(1188), 영국의 옥스퍼드대학(1249) 등의 대학이 발생함에 따라 교직도 크게 변화되기 시작하였다. 당시 대학 교육을 받은 자들에게는 가르치는 권리가 가장 큰 특권으로 부여되었는데 이는 교사 면허증제도의 발생으로 이어졌으며 교사의 전문성과 위상이 높아져 교직이 하나의 확고한 전문 직업으로 자리매김하는 중요한 계기가 되었다.

다. 근대 서양의 교직

르네상스와 종교개혁, 산업혁명을 거치면서 중세적 가치가 퇴색하고 인문적 지식에 대한 관심이 증가하는 동시에 상 · 공업의 발달로 도시생활과 사회생활의 실제적 준비로서의 기초교육 내지는 실업 교육이 중시되어 갔다.

또한 앞서 언급한 바와 같이 11세기부터 발생하기 시작한 대학이 중세 후반 내지는 근대 초반에 이르러 크게 발전함에 따라 걸출한 교육학자들이 많이 배출되었으며 전문 분야에 유능한 교사도 많이 확보할 수 있게 되었다. 교육사조도 문예부흥기의 인문주의에서 실학주의(實學主義) – 계몽주의(啓蒙主義) – 자연주의(自然主義)–낭만주의(浪漫主義) 시대를 거치면서 에라스무스(D. Erasmus) – 라블레(Rabelais) – 코메니우스(Comenius) – 로크(J. Lock) – 루소(J. Rousseau) – 칸트(I. Kant)로 이어지는 위대한 교육학자들의 등장은 교육학을 크게 발전시켰다.

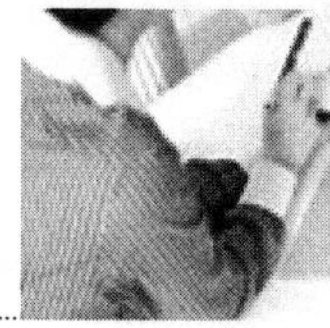

이들 중에는 교육에 직접 종사한 사람도 있고 학자로서 교육 이론의 확립과 발전에 공헌한 인물도 있는데 이들에 의해 확립된 교육학은 오늘날에도 교직을 지망하는 모든 교육학도들이 중요하게 공부하는 텍스트가 되고 있다.

이와 같이 교육학의 발달과 더불어 근대 초기부터 현대 이전에 이르기까지 출중한 교육자들이 헤아릴 수 없을 만큼 많이 있겠지만 여기에서는 이들 중에 특히 교육 일선에 직접 서서 교직 발전에 큰 족적을 남긴 다음 두 인물을 언급하는 것으로 본항의 목적에 부응하려 한다.

(1) 최초의 근대적 교사 '비토리노'

이탈리아의 비토리노(Vittorio : 1378~1446)는 문예 부흥기에 활동했던 인물로 '기쁨의 집(Giocosa)'으로 불리는 기숙학교를 개설하고 군주와 귀족의 자녀뿐만 아니라 서민의 자제에게도 교육을 개방하여 교육사적으로 최초의 근대적 교사라 불리고 있다. 그는 지육(知育) · 덕육(德育) · 체육(體育)의 일체화, 즉 지덕체 교육을 통해 그리스도교적 교육과 고전 교육의 조화를 추구하였으며 특히 중등교육 발전에 크게 공헌한 인물로 꼽힌다. 교육방법으로는 학생의 개인차를 인정하여 능력과 흥미에 따라 학습 진도와 방법을 조절해야 한다고 하였으며 체벌금지를 내세우기도 하였다. 교육사적으로 볼 때 자발적 흥미위주의 교육 방법을 실천한 점, 학생 중심의 개성 존중의 교육을 권장한 점, 학생을 독립적인 인격으로 대하는 학습동기 유발과 격려, 놀이의 가치를 인정한 점, 교육의 기회균등을 제시하고, 인문주의 생활교육을 강조한 점 등에서 교육의 근대화에 큰 업적을 남겼다.

(2) 교사의 영원한 귀감 '페스탈로치'

우리는 흔히 사표가 되는 훌륭한 교사의 귀감을 논할 때 가장 많이 떠올리는 사람이 페스탈로치(Johann Heinrich Pestalozzi : 1746-1827)이다. 페스탈로치는 이른바 '민중교육(Volksbildung)' 이념을 창시한 교사로 이는 교육에 새로운 전기를 마련하는데 크게 이바지했는데 그 주요 내용을 살펴보면 다음과 같다.

첫째, 교육의 주요 대상의 전환이다. 역사 이래로 상류층을 주요 대상으로 하는 교육에서 국민의 절대 다수를 점하는 민중을 그 주요 대상으로 하는 국민교육의 이념을 등장시켰던 것이다.

둘째, 생활 교육이다. 교육의 주요 목적이 지식의 전달이나 지식의 습득에 있다기보다는 피교육자의 삶을 개선하는데 필요한 능력 · 기능 · 태도를 기르는 생활 중심의 교육을 추구했다.

셋째, 피교육자 하나하나를 인격적으로 성숙하고 자아실현을 촉진시켜 주는 각성의 교육이었다. 특히 그가 남긴 '삼육론(三育論)'은 머리(Head), 가슴(Heart), 손(Hand)으로 상징되는 지력, 심력, 신체력(기능력)을 고루 계발하고 또 세 힘이 조화를 이루어 하나의 인간적인 힘이 되게 해 주는 작용이 교육이라는 이론으로 '3H론'이라고도 한다.

이 외에도 교육 방법으로서의 기초도야론, 합자연교육론, 직관교육론, 전인적 체육교육론, 노작교육론, 전인적 직업교육론, 가정교육론, 사회교육론 등은 전인교육을 추구하는 근대 교육의 이념과 실천을 일치시키는데 중요한 계기가 되었다.

페스탈로치 이후 오늘날에 이르기까지 시대의 정신과 각 나라가 표방하는 교육이념이 맞물려 교직의 형태가 다양한 모습을 보이며 변천해 왔지만 페스탈로치야말로 시대와 국가를 초월하여 교직의 영원한 표상이라고 볼 수 있다.

라. 우리나라의 교직

(1) 근대 이전의 교직

우리나라는 유학의 전래와 더불어 교육이 발생하였다. 기록에 의하면 이미 삼국 시대에 고구려의 태학(太學), 신라의 국학(國學), 백제의 박사(博士)제도 등 상당히 높은 수준의 교육이 고대부터 실시되었다는 것을 보여주고 있는데 이러한 교육이 발달했었다는 것은 이를 받쳐 주는 기초 교육으로서의 초 · 중등 교육도 발달했었을 것으로 짐작할 수 있다. 고구려의 경당이나 신라의 화랑제도 등이 바로 당시의 초·중등 교육의 모습이었다고 볼 수 있으며, 이곳에서는 기초적인 경사교육(經史敎育)과 애국교육 및 무술교육이 주로 이루어졌다.

고려 시대에는 중앙에는 동서학당(5부학당)을 지방에는 향교(鄕校)를 두어 중등교육을 실시하였으며 최충(崔冲)의 문헌공도(文憲公徒)로 대표되는 사학(私學)도 성행하여 교육기관에서 전문적으로 학생을 가르치는 교직도 크게 발달하였다.

조선 시대에 이르러서는 교육이 보다 체계화되었는데 이미 고려 후기부터 발생하기 시작한 서당(書堂)이 사설 초등교육기관으로서의 위상을 확립하고 있었으며 이곳에서 학동들을 가르치던 직책을 훈장(訓長)이라 불렀다. 중등교육은 서울(한양)에 동, 서, 남, 북의 사부학당(四學)을 두었으며 지방에는 향교와 서원을 두어 주로 양반의 자제들을 중심으로 유교적 교양과 사서(史書)를 교육시켰다. 당시 이곳에서 교육을 담당하던 교직으로는 훈도(訓導)와 교수(敎授)를 두었는데 서울의 사부학당에는 각각 5명씩의 훈도를 배치했으며 당시의 관등으로 7품에 속했다.

그리고 지방 향교의 훈도는 서울 사학의 훈도보다 품계가 낮은 8품 또는 9품의 대우를 받았다. 참고로 당시 지방 향교에 둔 훈도의 총수를 보면 경기도에 26명, 충청도에 50명, 전라도에 49명, 경상도에 55명, 황해도에 18명, 함경도에 9명, 평안도에 31명이었다(국사편찬위원회, 한국사).

(2) 개화기 이후—근대적 교직의 시작

1876년 강화도 조약으로 조선이 쇄국정책에서 탈피하여 문호를 개방함에 따라 이른바 서양의 근대 문명과 더불어 근대적 교육이 들어오기 시작했는데 그에 따라 최초의 관립학교로 육영공원이 설립되었다(1886년). 그러나 육영공원에서 근대적 교육을 시킬 만한 한국인 교사가 아직 양성되지 않았기 때문에 미국에서 헐버트(Homer Bezaleel Hulbert), 길모어(George Gilmore), 벙커(Dalzell A. Bunker) 등 세 명의 교사를 초빙하여 배치하였는데 이들이 바로 우리나라 최초의 근대적 교사가 된 셈이다. 이들 중 길모어와 벙커는 계약 기간이 끝난 후 곧바로 미국으로 돌아갔으나 헐버트는 육영공원이 크게 축소되는 1891년까지 교사로 남아 있다가 미국으로 돌아간 후 1893년에 선교사의 자격으로 다시 돌아와 우리나라의 근대화와 독립을 위해 많은 일을 하기도 했다. 그는 1907년 헤이그 특사 사건을 도왔다는 이유로 일본에 의해 추방된 후에도 미국 각지를 돌면서 일본제국의 침략 행위를 비난하고 우리나라의 자주독립의 필요성을 호소하였으며 「한국사(The History of Korea)」, 「대동기년」(大東紀年), 「한국견문기(The Passing of Korea) 」 등의 저서를 남기기도 하였다. 그는 죽기 전에 "웨스트민스터사원보다 한국 땅에 묻히기를 원하노라."라는 유언을 남김에 따라 양화진 외국인 묘역에 묻혔으며(1949년), 1950년 3월 1일에 대한민국정부에서 외국인 최초로 건국공로훈장 태극장이 추서되었다.

위에서 언급한 육영공원 외에도 선교사들이나 민족 선각자들에 의해 각종 사립교육기관들이 설립되고 근대적 교육의 중요성이 날로 높아감에 따라 갑오개혁(1894)을 계기로 이른바 당시 정부에서는 조선교육령을 선포(1985년)하여 근대적 학교체제를 마련하고 한성소학교, 한성중학교, 한성외국어학교 등과 이들 학교에서 교육을 담당할 교사 양성기관으로 한성사범학교가 설립되었다. 그리고 교직을 관리 감독직으로서의 교장직과 가르치는 직책으로서의 교사직으로 분화되는 근대적 학교 체제도 갖추기 시작하였다.

이와 같이 우리나라도 나름대로 근대적 교육을 발달시켜 가는 와중에 1910년 일제의 국권 강탈로 일본 제국주의 통치 하에 들어감에 따라 우리나라의 모든 교육은 일본식 교육제도로 재편되어 갔다. 당시 일제 총독부의 우리나라에 대한 교육정책은 그 기본을 우민화(愚民化)정책에 두고 1면 1초등교육기관 설립과 중등교육으로는 실업교육에 치중하였다. 한편 당시 각급 학교에 배치된 교사의 명칭을 보면 초등학교 수준인 보통학교나 소학교 교사는 훈도(訓導)라 불렀으며, 중등학교 교사는 교유(敎諭)라 불러 초 · 중등교사의 명칭을 달리했었다. 1941년에 이르러 일본은 이른바 대동아 공영권이라는 허황된 정책을 표방하며 태평양 전쟁을 일으키고 군국주의 교육을 추구하면서 그 상징으로 당시 초 · 중등교사들에게 군도(軍刀)를 패용하고 근무하게 하기도 하였다.

그러나 1945년 일제의 패망과 더불어 광복이 이루어짐에 따라 우리나라의 교육도 미국의 영향 하에 서구적 교육사조가 도입되고 급속한 발전을 거듭하면서 오늘에 이르고 있다. 한편 초·중등학교에서 학생을 직접 가르치는 교직을 해방 후에 비로소 교사(敎師)로 통일하여 부르게 되었다. 초등교사는 고교 수준인 사범학교(師範學校)에서 양성하다가 2년제 교육대학 시대(1962년)를 거쳐 1983년부터 교육대학을 4년제로 승격시켜 양성하고 있다. 한편 중등교사는 각 종합대학교의 사범대학에서 양성하는 한편 일반 대학 학부생으로서 일정한 성적 이상의 학생 중 희망자를 대상으로 교직과정을 이수한 자와 각 대학교의 교육대학원 졸업자에게도 전공 학과에 따라 중등 2급 정교사 자격증을 수여하고 있다. 그리고 한국교원대학교에서는 초등교사와 중등교사를 분리하여 각각 양성하고 있다.

2. 현대의 교직

가. 교원과 교육공무원

교직에 종사하는 사람들을 일컫는 명칭으로 교원이라는 용어와 교육공무원이라는 용어가 있다. 이는 비슷한 명칭 같지만 엄격히 말하면 약간의 차이가 있는데, 교원은 국·공·사립의 모든 교육기관에서 근무하는 교직자를 포괄하는 명칭으로 대학의 교수, 유치원 교사 및 원감, 원장 그리고 초·중등학교 교사, 교감, 교장을 총칭하는 용어이다. 이에 반하여 교육공무원은 국·공립의 유·초·중등 및 대학에 재직하는 교원을 가리키는 용어로 사립 교육기관의 교원은 해당되지 않는다. 한편 교육과학기술부나 교육청 등 교육행정기관에 재직하는 장학사(관)나 교육연구사(관) 등은 교육공무원에는 해당되지만 교원은 아니며 교육전문직으로 불린다. 이를 구분해 보면 다음과 같다.

표 1

<교원과 교육공무원의 구분>

구 분	범 위
교 원	· 국 · 공 · 사립유치원의 원장, 원감 및 교사 · 국 · 공 · 사립 초 · 중 · 고등학교의 교장, 교감 및 교사 · 국 · 공 · 사립 대학교 및 대학의 교원
교육 공무원	· 국 · 공립 유치원의 원장, 원감 및 교사 · 국 · 공립 초 · 중 · 고등학교의 교장, 교감 및 교사 · 국 · 공립대학교 및 대학의 교원 · 교육과학기술부, 각급 교육청 등 교육행정기관 및 교육연구기관과 교육연수기관의 교육전문직

나. 교직에 요구되는 자질과 능력

교직은 미성숙자인 어린이나 청소년을 가르치는 직업이다. 따라서 교직은 다른 직업보다 특별한 자질과 능력을 필요로 한다. 이에 대해 많은 교육학자들은 여러 가지 관점에서 접근하는 것을 볼 수 있는데 이를 크게 나누어 보면 첫째는 가르치는 능력이라고 볼 수 있는 교과에 대한 지적 전문성(知的專門性)이며, 둘째는 학생을 이해하고 바른 인성을 지닌 인간을 길러 내는 교육적 감화력(教育的 感化力)이라고 할 수 있다.

이러한 전제 하에서 오늘날의 교직에 요구되는 자질과 능력을 바탕으로 이상적인 교사로서의 유능(有能)한 교사상(教師像)과 바람직하지 않은 교사상으로서의 무능(無能)한 교사상에 대해 살펴보면 다음과 같다.

(1) F. W. Hart가 제시한 유능한 교사상(조화섭, 교육학, 2007, pp. 839 재인용)

첫째, 교과 내용과 과제를 명료하고 충분하게 설명하며 관련된 사례를 많이 알려 주는 교사

둘째, 유쾌, 활달, 온후하며 농담과 유머를 활용할 줄 아는 교사

셋째, 학생 집단의 일원으로 학생과 함께하는 교사

넷째, 학습지도를 흥미 있고 즐겁게 하는 교사
다섯째, 엄격하게 통제하여 학습에 몰두하게 해 주는 교사
여섯째, 공평하고 편애하지 않는 교사
일곱째, 다방면에 걸쳐 지식이 풍부한 교사
여덟째, 학생을 좋아하며 항상 명랑한 교사

(2) 한국교육개발원이 제시한 유능한 교사상

첫째, 학생에 대해 깊은 관심과 사랑을 지닌 교사
둘째, 교육자로서의 신념을 지닌 교사
셋째, 인생에 대한 자세를 가르쳐 주는 교사
넷째, 담당 교과에 뛰어난 실력을 지닌 교사
다섯째, 예절과 질서를 존중하는 엄격한 교사
여섯째, 요령있게 학습지도를 잘하는 교사

(3) 무능한 교사상(전남교육청. 교직실무매뉴얼, 2009, 참조)

첫째, 학생들의 학습 요구에 충분히 대응할 능력이 없는 교사
둘째, 예기치 않은 문제나 요구에 부딪쳤을 때 당황하고 화를 잘 내는 교사
셋째, 학생과의 관계에서 강압적이고 성급한 교사
넷째, 벌을 자주 주고 비꼬는 말투를 자주 쓰는 교사
다섯째, 학생에게 필요 이상으로 엄격하며 정이 없는 교사
여섯째, 게으르고 무표정하며 지루하고 개성이 없는 교사
일곱째, 맡겨진 일 이외의 업무는 어떻게 든 회피하려고 하는 교사
여덟째, 사회현상에 대해 부정적 의식이 강하고 과도하게 비판만 하는 교사
아홉째, 용의 복장이 단정하지 못하고 언어가 거친 교사
열째, 매사에 절도가 없고 주관이 없는 교사

이상에서 열거해 본 견해들이 교직에 요구되는 자질과 능력을 완전하게 표현했다고 볼 수는 없으며 논자에 따라 다른 각도로 접근할 수도 있겠으나 위에 인용한 내용에서 현대의 교사가 갖추어야 할 자질이나 능력에 대한 시사점은 얻을 수 있겠다.

3. 교원의 권리와 의무

가. 교원의 권리

교육기본법 제73조에서는 '교원은 각 학교에서 학생을 직접 지도 · 교육하는 자를 말한다'고 규정하고 있다. 이 의미는 학교에서 근무를 하는 모든 사람을 교원이라 하지 않고, 직접적으로 학생을 지도 · 교육에 임하는 자만이 교원으로 본다는 것이다. 이러한 교원에게는 몇 가지의 권리가 주어지게 되는데 그 권리를 크게 둘로 나누어서 적극적 권리와 소극적 권리로 분류할 수 있다. 적극적 권리란 교원이 전문적 교원활동에 전념할 수 있는 여건 조성에 관련된 권리로 자율성의 신장, 생활보장, 근무조건 개선, 복지 · 후생제도의 확충 등이 있다. 소극적 권리란 신분보장, 교권침해 사항 방지 등 법규적인 면에 관련된 권리로 신분보장, 쟁송제기권, 불체포특권, 교직단체 활동권 등이 있다.

(1) 적극적 권리

(가) 자율성의 신장(교육자주권)

현행 헌법 제31조 제4항에는 교육의 자주성과 정치적 중립성 보장의 원칙과 함께 교육의 전문성 보장이 언급되어 있는데 이는 교육전문가들이 교육활동을 하는데 있어서 자율성을 보장하고 창의적인 활동을 존중한 것이라고 볼 수 있다. 교육자가 그들의 역할을 수행하는데 있어서 자율성이 보장되지 못한다면 창의성이 발휘될 수 없고 또한 그러한 상황에서는 전문직의 성장은 물론이고 적절한 역할 수행조차 기대할 수 없다.

교직은 어느 전문직에 비할 수 없을 만큼 자율성을 행사할 수 있는 여지가 많아야 하고 또 그러한 여건이 마련되어야 한다.

(나) 생활보장권

생활보장은 교원이 안정된 생활기반 위에서 가르치는 일에 몰두할 수 있는 여건을 마련해 주어야 함을 의미한다. 교육기본법 제14조 제1항의 "교원의 경제적 · 사회적 지위는 우대되고 그 신분은 보장되어야 한다"는 규정과 교육공무원법 제34조의 "교육공무원의 보수는 우대되어야 한다"는 규정이 바로 교원의 생활보장권을 보장한 규정이라 할 수 있는데 교원의 생활보장은 일차적으로 보수 및 기타 물질적 부분에 달려 있으며 이는 당연히 국가가 보장해 주어야 하며 교원은 이를 요구할 수 있다.

(다) 근무조건 개선

교원이 본연의 임무인 교육활동에 전념할 수 있도록 보장받아야 할 권리 중의 하나가 근무조건의 개선이다. 전문직인 교직이 교육의 효과와 능률을 높이기 위해서는 당연히 적정량의 근무부담이 주어져야 한다. 현재 근무조건의 개선이 많이 향상되고는 있지만 아직도 학급당 학생 수의 과다, 수업부담의 과중, 잡무과다 등의 문제점이 있는데 이러한 문제점은 교사들로 하여금 투철한 사명감과 자부심을 가지고 교수-학습 활동에 전념할 수 있도록 시급히 해결되어야 할 것들이다.

(라) 복지 · 후생제도의 확충

교원의 복지 · 후생제도는 교원들의 생활을 안정시키고 건강생활을 통하여 교원들이 교육활동에 대해 전념할 수 있도록 하는데 그 의의가 있다고 하겠다. 또한 교직에 대한 유인 구조를 강화하기 위해서도 이는 매우 중요한 권리라고 할 것이다. 이를 위해서는 자녀학비 및 장학금 지급, 무주택 교원을 위해 장기

저금리로 주택자금을 제공하는 제도, 교원들의 건강과 여가 생활을 위한 제도의 확충이 필요하다.

(2) 소극적 권리

(가) 신분보장

모든 교원은 국가공무원법(제68조~제74조)에 나타나 있는 신분보장은 물론이고, 교육공무원법에 의하여 더 강력한 신분보장의 권리를 보장받고 있다. 교육기본법 제14조, 교육공무원법 제7장 등에서 교육공무원의 의사에 반한 신분조치를 금지하고 당연퇴직, 직권면직, 직권휴직, 직권강임, 정년퇴직 등 교원에 대한 신분조치의 법적인 한계와 처분사유 설명서의 교부 및 절차를 명시하고 있다. 또한 권고사직금지, 불체포특권 등의 규정에서 보는 바와 같이 일반 공무원보다 더 강력한 신분보장을 규정하고 있는데 이것은 교직의 전문성과 특수성을 인정하는 법제도의 표현이다.

(나) 쟁송제기권

교원은 법에 어긋나는 부당한 처분을 받았을 때는 소청, 기타 행정상 쟁송제기권을 갖는다. 소청은 징계처분에 대하여 재심을 청구할 수 있는 제도인데 이에는 징계처분권자가 징계위원회의 의결이 가볍다고 볼 때 재심을 청구하는 경우와 징계처분 대상자가 징계위원회의 의결이 너무 과중하다고 느낄 때 이를 불복하고 재심을 청구하는 두 가지 경우가 있다.

(다) 불체포특권

교육공무원법 제48조와 사립학교법 제60조를 보면 "교원은 현행범인 경우를 제외하고는 소속 학교장의 동의 없이 학원 안에서 체포되지 아니 한다"라고 되어 있다. 불체포특권은 국회의원과 선거관리위원회의 위원 외의 여타 공무원에게는 인정되지 않는 권리로 교원에게 이러한 특권을 인정하는 것은 학원의 자유를 보장하고 교원으로 하여금 교육 및 연구 활동을 수행함에 있어서 권력기관의 부당한 압력을 배제하려는 데 그 목적이 있다.

(라) 교직단체 활동권

교사는 교사의 권리를 확보하고 교사로서의 직업을 효과적으로 수행하기 위한 단체 활동을 할 수 있다. 교원들이 단체를 조직하고 그 적극적 운영을 통하여 회원들의 상호 유대 강화, 회원들의 복지 향상, 회원들의 자질 향상 등의 공동목표를 추구할 수 있는 것이다. 이와 같은 교직 단체에 대해서는 이 책의 제12장에서 상세히 언급할 것이다.

나. 교원의 의무

교원의 의무는 적극적인 측면과 소극적인 측면으로 나누어 살펴볼 수 있는데, 적극적인 의무란 주어진 일을 수행하는 측면에서의 의무이며, 소극적인 의무는 주로 해서는 안 되는 금지 사항에 관한 내용이라고 볼 수 있다.

(1) 적극적 의무

(가) 교육 및 연구 활동의 의무

교원의 근본적인 사명은 학생을 가르치고 또 잘 가르치기 위하여 부단히 연구함으로써 국가 발전과 인류 공영의 이상 실현에 기여하는 직업으로 교육기본법 제 74조에 의하면 교원의 의무로서 "항상 사표가 될 품성과 자질의 향상에 힘쓰며 학문의 연찬과 교육의 원리와 방법을 탐구 연마하여 국민 교육에 전심전력하는 일이다"라고 명시되어 있다. 즉 교원은 항상 자기수양에 힘쓰며 전문직으로서 교육의 원리와 방법을 꾸준히 연찬하여 교육활동을 전개함에 있어 시대에 뒤지지 아니 하도록 전력을 기울여야 한다.

(나) 선서, 성실, 복종, 비밀 엄수의 의무

교육공무원법 제53조에 따르면 교원의 복무에 관한 사항을 동법에 모두 규정하지 않고 국가공무원법을 준용하도록 되어 있기 때문에 교육공무원은 국가공무원법에 규정된 공무원의 모든 의무를 이행해야 한다. 국가공무원법에 규정된 공무원의 의무에는 선서, 성실, 복종, 비밀 엄수의 의무를 수행해야 한다고 명시되어 있다.

이는 교원도 국민의 공복으로서 고용주인 국가와 공법상의 근무관계를 형성하게 되므로 일정한 권리뿐만 아니라 국가에 대하여 일정한 의무를 지님을 의미한다.

(다) 품위유지의 의무

국가공무원법 제63조에 공무원은 국민 전체에 대한 봉사자로서 공무를 성실하게 집행하는 위치에 있으므로 직무의 내 · 외를 불문하고 그 품위를 손상하는 행위를 하여서는 아니 된다고 규정하고 있다. 공무원의 품위를 손상하는 행위란 방탕, 주벽, 축첩, 낭비, 과도한 부채, 경박 등으로서 공적 임무 뿐 아니라 사생활까지에 걸친 의무를 의미하며, 공무원에게 품위 유지가 중요한 이유는 국가의 위신과 명예에 직결되기 때문이다. 특정 전문직으로서 교직에 종사하는 교원은 이와 같은 공무원의 품위유지 의무 조항과 관련하여 다른 공무원보다도 사표로서의 품성의 함양과 교육자다운 인격과 품위를 지녀야 할 것이다.

(2) 소극적 의무

(가) 정치 활동의 금지

공무원의 신분과 정치적 중립성은 헌법에 명시되어 있으며, 공무원으로서 정치활동 금지 및 정치적 행위의 범위를 규정하고 있다. 공무원의 정치적 중립성을 보장하는 것은 직업공무원제의 확립에 따라 행정기술의 향상과 능률을 기하며 아울러 국민 전체의 봉사자로서 공평성을 유지하며 정권 교체에 따른 행정의 혼란을 억제하고 행정의 지속성을 유지하는 데 그 목적이 있다.

이러한 정치활동의 금지 규정의 구체적인 내용으로는 공무원은 정당, 기타 정치단체의 결성에 관여하거나 이에 가입할 수 없으며, 선거에 있어서 특정 정당 또는 특정인에 대한 지지나 반대를 하기 위한 행위를 해서도 안 되며, 다른 공무원에게 특정 정당의 지지 반대 행위 또는 선거에 있어서의 모든 금지 행위에 위배되는 행위를 하도록 요구하거나 또는 정치적 행위의 포상 또는 보상으로서 이익 또는 불이익에 관한 약속도 하여서는 아니 되는 등 공무원의 정치운동 금지에 관한 일반적인 규정을 두고 있다.

교육공무원도 일반직 공무원과 마찬가지로 정치활동에 관하여 중립을 지키도록 규정하고 있다. 교육기본법 제6조에 의하면 "교육은 교육 본래의 목적에 따라 그 기능을 다하도록 운영되어야 하며, 어떠한 정치적 · 파당적 또는 개인적 편견의 전파를 위한 방편으로 이용되어서는 아니 된다"고 명시되어 있다. 더 나아가 동법 제14조 3항에서도 교원은 특정 정당 또는 정파를 지지하거나 배척하기 위하여 학생을 지도 혹은 선동할 수 없다고도 명시되어 있다. 이렇게 교원의 정치활동을 제한하는 이유는 학생을 직접 지도 교육하는 위치에 있음을 기회로 특정 정당을 지지하거나 배격하기 위하여 학생을 잘못 지도할 우려를 배제하기 위함 때문이다.

(나) 집단행위의 제한

공무원인 근로자에게는 법률이 정하는 바에 한하여 단결권, 단체교섭권, 단체행동권 등 노동권을 가질 수 있으나, 국가공무원법 제66조에 공무원은 노동운동, 기타 공무 이외에의 일을 위한 집단 행위를 해서는 안 된다고 규정함으로써 집단행위를 부분적으로 제한하고 있다. 공무원의 노동운동을 제한하는 이유는 첫째, 공무원은 주권을 가진 국민의 수임자이고 국민 전체에 대한 봉사자이고 국민에 대하여 책임진다는 헌법정신에 입각하여 보다 엄격한 정치적 중립성이 요구된다는 점이고, 둘째 공무원이 행한 행위의 효과는 국가에 대하여 발생하고 그 효과가 국가에 귀속되므로 공무원의 집단행위는 국가기관 구성원으로서의 임무에 저촉된다는 점이며, 셋째, 공무원은 공무상의 특별권력 관계를 형성하고 있는 자이므로 공법상의 명령에 복종할 의무가 있고, 따라서 공법상의 명령의 위반 항거하는 행위를 할 수 없다는 점 때문이다. 교원의 경우는 단체행동권을 제외한 단결권과 단체교섭권을 보장해 주고 있는데 단 학생의 수업에 지장이 없는 범위 내에서 인정되고 있다.

(다) 영리업무 및 겸직금지

국가공무원법 제64조에 공무원은 공무 이외의 영리를 목적으로 하는 사업에 종사하지 못하며 소속기관의 장의 허가 없이 다른 직무를 겸할 수 없다고 규정하고 있다. 이것은 모든 국민의 자유와 권리는 국가의 안전보장, 질서 유지 또는 공공복리를 위하여 필요한 경우에는 법률로써 제한할 수 있다는 헌법 조항에 근거를 두고 있다. 그러나 영리를 목적으로 하지 않는 비영리 업무에 대해서는 소속 기관장의 허가를 받도록 하고 있다. 공무원의 영리 업무를 금지하고 있는 것은 영리 업무에 종사하게 됨으로써 집무상의 능률 저해 또는 공무에 대한 부당한 영향을 야기시킬 우려가 있으므로 공직의 순결과 존엄을 보호하는데 그 목적이 있으며 당연히 교원도 이에 해당된다.

다. 학교에서의 인간관계

교사들이 학교에서 일상생활을 통하여 이루어지는 대인관계는 수없이 많다. 학교 생활의 대부분이 인간관계로 이루어지기 때문에 인간관계를 어떻게 맺느냐가 학교 생활의 즐거움의 여부를 좌우할 수 있기도 하다. 교사들과 관계가 깊은 사람들로는 교장, 교감, 동료 교사, 학생, 학부모, 행정실 직원, 교육청 장학사, 연구사 등 교직 생활과 관련이 있는 사람들이다. 특히 교사와 활발한 상호작용을 하고 있는 사람들은 주로 교장, 교감, 동료 교사, 학생들이라고 할 수 있는데 이에 대해 알아보자.

(1) 교장과의 관계

교장은 단위학교 경영의 책임자이다. 학교경영을 계획하고 실천하기 때문에 교장의 경영 철학이 학교의 특색으로 나타나게 된다. 따라서 학교의 특색을 이해하고 이를 실천하기 위해서는 학교장의 경영 철학을 이해하는 것이 필요하다. 뿐만 아니라 교장은 교직 경력으로도 선배이고, 나이로도 부모님과 같은 연배인 경우가 많으므로 존경하는 자세로 인사 예절을 각별하게 지키도록 노력해야 한다. 학교장과의 래포 형성은 교사의 교직 수행에 미치는 영향이 크므로 이에 신경을 써야 한다.

(2) 교감과의 관계

교감은 학교장과 교사 사이에 교량적 역할을 수행하는 중간 관리자이다. 교장은 주로 교장실에서 지내기 때문에 자주 접하지 못하지만 교감은 교무실에서 교사들과 같이 지내기 때문에 상호 일거수일투족을 관찰할 수 있게 된다. 그래서 교감은 교사들의 행위에 대하여 그 잘잘못을 지적하거나 충고를 하는 경우가 자주 있을 수 있다. 그러나 이를 교감의 잔소리 정도로 여기지 말고 직책상의 역할 수행이기도 하지만 교직 선배의 지도조언이라 생각하고 적절한 충고는 받아들이고 배운다는 자세로 좋은 인간관계를 맺도록 노력해야 한다.

(3) 선배 교사와의 관계

선배 교사는 출신 대학을 불문하고 교직 선배로서의 예의를 갖추도록 노력한다. 비공식적 모임에서도 가급적이면 화제를 선배에게 맞추도록 배려한다. 젊은 교사들이 모인 자리에 선배 교사가 한두 사람이 참여하면 때론 무시하고 젊은 교사들끼리만 대화를 나누는 일을 흔히 보게 되는데 그렇게 해서는 안 되며 선배 교사들과도 스스럼없이 어울릴 수 있는 자세를 가져야 한다. 즉 선배 교사들과 항상 공동체 의식을 가지고 예의 바르고 밝은 분위기에서 생활할 수 있도록 신경을 써야 한다. 교직원 회의가 있을 때는 정해진 시간에 늦지 않도록 하고 먼저 본 사람이 목례로 예의를 표해야 하며 회의가 진행되는 동안에 동료 간에 잡담하는 것을 피하고 발표되는 사항에 대해서는 빠짐없이 메모하며 본인이 발표할 때에는 친근하고 분명한 목소리로 발표하도록 한다.

(4) 학교 내 비공식 조직

교사가 학교에 발을 내딛는 순간 특별한 사정이 없는 한 학교에 이미 조직되어 있는 전체 교직원친목회(상조회)에 자동으로 가입이 된다. 어느 공동체에서나 다양한 사람이 존재하기 마련인데 교직원 사회에도 경계하면서 대하는 사람과 편안한 마음으로 대하는 사람, 내가 좋아하는 사람과 마음에 들지 않는 사람, 별 관심이 가지 않는 사람도 있을 수 있다. 이런 이유로 교직원 중에는 친목 행사에 잘 참여하지 않는 교사도 더러 있다. 그러나 학교 규모가 클수록 교사 간 친목 행사를 통해서 유대를 강화하는 것은 좋은 일이다. 자주 어울리다 보면 어색했던 관계도 풀리고 업무를 좀 더 원활하게 추진해 나갈 수 있게 될 것이다.

또한 교직원들 간에는 동창 관계나 교과 관계 등으로 비공식적인 모임이 많이 있는데 가급적이면 이런 모임에도 스스럼없이 참여하도록 노력해야 하며 이로 인해 다른 교사들과 갈등을 일으키는 일이 있어서는 안 된다.

(5) 학부모와의 관계

교사에게 있어 학부모와의 관계는 상당히 어려운 측면이 있다. 요즈음 학부모들은 교육수준도 높고 자녀 교육에 대한 관심도 지나치다 싶을 만큼 높아서 자녀들을 가르치는 교사에 대하여 관심도 크다. 더구나 최근에는 공교육에 대한 신뢰도가 그리 높지 않아서 학부모들의 학교 교사에 대한 태도가 마냥 호의적이지만은 않은 경우도 있다. 그렇다고 학부모들에게 기죽을 필요는 없다. 학부모를 무시하는 것도 좋지 않지만 학부모들을 지나치게 의식할 필요도 없다. 그래서 심지어 어떤 교사들은 학부모를 불가근불가원(不可近不可遠)의 관계로 표현하는 사람까지 있지만 학부모를 학교 교육을 위한 교육공동체의 일원으로 생각하면 학부모와의 관계를 어떻게 정립해야 할지 해답이 나온다고 본다.

교사가 성실하게 학생들에게 최선을 다하는 모습을 보면 오히려 학부모들은 안심하고 교사의 교육활동을 도우려는 학부모들도 많다. 물론 도가 지나쳐서 촌지 문제 등을 일으키는 학부모도 없지 않지만 대부분의 학부모들은 교사를 신뢰하고 싶어한다. 교사 자신도 가정으로 돌아가면 학부모라는 사실을 인식하고 학부모의 입장에서 자신을 돌아보고 학부모들에게 신뢰를 잃지 않도록 부단히 노력해야 한다. 학부모들과 너무 친할 필요도 없지만, 일부러 거리를 두려고 할 필요도 없다. 특히 특정 학부모와 특별히 친밀한 관계를 맺거나 불편한 관계를 맺어서는 안 된다.

제 2 장

교육 관련 법규의 이해

1. 헌법의 교육 관련 내용
2. 교육기본법의 내용
3. 초 · 중등교육법 및 동 시행령의 내용
4. 분야별 교육법규

교육과 관련된 법규로는 최상위법인 헌법을 비롯하여 교육기본법, 초 · 중등교육법과 동 시행령, 국가공무원법, 교육공무원법과 각종 명령, 자치법령, 학교 자체적으로 제정한 여러 규칙들이 있다. 교직에 임하면서 이와 같은 교육과 관련한 제반 법규들을 이해한다는 것은 효율적인 교직 수행을 위해 매우 중요한 일일 것이다. 이에 각 법규의 교직 관련 주요 내용을 살펴보기로 한다.

1. 헌법의 교육 관련 내용

헌법에서 교육과 관련한 내용은 제31조에 포괄적으로 규정되어 있다.

첫째, '모든 국민은 능력에 따라 균등하게 교육을 받을 수 있는 권리를 가진다.(1항)'라고 하여 교육의 기회균등을 표방하고 있다.

둘째, '모든 국민은 그 보호하는 자녀에게 적어도 초등교육과 법률이 정하는 교육을 받게 할 의무를 진다.(제2항)'라고 하여 초등교육에 대한 의무를 명시하고 있다. 그러나 중등교육에 대한 의무는 법률에 위임하고 있다.

셋째, '의무교육은 무상으로 한다.(제3항)'라고 하여 무상 의무교육을 표방하고 있다.

넷째, '교육의 자주성, 전문성, 중립성 및 대학의 자율성은 법률이 정하는 바에 의해 보장된다(제4항).'라고 규정하여 교육의 중립성과 자주성을 표방하고 있다.

다섯째, '국가는 평생교육을 진흥하여야 한다(제5항).'라고 규정하여 평생교육에 대한 국가의 책임을 명시하고 있다.

여섯째, '학교교육 및 평생교육을 포함한 교육제도와 그 운영, 교육재정 및 교원의 지위에 관한 기본사항은 법률로 정한다(제6항).'라고 규정하여 교육제도의 법률주의를 표방하고 있다.

2. 교육기본법의 내용

교육기본법은 말 그대로 헌법에서 위임된 교육에 관한 기본을 규정한 법으로 제3장 29조로 규정되어 있는데 그 내용은 아래와 같다.

가. 총칙

총칙에서는 교육이념, 학습권, 교육의 기회균등, 교육의 중립성, 의무교육 및 학교교육에 관한 기본을 규정하고 있는데 의무교육에 관하여는 6년의 초등교육과 3년의 중등교육으로 9년의 의무교육을 규정하고 있어 헌법에서 위임한 중등 3년의 의무교육을 명시하고 있다.

나. 제2장과 제3장

여기에서는 학습자, 보호자, 교원, 교원단체, 학교 등의 설립 · 경영, 국가 및 지방자치단체의 교육에 대한 지도, 감독 등에 대하여 규정하고 있는데, 특히 '학교교육에서 교원의 전문성은 존중되며 교원의 경제적 · 사회적 지위는 우대되고 그 신분은 보장되어야 한다.'라고 규정하여 교원의 전문성 보장과 사회 · 경제적 우대를 명문화하고 있다.

3. 초 · 중등교육법 및 동 시행령의 내용

초 · 중등교육법은 명칭 그대로 초등교육과 중등교육 시행에 대한 내용을 상세하게 규정하고 있는 법으로 제5장 68조로 구성되어 있으며 그 주요 내용은 다음과 같다.

가. 학교규칙 제정(제8조)

‘학교의 장은 법령의 범위 안에서 지도 · 감독 기관의 인가를 받아 학교규칙을 제정할 수 있다.’라고 하여 학칙 제정에 관한 규정을 두고 있는데 이는 학교장의 입법권 부여를 의미하는 것이 아니라 학교의 운영에 관한 규범을 제정할 수 있음을 의미한다.

나. 학생 징계(제18조)

(1) 학교장의 학생 징계권

‘학교장은 법령 및 학칙이 정하는 바에 따라 학생을 징계하거나 지도할 수 있다. 단, 의무교육에서는 학생을 퇴학시킬 수 없다.’라고 규정하여 학교장의 학생 징계권을 인정하되 의무교육인 초등학교와 중학교에서는 퇴학이 불가능함을 명시하고 있다.

(2) 징계의 종류 및 절차

징계의 종류는 학교 내 봉사, 사회봉사, 특별교육이수, 출석정지(1회 10일 이내, 연간 3일 이내), 퇴학처분으로 구분하고 있는데 그 절차는 학생(학부모)에게 의견진술 기회를 부여하는 등 적정한 절차를 이행해야 하는 등 학생의 인격이 존중되는 교육적 방법으로 이루어져야 하며 단계별로 개선의 기회를 주도록 하고 있다.

(3) 체벌의 원칙적 금지

체벌에 있어서는 ‘교육상 불가피한 경우를 제외하고는 신체적 고통을 가하지 아니하는 훈육 · 훈계 등의 방법으로 해야 한다.’라고 하여 체벌은 원칙적으로 금지하고 있다.

다. 교직원의 임무

(1) 교직원의 임무(제20조)

① 교장은 교무를 통할(統轄)하고, 소속 교직원을 지도 · 감독하며, 학생을 교육한다.

② 교감은 교장을 보좌하여 교무를 관리하고 학생을 교육하며, 교장이 부득이 한 사유로 직무를 수행할 수 없을 때에는 교장의 직무를 대행한다. 다만, 교감이 없는 학교에서는 교장이 미리 지명한 교사(수석교사를 포함한다)가 교장의 직무를 대행한다.

③ 수석교사는 교사의 교수 · 연구 활동을 지원하며, 학생을 교육한다.

④ 교사는 법령에서 정하는 바에 따라 학생을 교육한다.

⑤ 행정직원 등 직원은 법령에서 정하는 바에 따라 학교의 행정사무와 그 밖의 사무를 담당한다.

(2) 학교장의 재량권과 수업일수 (제45조)

법 제24조제3항에 따른 학교의 수업일수는 다음 각 호의 기준에 따라 학교의 장이 정한다. 다만, 학교의 장은 천재지변, 연구학교의 운영 또는 제105조에 따른 자율학교의 운영 등 교육과정의 운영상 필요한 경우에는 다음 각 호의 기준의 10분의 1의 범위에서 수업일수를 줄일 수 있으며, 이 경우 다음 학년도 개시 30일 전까지 관할청에 보고하여야 한다.

① 초등학교 · 중학교 · 고등학교 · 고등기술학교 및 특수학교(유치부를 제외한다)

가. 주 5일 수업을 실시하지 아니하는 경우 : 매 학년 220일 이상

나. 주 5일 수업을 월 2회 실시하는 경우 : 매 학년 205일 이상

다. 주 5일 수업을 전면 실시하는 경우 : 매 학년 190일 이상

② 기존교육과정의 최소 이수단위를 과목별로 증감할 수 있다.

③ 창의적 체험활동을 204단위 내에서 자율적으로 운영할 수 있다.

4. 분야별 교육법규

위에서 살펴본 바와 같이 교육에 관련된 법규는 헌법과 교육기본법 그리고 초 · 중등교육법을 바탕으로 많은 법규들이 있는데 이를 분야별로 정리해 보면 다음과 같다.

표 2 〈분야별 교육법규 목록〉

분 야	관 련 법 규
교육제도의 기본에 관한 법	헌법, 교육기본법
학교교육제도에 관한 법	유아교육법, 초 · 중등교육법, 고등교육법, 사립학교법, 각종 학교에 관한 규칙, 특수교육진흥법, 도서 · 벽지교육진흥법, 조기 진급 및 조기졸업에 관한 규정, 고등학교 졸업 학력 검정고시규칙, 고등학교 입학자격 검정고시규칙
평생교육제도에 관한 법	평생교육법, 학원의 설립 · 운영 및 과외교습에 관한 법률, 학점인정 등에 관한 법률, 독학에 의한 학위취득에 관한 법률
학교의 설립에 관한 법	고등학교 이하 각급 학교 설립 · 운영규정, 특수학교 시설 설비규정, 국립학교 설치령, 서울대학교 설치령
교육과정 및 학교운영에 관한 법	교육과정 운영에 대한 교육과학기술부고시, 교과용 도서에 관한 규정, 연구학교에 관한 규칙, 학교생활기록 작성 및 관리지침
교원 및 교직원에 관한 법	국가공무원법, 교육공무원법, 교육공무원 임용령, 교육공무원승진규정, 교원자격검정령, 교육공무원 징계령, 교육공무원징계양정 등에 관한 규정, 교원지위향상을 위한 특별법. 교원예우에 관한 규정, 공무원 보수규정. 공무원 수당 등에 관한 규정, 국가공무원 복무규정, 공무원 근무사항에 관한 규칙, 교원휴가업무처리요령, 교원 등의 연수에 관한 규정

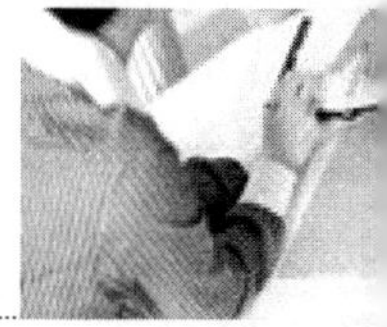

분 야	관 련 법 규
교육행정기구 및 조직에 관한 법	정부조직법, 지방자치법, 지방교육 자치에 관한 법률, 교육과학기술부와 그 소속기관 직제 및 동 시행규칙, 지방교육행정기관의 기구와 정원기준 등에 관한 규정, 시(도)교육청 직제 조례
학교 보건·급식·환경에 관한 법	학교보건법, 학교보건법시행령, 학교신체검사규칙, 학교급식법, 학교급식법 시행규칙, 어린이 보호구역의 지정 및 관리에 관한 규칙
교육재정에 관한 법	교육세법, 지방교육재정 교부금법, 학교용지확보에 관한 특례법, 학교수업료 및 입학금에 관한 규칙, 시(도)학교 수업료 및 입학금에 관한 규칙
회계 및 재산관리에 관한 법	예산회계법, 지방재정법, 지방재정법시행령, 국가를 당사자로 하는 계약에 관한 법률, 국립 초·중등학교 회계규칙, 학교발전기금의 조성·운영 및 회계 관리에 관한 규칙, 시(도)교육비 특별회계 재무회계 규칙
교육 시설에 관한 법	학교시설 사업촉진법
사무 관련	사무관리 규정, 공공기록물 관리에 관한 법률, 국립 및 공립 각급 학교 관인 규칙, 관공서의 공휴일에 관한 규정, 고등학교 이하 각급 학교 시설의 개방 및 이용에 관한 규칙, 보안업무규정, 보안업무 규정 시행규칙, 공공기관의 개인정보보호에 관한 법률, 행정규제기본법, 공공기관의 정보공개에 관한 법률, 행정절차법, 민원 사무처리에 관한 법률
기 타	청소년기본법, 청소년보호법, 청소년의 성 보호에 관한 법률

제 3 장

학교 조직의 이해

1. 학교 조직의 본질과 특성
2. 학교 조직의 체계
3. 우리나라의 고등학교의 종류

1. 학교 조직의 본질과 특성

학교도 하나의 공조직으로서 법규와 국가 예산에 의해 운영되기 때문에 넓은 의미에서 국가행정기관 중의 하나라고 말할 수 있다. 그러나 학교라는 조직체는 다른 공조직과는 달리 학생 교육이 주된 목적이기 때문에 다른 공조직이 갖는 특성과 더불어 학교 조직만이 갖는 다른 몇 가지 특성도 있는데 이를 살펴본다.

가. 관료제적 성격

조직관리론에서 관료제(bureacracy)는 M. Weber가 체계화시킨 이론으로 흔히 분업과 전문화, 몰인정성, 권위의 계층화, 규칙과 규정에 의한 운영, 경력지향성, 능률성 등을 그 특성으로 열거하는데 학교 조직 역시 이러한 요소를 모두 가지고 있다고 볼 수 있다. 학교 조직의 관료적 특성을 열거해 보면 다음과 같다.

첫째, 교장 – 교감 – 수석교사 – 보직교사 – 교사로 이어지는 계층구조를 형성하고 있다.

둘째, 사무 관리를 위하여 교무부, 연구부, 학생부, 행정실 등으로 업무가 분화되어 있다.

셋째, 모든 업무 수행에 있어서 제 규정과 규칙을 제정하여 적용한다.

넷째, 승급이나 승진은 경력이 가장 중요한 변인이 된다.

나. 전문적 성격

학교 조직은 그 주요 구성원이 교원이기 때문에 다음과 같은 측면에서 다른 조직보다도 전문적 성격이 강하다.

첫째, 교원은 철저한 자격증제를 도입하고 있다.

둘째, 교원은 법령이 정하는 바에 따라 학생을 교육한다.

셋째, 교육 내용에 있어서 교원 개인의 전문성, 창의성, 자율성이 존중된다.

넷째, 교사는 독립된 교실에서 각기 다른 배경의 학생을 가르치면서 상당한 자유 재량권을 행사한다.

다. 조직화된 무질서성(이완 결합체제적 성격)

학교 조직은 특히 교원 개개인의 전문성, 자율성, 창의성 등이 존중되기 때문에 상위 직책으로부터 의도적인 통제가 잘 이루어 지지 않는 측면이 있다. 즉 학교 조직은 다른 공조직에 비하여 상대적으로 느슨하고 이완적이어서 명령과 통제가 어려운 특성이 있다. 이에 대해 코헨(Cohen), 마치(March) 등은 학교 조직의 특성을 '목표의 모호성', '불분명한 과학적 기법의 적용', '유동적 참여(구성원이 고정적이지 못하고 인사이동, 졸업 등으로 일정기간 머물다가 떠남)' 등으로 설명하고 있다. 따라서 교직은 상급자로부터의 통제보다는 구성원들이 지성과 교양에 따라 균형잡힌 시각으로 자율적 질서를 유지하며 조직에 적응하고 학생 교육에 임해야 한다.

2. 학교 조직의 체계

학교 조직의 체계는 학교장을 정점으로 교감 – 보직교사 – 일반 교사로 이어지는 교무조직과 교무행정을 지원하는 행정실 중심의 서무조직으로 이루어져 다른 조직들에 비하여 비교적 단순하게 구성되어 있고 그 직무에 대하여는 초·중등교육법과 동법 시행령에 명시되어 있는데 이를 바탕으로 그 직무를 살펴보기로 한다.

가. 교장의 직무

교장은 학교 조직의 최고 책임자로서 다음과 같은 직무가 규정되어 있다.

첫째, 교무를 통할(校務統轄)한다. 여기에서 교무란 학교 교무실의 업무는 물론이고 행정실의 서무업무까지 포함하는 것으로 학교의 모든 업무를 말한다.

둘째, 소속 교직원들을 지도 · 감독한다. 이는 학교 구성원들 모두를 지도하고 감독하는 업무로서 업무상 지시 명령권을 갖고 있음을 의미하며 따라서 소속 교직원의 업무 수행에 대하여 법적 도덕적 책임을 지는 것까지 포함된다.

셋째, 학생을 교육한다. 학교장도 교원의 일원이기 때문에 교과목이나 담임으로서의 학생 교육은 하지 않더라도 훈화 등 여러 가지 방법으로 학생에 대해 직접적, 간접적 교육의 책임과 권한이 있음을 의미한다.

나. 교감의 직무

교감은 학교 조직의 교장 다음의 이인자로서 교직원과 학교장의 교량역할을 담당하는 직책으로 다음과 같은 직무가 규정되어 있다.

첫째, 교장을 보좌한다. 이는 교감은 학교장을 보좌하는 직책이라는 의미로 학교장을 도와서 학교의 모든 업무가 원활하게 수행되도록 헤야 할 책임이 있음을 말한다.

둘째, 교무를 관리한다. 학교 조직은 앞에서 언급한 바와 같이 교무실 중심의 교무 행정조직과 행정실 중심의 서무행정 조직으로 나눌 수 있는데 교감은 교무 행정조직을 관리하는 직무가 있음을 의미하는 규정으로 교사 근무 평정에 있어 학교장과 분담하여 평정하는 등 일정 부분에 있어서 교무 관리의 권한을 교장과 공유하는 측면도 있다.

셋째, 학생을 교육한다. 학교장과 마찬가지로 교감도 직접 수업에 임하거나 학급 담임을 맡지 않는 경우가 많지만 교감도 학생을 직접적으로 또는 간접적으로 교육할 권한과 책임이 있음을 명문화한 것이다.

넷째, 학교장이 유고할 때에는 그 직무를 대행한다. 이는 학교 조직에서 교감이 부교장의 지위를 갖는 것을 의미하며 행정실의 서무 조직에 대해서도 상황에 따라서는 지휘 통솔권을 행사할 수 있음을 규정한 것이다.

다. 보직교사의 직무

보직(부장)교사 제도는 초·중등교육법 시행령에 규정된 제도로써 교감과 교사 사이의 중간적 위치에 있으나 자격이나 직위는 아니고 교무를 수행하기 위해 마련된 보직으로 교육공무원법이나 교육공무원 임용령의 적용을 받는 교육공무원의 직위와는 구별이 된다.

동 제도가 처음 실시된 것은 1970. 12. 26일에 제정 공포된 주임교사임용규정(문교부훈령 제209호)에 의해 1971학년도부터 시행되어 오다가 1998. 2. 24일 제정되고 1998. 3. 1일부터 시행된 초·중등교육법시행령 제33조 내지 제35조에 의거 현재의 보직교사제로 바뀌었다. 구 교육법시행령에서는 '주임교사'의 수뿐만 아니라 그 종류까지도 법령으로 규정되어 있었고 그 임무도 명문화되어 있었으나 현재는 학교급별로 학급 수에 따라 그 수는 규정되어 있지만 명칭은 관할청(교육감)이 정할 수 있고, 학교별 보직교사의 종류 및 그 업무분장은 당해 학교장이 정할 수 있도록 되어 있다. 이를 좀 더 자세히 살펴보면 다음과 같다.

(1) 보직교사 배치 기준

현행 초·중등교육법시행령에는 보직교사의 배치 기준에 대하여 다음과 같이 규정되어 있다.

제33조(초등학교 보직교사 배치기준)

④ 초등학교에는 교사 중에서 다음 각 호의 구분에 따른 수의 보직교사를 둘 수 있다. 다만, 교육과학기술부장관이 지정하는 연구학교에는 다음 각 호의 구분에 따른 수보다 보직교사 1인을 더 둘 수 있다.

1. 6학급 이상 11학급 이하의 학교에는 2인
2. 12학급 이상 17학급 이하의 학교에는 4인 이내
3. 18학급 이상 35학급 이하의 학교에는 6인 이내

4. 36학급 이상의 학교에는 12인 이내
5. 5학급 이하인 학교로서 교감을 두지 아니하는 학교 또는 5학급 이하의 분교장에는 1인

⑤ 제4항의 규정에 의한 보직교사의 명칭은 관할청이, 학교별 보직교사의 종류 및 그 업무분장은 학교의 장이 이를 정한다.

제34조(중학교 보직교사 배치기준)

④ 중학교에는 교사 중에서 다음 각 호의 구분에 따른 수의 보직교사를 둘 수 있다. 다만, 체육중학교의 경우와 11학급 이하의 학교로서 교육과학기술부장관이 지정하는 연구학교의 경우에는 다음 각 호의 구분에 따른 수보다 보직교사 각 1인을 더 둘 수 있다.〈개정 2001. 1. 29, 2008. 2. 29〉

1. 3학급 이상 8학급 이하의 학교에는 1인
2. 9학급 이상 11학급 이하의 학교에는 2인
3. 12학급 이상 17학급 이하의 학교에는 8인 이내
4. 18학급 이상의 학교에는 11인 이내
5. 2학급 이하의 분교장에는 1인

⑤ 중학교의 장은 미리 교육감의 승인을 얻어 제4항의 규정에 의한 수의 보직교사 외에 필요한 보직교사를 더 둘 수 있다.〈개정 2004. 2. 17, 2005. 9. 29, 2008. 2. 29〉

⑦ 제33조 제5항의 규정은 중학교에 두는 보직교사의 명칭 등에 관하여 이를 준용한다.

제35조(고등학교 보직교사 배치기준)

④ 고등학교에는 교사 중에서 다음 각 호의 구분에 따른 수의 보직교사를 둘 수 있다. 다만, 실업과를 설치한 고등학교 및 체육고등학교의 경우와 8학급 이하의 학교로서 교육과학기술부장관이 지정하는 연구학교의 경우에는 다음 각 호의 구분에 따른 수보다 보직교사 각 1인을 더 둘 수 있다.〈개정 2001. 1. 29, 2008. 2. 29〉

1. 3학급 이상 5학급 이하의 학교에는 2인
2. 6학급 이상 8학급 이하의 학교에는 3인
3. 9학급 이상 17학급 이하의 학교에는 8인 이내
4. 18학급 이상의 학교에는 11인 이내

⑤ 제33조 제5항 및 제34조 제5항의 규정은 고등학교에 두는 보직교사의 명칭 및

증치 등에 관하여 각각 이를 준용한다. 이 경우 '중학교' 및 '각종학교'를 각각 '고등학교'로, '부설중학교'를 '부설고등학교'로 본다. 〈개정 2004. 2. 17〉

(2) 보직교사의 명칭과 일반적인 임무

위의 규정과 앞서 언급한 바와 같이 보직교사의 명칭은 관할청, 즉 시 · 도 교육감이 정하도록 되어 있는데 과거에는 학교에 따라 '주임교사', '과장교사' 등으로 불리다가 현재는 모든 시 · 도에서 '부장교사'로 호칭되고 있다.

보직교사의 임명은 원칙적으로 1급 정교사 자격증 소지자 중에서 어느 정도 경력을 갖춘 중견교사로서 교과목이나 능력에 따라 당해 학교의 '인사자문위원회의' 심의를 거쳐 학교장이 임명하도록 되어 있어 일반 교사들에 대한 지도 조언자적 위치에 서게 되며 해당 부서의 업무 추진에 중추적 역할을 수행하게 된다. 학교에 따라 부서 명칭과 부여하는 업무는 조금씩 다르지만 일반적으로 각 부서에서 취급하는 업무는 대략 다음 〈표 3〉과 같다.

표 3 〈각 부서의 일반적인 임무(예)〉

부 서		분 장 업 무
행정부서	교무기획부	각종 행사 진행(입학식, 졸업식 등) / 학교교육과정 편성운영 학적 관리 / 교원 조직 관리 / 장학생 관리 / 신입생 전형 업무 학교생활기록부 관리 / 평생 교육 업무 / 교무 관련 법령, 규칙, 방과 후 특기 적성 교육 등
	연구기획부	학교교육계획서 작성 / 학업 성적 및 평가 업무 / 교과협의회 및 수업연구 / 연수 및 자율 장학 / 연구 · 시범학교 운영 / 교육실습생 관리 / 진급 및 졸업사정회
	학생복지부	학생생활규정 제 · 개정 / 기본생활습관 형성 지도 / 교내외 폭력 예방, 음주 · 흡연 및 약물 오 · 남용 지도 / 성희롱 예방 교육 / 학생 징계 /모범학생포상 / 학생사건 처리/ 학생회장 선출 / 학생 동아리 활동 / 학생 인권 신장

<table>
<tr><th colspan="3">부 서</th><th>분 장 업 무</th></tr>
<tr><td rowspan="6"></td><td rowspan="3">학년부</td><td>1년</td><td rowspan="3">현장 체험활동 추진(수학여행, 야영 수련 활동) / 특별보충과정 운영 / 학년별 진로 교육 / 위탁 교육</td></tr>
<tr><td>2년</td></tr>
<tr><td>3년</td></tr>
<tr><td colspan="2">환경봉사부</td><td>환경 교육 / 학생 봉사활동 추진 및 운영</td></tr>
<tr><td colspan="2">교육정보부</td><td>학교 홈페이지 및 전산망 관리 / 컴퓨터실운영 / E-Learning 센터 운영 / 각종 고사 채점관리</td></tr>
<tr><td colspan="2">진로상담부</td><td>학생이해자료 카드 관리/ 학생상담/ 진로 교육/ 교도활동 / 적성검사 등 각종 표준화 검사</td></tr>
<tr><td rowspan="4">교과부서</td><td colspan="2">과학교육부</td><td>과학실 관리/ 과학행사/ 과학교육 일반/ 영재교육</td></tr>
<tr><td colspan="2">사회문화부</td><td>윤리 및 도덕교육/ 민주 시민 교육 / 통일 교육 / 명상의 시간 운영 / 전통 문화 교육</td></tr>
<tr><td colspan="2">보건체육부</td><td>체육행사 및 체육교육 / 체육부 운영 / 보건 교육</td></tr>
<tr><td colspan="2">취업지도부
(전문계고)</td><td>취업지도 / 기능경진 대회 / 기능 검정(자격증 취득) 추진 / 전문교과 동아리 운영</td></tr>
</table>

(3) 보직교사의 역할(선남교육청, 교식실무매뉴얼, 2009, 참조)

(가) 교장-교감과 일반 교사의 교량역할

학교의 민주적 경영을 위해서는 학교경영에 교사들의 참여가 활성화되어야 한다. 그러기 위해서는 교사들의 의견이 교장-교감에게 전달될 수 있는 통로가 충분해야 할 것이다. 그러나 모든 의사결정에 있어 일일이 교사들의 의견을 구할 수 없기 때문에 교사들의 의견을 수합하여 학교장에게 전달함으로써 민주적 학교 경영이 이루어져야 한다. 여기에 중간 관리자로서 보직교사가 필요하며 따라서 보직교사는 그 교량적 역할을 수행하게 된다. 즉 다수 교사들의 요구, 견해, 정서 등을 수집 · 정리하여 교장(교감)에게 전달하는 동시에 관리자인 교장(교감)의 생각을 교사들에게 전달하는 역할을 함으로써 학교 조직원 간에 공감대가 형성되고 민주적 학교경영이 이루어지도록 한다.

(나) 교장(교감)의 참모역할

보직교사는 학교 행정에 있어 교장-교감의 의사결정 단계에 이르기까지의 제반 정보와 자료를 충분히 수집 · 분석하여 최적의 자료를 준비 · 제공함으로써 바람직한 의사결정이 이루어질 수 있도록 참모역할을 하게 된다. 의사결정의 과정에서 보좌기능이 미약하고 불충분할 경우에는 학교장이 그릇된 판단을 하게 되고 결국 교육활동에 막대한 오류와 시행착오를 가져올 수 있기 때문에 보직교사의 참모역할은 매우 중요하다 하겠다.

(다) 각 부서의 팀장 역할

학교의 교무 조직은 교무, 학생, 연구 등의 행정 부서와 교수 기능과 관련된 교과 관련부서 및 학년, 학급 조직 등 여러 하위 조직들로 구성되어 있으며 보직교사는 해당 조직의 팀장 역할을 수행하게 된다. 즉 팀(부서)원들을 리드하고 팀원들이 맡은 업무에 대한 처리 및 절차의 방법을 구체적으로 설명해 주어야 하며 부서의 업무가 원활하게 수행될 수 있도록 지도력을 발휘해야 한다.

(라) 부서별 업무 기획 추진 및 전결

보직교사는 해당 부서 업무에 대해 합리적으로 검토하고 확인하는 역할을 한다. 학교 운영에 있어서 최종 결재권은 교장에게 있으나 수행 과정에 있어서 제반 기록과 장부의 작성 및 보관, 보고 처리 등은 부장교사 선에서 1차적으로 검토되고 확인되어야 한다. 또한 학교의 전결규정에 의거 해당 보직교사에게 위임된 사항은 책임을 지고 전결권을 행사한다.

(마) 대의자로서의 역할

모든 교사들이 학교 운영의 모든 활동에 직접적으로 참여하기는 쉽지 않다. 학교 규모가 큰 학교일수록 더욱 그러하다. 그러므로 보직교사는 학교 운영과 관련된 중요 사항들을 심의하거나 자문하는 위치에서 일반 교사들의 의견을 충분하게 수렴하여 이를 학교 운영에 적절히 반영하는 대의자 역할을 해야 한다.

(바) 인화 단결자로서의 역할

모든 조직에서 그러하듯이 학교 조직에 있어서도 인화 단결은 교육성과에 영향을 미치는 매우 중요한 요소이다. 공립학교의 경우 전보로 인한 구성원의 잦은 교체와 교사들은 나름대로 자기 분야에서의 최고의 전문가로 자처하기 때문에 개성이 강하고 배타적인 경우가 많아 인화 단결이 미흡한 측면이 있을 수 있다. 이런 점을 감안하여 보직교사들은 교사들 상호 간에 서로 존중하고 우호적 인간관계 조성에 노력하여 인화 단결하는 분위기가 형성되도록 노력해야 한다.

(사) 변화에 능동적인 선도자

오늘날을 우리는 흔히 지식정보사회라 하여 그 변화가 매우 빠르게 진행되고 있다. 이와 같은 사회 현상에서 학교도 빠르게 변화하고 적응해야 할 것이다. 그러나 학교 조직은 그 특성상 보수적이고 변화에 둔감하며 변화 자체를 부정적으로 여기는 경향이 있다. 그러므로 보직교사는 변화에 능동적인 마인드를 가지고 학교가 변화해야 할 사안이 있을 때는 과감하게 변화에 긍정적으로 임하는 선도자로서의 역할을 해야 한다.

(아) 타 부서와의 협력

학교 조직에서 각 부서마다 그 특성에 적합한 업무가 주어져 있지만 경우에 따라서는 업무 추진 시 타 부서의 협조가 필요한 경우가 적지 않다. 이러한 경우에 필요한 부서에서 협조를 구하기 이전에 자기 부서에서 무엇을 어떻게 도와줄 것인가를 고민하는 역할이 필요하다. 그래서 부서간 적극적이고 긴밀한 협력 관계로 시너지 효과가 나타날 수 있도록 해야 한다.

3. 우리나라의 고등학교의 종류

우리나라는 1974년에 고등학교 입시제도 개선의 일환으로 서울과 부산 지역에서부터 시작된 고등학교 평준화 제도가 지금은 대부분의 도시지역에서 시행되고 있다. 그러나 이는 고등학교 교육이 획일화되고 학생들의 실력이 하향 평준화되어 수월성 교육 등 다양한 교육 수요를 충족시키지 못한다는 비판이 끊임없이 제기되어 왔다. 이에 작금에 이르러 고등학교의 자율성과 다양성 차원에서 '고교 다양화 프로젝트'가 추진되고 있는데 이를 바탕으로 현재 우리나라에 설치된 정규 고등학교의 종류를 살펴보면 대체로 다음과 같다.

가. 일반계 고등학교

우리가 흔히 인문계 고등학교라고 부르는 고등학교로서 대부분의 고등학교들이 여기에 속한다. 평준화 지역에서는 후기에 학생을 선발하는데 지역별로 전형 방법에 차이가 있으나 대체로 연합고사 성적과 중학교 내신 성적을 바탕으로 해당 지역의 입학생 정원만큼을 선발한 후 학군별로 학생의 지망, 통학거리, 종교 등을 고려하여 무작위로 추첨 배정한다. 그러나 비평준화 지역(소도시나 농어촌)에서는 학교별로 전형 방법을 정하여 교육감의 승인을 받아 학생을 모집하고 선발한다.

나. 특성화 고등학교

과거에 농업, 공업, 상업고등학교를 실업계로 통칭하다가 전문계로 명칭을 변경, 다시 초·중등교육법 시행령 제91조에 의해 특성화 고등학교로 변경되었다. 특성화 고등학교는 농업, 공업, 상업, 해양, 가사·실업, 종합고등학교가 있으며 종합고등학교는 인문계와 특성화가 함께 운영되는 학교이다.

특성화 고등학교의 학과는 과거의 실업계 고등학교에서 설치했던 학과 이외에도 애니메이션, 요리, 영상, 제작, 관광, 통역, 인터넷, 멀티미디어, 골프, 공예, 디자인, 도예, 승마 등 다양한 특징을 살려 학과를 설치하고 고등학교 명칭에도 사용하기도 한다.

다. 특수목적 고등학교

특수목적 고등학교를 초·중등교육법 시행령 제90조에서는 '특수 분야의 전문적인 교육을 목적으로 하는 고등학교'로 정의한다. 일반계 고등학교와 달리 특목고에서는 과학, 외국어, 수산, 해양, 예술, 체육 등 특수하고 전문적인 분야를 미리 학생들에게 습득시켜 그 분야의 전문가를 조기에 양성하는 목표로 설립되었다.

특수목적 고등학교는 과학 고등학교, 외국어 고등학교, 예술 고등학교, 체육 고등학교, 국제 고등학교, 마이스터 고등학교가 있다. 규정상 특별법이 관리하는 과학영재학교는 제외된다.

라. 마이스터 고등학교

최고의 기술중심 교육을 하며 '졸업 이후 우수기업, 군복무, 직장 생활과 병행 가능한 대학교육' 기회 제공을 특징으로 하는 특화된 산업수요 맞춤형 고등학교로 산업계의 수요와 연계하여 예비 마이스터(Young Meister)를 양성하는 특수목적 고등학교이다.

학교운영을 교장공모제로 초빙하고, 현장 마이스터를 교장·교원·외국인 교사를 초빙하여 산업인력 양성을 위해 산업현장에서 필요한 교육 내용을 교육과정으로 개발하여 운영한다. 교사와 학생간의 원활한 상호작용과 체험중심의 수업 운영 등을 위해 1학급당 학생인원을 20명 내외로 구성하여 교육한다. 수업료, 입학금, 학교운영지원비 면제, 장학금 지급, 기숙사 제공, 해외 산업체 및 직업전문학교 연수 기회 등 다양한 혜택이 주어진다.

입학전형은 전기모집으로 특별전형과 일반전형으로 나누어 선발하며 각 학교마다 특성을 살려 선발한다.

마. 자율형

(1) 자율형 공립고등학교

정부와 지방자치단체가 육성하는 새로운 개념의 공립학교이다. 처음에 학교 명칭이 개방형 자율학교였으나 자율형 공립고등학교(초·중등교육법시행령 91조)로 명칭이 바뀌었으며 입시 위주 교육에서 벗어나 다양한 방법의 전인교육을 시도하는 고등학교로, 처음에는 개방형 자율학교라고 하였다가 자율형 공립고등학교로 명칭을 변경하였다.

자율형 공립고등학교는 교육과정과 교수법 등을 혁신적으로 운영권을 위탁해 운영하며 운영 주체는 대학, 민간단체, 공모 교장 등에게 개방하고 우수교사 초빙 및 교육력 극대화를 위해 지역사회와의 유기적 연계를 강조하는 지역사회 학교를 지향한다. 공통교육과정 중 35%의 자율권이 주어진다.

모집 구분은 후기이기 때문에 특수목적 고등학교, 마이스터 고등학교와 같은 전기 고등학교에서 탈락하였을 경우 응시가 가능하나 전기에서 합격한 학생에게는 응시자격이 없어진다.

(2) 자율형 사립고등학교

'고교다양화 300 프로젝트'라 불리는 국정과제로 2010년 6월 신설된 초·중등교육법 시행령 제91조의 3항에 의거하여 사립학교의 건학이념에 따라 교육과정, 학사운영 등을 자율적으로 운영하고, 공통교육과정 중 50%의 자율권이 주어져 학교별로 다양하고 개성있는 교육과정을 실시하는 고등학교이다.

모집 구분은 전기이기 때문에 특수목적 고등학교와 같은 전기 고등학교와는 중복해서 지원할 수 없으며 입학 전형은 대체적으로 중학교 내신성적을 일부 반영한 추첨 방식과 필기고사를 제외한 자기주도학습 전형으로 나누어 선발하며 광역단위 모집이 원칙이나, 법인전입금을 25% 이상 출원하면, 전국단위 모집이 가능하다.

또한 의무적으로 모집인원의 20%를 사회적 배려대상자로 선발하며, 재단은 법인전입금을 도 소재인 경우 3% 이상, 특별시 · 광역시 소재인 경우 5% 이상, 경기도는 법인전입금 5% 이상 출원하여야 한다.

바. 교육과정에 의한 자율학교

(1) 자율학교(초 · 중 · 고)

자율학교란 1998. 2 공포된 〈초 · 중등교육법 시행령〉 제105조에서 처음 공식화되었으며 학사운영, 교육과정을 비교적 자율적으로 운영할 수 있는 학교로써 일반적으로 교육감에게 지정 권한이 있고, 비평준화 지역에 지정하며 평준화 지역의 고등학교에 한해서는 교과부와 협의 하에 지정할 수 있다.

자율학교 자율권에서 초 · 중학교에서는 교과별 수업시수를 20%범위 내에서 증감 · 운영할 수 있으며, 고등학교에서는 일반고는 필수이수단위를 72단위 이상 이수해야 하고 과목별 이수단위는 5단위를 원칙으로 하되 3단위 범위 내에서 증감 · 운영할 수 있다. 또한 교장을 공모제로 임용할 수 있고 정원의 50% 범위 내에서 교사를 초빙할 수 있다. 화산중학교, 한일고등학교를 예로 들 수 있다.

(2) 과학중점 고등학교(일반계 고등학교)

일반 고등학교에서 기존 교육과정에 심화 편성된 과학 · 수학과목의 수업을 진행하는 형태를 말한다. 과학중점학교는 과학고는 아니지만 수학 · 과학 교육에 중점을 두어 심도있는 수업이 가능하며 과학고등학교 학생들은 수업단위의 60%가 수학, 과학이고, 일반계 고등학교는 30%, 과학중점 고등학교 학생들은 45% 정도이다. 과학중점 고등학교 학생들은 1학년 때 연간 60시간 이상의 과

학체험활동과 함께 한국과학창의재단에서 제작한 과학교양, 과학융합 과목을 추가로 이수하게 되고, 2학년 때부터 과정에 따라 실험, 탐구 중심의 교육을 받는다.

사. 기타 학교

(1) 방송통신고등학교

방송통신고등학교는 고등학교 과정을 방송을 통해서 고등학교 학력을 얻는 교육기관이다. 방송통신고등학교는 공립학교의 부설학교 방식으로 설치되어 있다.

입학자격은 일반고등학교와 같으나 연령에 제한 없이 무시험서류전형으로 선발하는데, 전형기준은 각 시 · 도 교육위원회 및 학교별로 정하며, 학생의 선발과 배정은 각 시 · 도 교육위원회에서 결정하고 있다. 교육내용은 보통과의 경우 일반계 고등학교의 교육과정을 준용하고, 전문교육을 주로 하는 학과의 교육과정은 실업계와 특수목적고등학교의 교육과정을 준용하도록 되어 있다.

이수단위는 일반계 고교의 80% 수준인 168 단위로 축소하여 방송통신고등학교의 특성을 살리도록 하고 있으며, 교육방법은 자학자습 및 컴퓨터 통신학습, 방송강의, 그리고 출석수입으로 이루어진다.

연간 12회에 걸쳐 제공되는 통신학습자료를 학습보조매체로 활용하며, 에듀넷(Edunet)을 통하여 '방송통신고등학교 컴퓨터 통신학습 시스템'이 운영되고 있으며, 방송강의는 토요일과 일요일을 제외하고 연간 260일 이상 교육방송(EBS) 라디오를 통하여 이루어지고 있다.

강의내용을 별도의 방송강의 청취록에 기재하여 소속학교의 교사에게 매학기 5회 이상 제출하여 점검을 받도록 하며, 출석수업은 연간 20일 이상 하루 6시간 이상 실시되고 있다.

평가는 중간고사와 기말고사 등의 학력평가와 졸업학력평가를 하며 중간고사와 기말고사가 각각 40%를 차지하고 방송강의 청취록과 과제물이 각각 10%를 차지한다. 학생들은 각 교과별로 교재에 제시되어 있는 과제를 매학기 2회 이상 제출하고, 정규고등학교의 학비보다 훨씬 낮게 책정된 입학금과 수업료가 부과되고 있다. 또한 학생들이 사용하는 교과서 대금의 일부가 국고에서 지원되는 등 여러 가지 혜택이 주어지고 있다.

(2) 대안학교(초 · 중 · 고)

공교육의 문제점을 보완하고자 학습자 중심의 자율적인 프로그램을 운영하도록 만들어진 종래의 학교교육과는 다른 대안교육을 실천하는 학교로 영국의 교육자이자 작가인 A. S. 닐(A. S. Neill)이 1921년 설립한 서머힐 스쿨(Summerhill School)이 대표적이다.

학력이 인정되는 대안학교가 점점 늘고나고 있으며, 비인가 중등 대안학교의 경우 학교의 교육과정과 운영 형태가 매우 다양하여 그만큼 분류 방법도 다양하게 존재하겠지만, 크게 전원형과 도시형으로 나눌 수 있다. 전원형은 대개 기숙형이지만 도시형은 통학형이 있다.

또한 전일제 형태의 대안학교와 프로그램 형태의 대안학교로 나누어 볼 수 있다. 프로그램 형태의 대안학교는 계절학교나 방과후학교, 주말학교, 홈스쿨링 등이 있는데, 현장과 참가 주체들이 다양하고 유동적이어서 일관된 기준으로 파악하기 쉽지 않다. 능력주의 · 경쟁주의 원리를 지양하며, 대안학교 중 교육관계 당국이 학력을 인정해 주는 학교로 특성화학교나 위탁형 대안학교가 있다.

(3) 외국인 학교

한국에 있는 외국인 학교는 교육법 제149조의 '각종학교'로 인가된 것이거나 또는 출입국관리법에 따라 등록한 학교들로서 각국의 교육방침에 따라 본국어로 교육이 이루어지며 대체로 해당 국가의 교육부의 지시를 따른다. 최초의 외국인학교는 화교의 자녀들을 위해 1909년 설립된 '한성화교소학'이며 1912년에는 서양계의 '경성외국인학교'가 세워졌다. 오늘날에는 미국을 비롯해 중국 ·

영국 · 독일 · 일본 등의 외국인 학교가 서울 · 부산 · 대구 · 인천 · 대전 등지에 산재해 있으며, 학생들의 대다수는 주한미군, 화교, 외국 상사 한국주재원 등의 자녀들로 구성되어 있다.

외국인학교의 입학자격은 국내에 체류 중인 외국인의 자녀, 외국에서 총 3년 이상 거주한 내국인으로 제한된다. 여기에 내국인은 정원의 30%까지 입학이 가능하며, 교육감이 시 · 도 교육규칙으로 정하는 경우 정원의 50%까지 입학할 수 있고 시 · 도 교육청이 국내 학력인정 학교로 인정한 학교는 학력인증을 받을 수 있다.

제 4 장

학급 경영의 기초

1. 담임 교사의 자세
2. 학급 담임의 자질
3. 학급 경영의 영역
4. 학급 경영의 원리
5. 학급 담임의 주요 업무
6. 학급 담임의 일과

학급은 초 · 중등학교의 가장 기초적인 단위 조직으로 학생들이 학교생활을 하는데 있어 거의 모든 시간을 함께 하는 생활 공동체이다. 학습지도나 생활지도 등 대부분의 교육활동이 학급을 단위로 이루지게 되며 학급 담임은 대개 1년 단위로 학급을 담당하게 되는데 학급 담임의 열정이나 능력 그리고 인성적 성향이 학생들에게 매우 큰 영향을 미친다. 교사의 입장에서도 학급 담임을 맡아야 학생들과 좀 더 밀접한 관계를 유지할 수 있으며 교사로서의 보람도 더 크게 느낄 수 있다. 그래서 흔히 교직의 꽃은 담임을 맡는 것이라고 말하기도 한다.

담임을 맡게 되면 처음에는 누구나 특색 있고 학생들과 함께 하는 민주적 학급경영을 생각한다. 그러나 학년 말에 뒤돌아보면 아쉽고 미흡함을 느끼게 된다는 것이 경험 있는 교사들의 말이다. 그러므로 확고한 교육 철학과 열정을 가지고 학급을 운영함으로써 학생들의 성숙과 발전을 돕고 학급의 면학 분위기와 명랑하고 즐거운 학급을 조성하여 최고의 담임으로 보람을 찾을 수 있어야 한다.

1. 담임 교사의 자세

담임 교사로서 좀 더 바람직한 학급 경영을 하기 위해서는 학생들이 학급의 일원으로 소속감을 가지고 주체적으로 학급 활동에 참여하도록 노력하고 지도하는 자세가 필요한 데 이를 몇 가지로 요약해 보자.

첫째, 학급 담임으로서의 역할을 자각하고 그에 따른 책임수행에 노력해야 한다.

둘째, 학생들로부터 존경과 신뢰를 받아야 하며 학생을 깊이 이해하고 사랑해야 한다.

셋째, 학생들의 가능성과 자발성을 최대한 존중한다.

넷째, 교사로서 자신의 인격과 상식을 높이고 교육 전문성 배양을 위한 연수에 최선을 다해야 한다.

다섯째, 학생들이 자신의 삶의 문제와 고민들을 털어놓고 도움을 받을 수 있는 상담자로서의 역할에 최선을 다한다.

여섯째, 학급 환경을 교육적으로 조성하는 데 힘써야 한다.

일곱째, 학급 운영의 계획에서부터 실천 그리고 그 운영에서 발생하는 문제에 대해 가능하면 동 학년 교사들이 터놓고 이야기하고 함께 공유하는 관계를 설정해야 한다.

여덟째, 학부모를 존중하고 학부모와의 협조 체제를 구축하여 학부모의 요구를 학생 교육에 적극 반영하는 자세를 갖는다.

2. 학급 담임의 자질

위와 같은 자세에 입각하여 성공적인 학급 운영을 위하여 학급 담임의 자질에 대하여 생각해 보면 다음과 같다.

첫째, 협동적이고 민주적 성품이어야 한다.

둘째, 유능한 지도 능력과 왕성한 책임감이 있어야 한다.

셋째, 원만한 대인관계를 유지하고 유머 감각이 있어야 한다.

넷째, 인정해 주고 칭찬해 주는 태도를 견지해야 한다.

다섯째, 학생 문제에 대한 적극적인 관심과 흥미를 가지고 사랑을 바탕으로 지도해야 한다.

여섯째, 공정하며 일관성 있는 태도를 견지하며 학생을 편애하는 일이 없어야 한다.

일곱째, 건강한 심신과 투철한 교육관을 가져야 한다.

3. 학급 경영의 영역

학급 경영은 학급 학생들의 학교생활에서의 모든 것이 그 영역이다. 그러나 굳이 그 영역을 분류해 보면 다음 〈표 4〉와 같다.

표 4 〈학급 경영의 영역〉

영 역	내 용
교 과 지 도	자율학습지도, 면학분위기 조성, 학습 방법지도
특 별 활 동	자치활동지도, 계발활동지도, 봉사활동지도, 학급 및 학교 행사지도 등
생 활 지 도	인성지도, 교우관계, 진학, 진로지도, 여가지도 등
환 경 관 리	학급시설 및 비품관리, 게시물 관리, 환경정리, 청소 등
사 무 관 리	생활기록부, 건강기록부, 학급 관련 장부 관리 등
안 전 관 리	안전사고 예방, 학생복지증진 도난방지 등
학부모 관리	학부모 면담, 가정통신, 봉사활동 등

4. 학급 경영의 원리

학급을 민주적이고 효율적으로 경영하기 위해서는 다음과 같은 원리에 입각하여 경영해야 한다.

가. 타당성의 원리

학급 경영은 학교교육목표, 학급목표를 달성하는 데 교육적으로 타당한 수단적, 보조적 활동을 통하여 이루어져야 한다는 원리이다.

나. 개별화의 원리

학급 담임 교사는 학생 개개인의 특성과 개인차를 고려하여 학생 모두를 개별적 존재로 인식하고 학생의 학습 능력을 포함하여 성격, 성장배경, 학생의 요구, 학생의 희망 등을 존중하여 개별적으로 최적의 지도가 이루어져야 한다는 원리이다.

다. 사회성 개발의 원리

학급도 하나의 작은 사회이다. 따라서 학급에서의 집단생활을 통해서 상호 신뢰와 협동, 공동 규칙의 준수, 공동과제의 해결, 봉사활동 등을 통하여 사회성을 개발하는데 노력해야 한다는 원리이다.

라. 창조성의 원리

담임 교사는 일상적인 학급 업무 처리에서 탈피하여 창의적으로 학급을 경영함으로써 학생들에게 더 큰 비전과 꿈을 심어 주어야 한다는 원리이다.

마. 접근의 원리

담임 교사는 항상 학생에게 사랑으로 가까이 다가가려는 노력을 통하여 학생들 또한 스스럼없이 교사에게 접근할 수 있는 친화 관계를 조성함으로써 교사와 학생들이 상호 간에 심리적 거리가 없도록 해야 한다는 원리이다.

바. 합리성의 원리

담임 교사는 학급 학생들을 항상 정확히 이해하고, 학급을 구성하는 환경 요인들을 정밀하게 분석하여 학생들의 요구와 수준에 맞도록 합리적 대안을 마련하여 이를 실천하도록 해야 한다는 원리이다.

5. 학급 담임의 주요 업무(전남교육청, 교직실무메뉴얼, 2009, 참조)

모든 일은 첫 단추를 잘 끼워야 하듯이 새 학기가 시작되는 3월은 학교생활에 가장 중요한 시기이다. 학급 편성, 학생 파악, 업무 분장, 학부모와의 관계 등 모든 것이 새롭게 형성되며, 일년간의 학교생활 전반에 대한 교육계획의 실천이 시작된다. 대부분의 학교에서는 2월 중에 새 학년도의 학급 편성을 완료하고 교사들의 인사 발령이 이루지면 인사자문위원회의 자문을 통해 업무분담 및 학급 담임을 배정하게 된다. 따라서 담임을 배정받으면 3월 새 학기가 시작되기 전에 학급 학생과 새 학년도 업무를 가능한 한 빨리 파악하여 3월 2일에 학급 학생들과 만나는 것이 좋다. 그러면 담임으로서 1년 동안 해야 할 주요 업무를 순차적으로 살펴보기로 한다.

가. 학생들과 첫 대면

학창 시절에 3월 시업식날 교장이나 교감이 담임 발표를 할 때에 '올해는 어떤 분이 담임 선생님이 될까?'하며 기대했던 경험은 누구나 갖고 있을 것이다. 이는 교사들도 마찬가지여서 올해는 어떤 학생들을 맡게 될지 기대와 설레임이 있기 마련이다. 특히, 신임 교사로서 담임을 맡게 되었다면 출근 첫날 부임 인사가 끝나자마자 교실에 들어가 아이들과 첫 대면을 해야 한다. 학생들은 미지의 교사에 대하여 호기심 반 설렘 반으로 바라볼 것이며 이 때의 첫인상이나 첫마디의 말이 그 해의 학급 운영의 성패를 가르는 중요한 계기가 될 수도 있다. 그러므로 충분한 준비 없이 그런 상황을 맞이한다면 당황하여 학생들에게 강한 신뢰를 주지 못할 수도 있다. 경력이 많은 교사들 조차도 학생들과 첫 만남에서 낭패를 본 경험을 말하는 것을 종종 듣는다. 이처럼 학기 초는 선생님이나 학생들 모두 서로가 어색하고 왠지 불안한 마음으로 출발하게 되므로 학급 담임 교사로서 해야 할 일과 학생들과의 첫 만남을 어떻게 해야 가장 성공적으로 담임에 데뷔할 것인가 충분히 준비해야 할 것이다.

이를 위해서는 앞서 살펴본 것과 같은 학급 경영의 원리를 마음 속에 새기고 첫 만남에서 학생들에게 어떤 말을 해 주고 어떤 태도를 취할 것인지 충분히 연구하고 선배 교사들의 조언을 들어 마음의 준비를 단단히 해야 한다.

나. 학급경영계획 수립

학급경영계획은 먼저 '한 해 학급 학생들과 무엇을 위해 최선을 다 할 것인가' 에 기초하여 목표부터 세우는 것이 중요하다. 학급 경영 목표는 학교 경영 목표의 하위 영역이기 때문에 학교의 교육 목적에 부합하는 학급 단위의 목표를 세우되 내가 맡은 학급 학생들을 1년 후 '어떤 학생들이 되게 할까?', '내 자신은 학생들과의 만남을 통해 어떤 발전을 할 것인가?'등을 염두에 두고 학급 경영 목표를 세워야 한다. 이러한 관점에서 교사와 학생이 협의하여 함께 세우는 것이 좋다.

학급 경영 목표가 세워지면 목표달성을 위한 연간계획을 세워야 한다. 별도의 학급 계획 없이 학교의 교육 계획에 따라 일상적으로 학급을 운영해도 큰 탈은 없을 것이다. 그러나 학교의 교육계획에 따라 학급의 특성에 맞도록 학급 나름의 연간 실천계획을 세워 학급을 경영하면 더 바람직할 것이다. 학급경영계획이 없이 학교교육계획에 따라가기만 하면 그저 무난한 학급 경영은 할 수 있으나 특색 있는 학급 경영은 할 수 없다. 그러므로 학급 경영의 목표와 방침을 바탕으로 구체적인 연간계획을 세워야 한다. 이는 누구에게 보이기 위한 계획이 아니라 자신과 학생들과의 약속이다. 물론 계획이 그대로 실현되는 것은 아니다. 학교 형편이나 교사의 필요성, 학생들의 여선에 따라 수정될 수 있는 융통성 있는 계획이어야 한다.

학급 경영 연간계획은 학교교육계획을 기초로 3월 중순 안에 학급 학생들과 협의하여 계획을 세워야 한다. 계획 내용은 형식 보다는 내실 위주로 교사와 학교, 학생의 여건을 충분히 감안한 현실적이며, 실천 가능성 있는 계획이 되어야 한다. 그럼 학급 연간 계획서를 예시해 보기로 한다.

표 5

<학급 연간 계획서(예시)>

월	학교 및 학급 행사	담임으로서 할 일
3	·입학식 ·신입생 오리엔테이션	· 학급 임원 선출 및 학급 부서 조직 · 가정통신 발송(담임으로서의 인사 및 학급운영 방침) · 급훈 및 학급 내규 정하기 · 환경정리, 청소 당번 원칙 정하기 · 모둠구성(모둠 이름, 구호, 노래, 도우미, 역할, 규칙 등)
4	·소풍 ·모둠단합대회	· 학급홈페이지 개설 · 면학분위기 심화 · 학급 신문 만들기 · 소풍(모둠 발표회 및 단합대회로 활용)
5	·어버이날 ·스승의 날 ·중간고사 ·체육대회	· 개별상담(성적 등 개별적인 내용 파악 상담) · 어버이날, 스승의 날 보은 편지 쓰기 · 체육대회 준비(공동체 의식 형성) · 독서 발표회
6	·호국보훈의 달	· 부적응 학생 특별 지도(집단상담, 이메일상담, 개별상담 활용) · 단체 봉사활동 · 애국 소견 발표회
7	·기말고사 ·여름방학선언	· 방학 중 학급 수련회 계획 수립 · 개인별 방학계획 수립지도 · 가정통신 발송(1학기를 마무리하며, 방학생활 지침)
8	·여름방학	· 이메일, 학급홈페이지 적극 활용 · 담임 교사에게 편지 쓰기, 방학 중 학습일기 쓰기 · 개별 및 모둠별 봉사활동(모둠별 사회시설 등 참여하기)
9	·2학기 시작	· 방학과제 전시회 · 모둠 재구성(집단상담, 단합대회, 생일잔치 등) · 면학분위기 재점검
10	·중간고사 ·가을소풍 ·체육대회 ·독서행사	· 중간고사 대비 철저(아침자습 잘 활용하기) · 소풍 및 체육대회 준비 철저, 봉사활동 평가 · 학급 신문 만들기
11	·학교축제	· 학교축제 준비 · 개인별 진로상담 · 면학분위기 점검

월	학교 및 학급 행사	담임으로서 할 일
12	·기말고사 ·겨울방학	· 모둠 정리 및 평가(마무리 잔치, 생일잔치, 바자회) · 학급문집 제작
1	·봄방학	· 메일, 학급홈페이지 활용 글쓰기 및 학급 문집 마무리 · 학력 미달 학생 보충 수업
2	·졸업식 ·종업식	· 마무리 행사(시설 방문 발표회 등) · 학급 경영 반성

다. 학급생활 목표(급훈) 정하기

학급생활 목표(급훈)는 1년 동안 학급을 경영하는 큰 주제이자, 학급 학생들에게 전하고자 하는 담임 교사의 중요한 메시지이다. 나아가 교사와 학생이 1년 동안 함께 실천해 갈 명제이기도 하다. 그러므로 막연하고 추상적인 내용보다는 실천을 뒷받침할 수 있는 구체성이 있어야 하고 생활과 밀착된 것이어야 하며, 비인간적이고 경쟁을 유발하는 내용보다는 학급 전체를 아우르는 공동의 질서를 우선적으로 고려해야 한다.

급훈을 정하는 방법에는 여러 가지가 있을 수 있다. 먼저 교사가 자신의 교육관을 제시하여 정하는 방법도 있고, 학생들에게 공모해서 협의하고 표결을 통해 결정하는 방법도 있을 것이다. 물론 이 두 가지 방법에는 장 · 단점이 있다. 교사가 주도하는 경우는 교사의 교육 철학과 방침을 충실하게 담을 수 있으나, 학생들의 의사가 반영되지 않은 일방적인 급훈이 될 수 있다는 단점이 있다. 또한 학생들의 의사결정 과정을 존중해서 학생들끼리 정하게 하는 방법은 자칫 시류에 흐르거나 엉뚱한 급훈이 나올 수도 있다. 그러므로 교사와 학생들이 함께 참여하여 공동으로 최선의 급훈을 제정하는 지혜가 필요하다. 참고로 급훈을 정하는 과정을 예시해 보면 다음과 같다.

첫째, 전 학급구성원들에게 급훈 공모를 알린다.

둘째, 2~3일 정도의 기간을 두고 모집한다.

셋째, 공모된 모든 급훈 중에서 학급 경영 목표에 부합하는 몇 작품을 학급 간부들과 협의하여 선발한다.

넷째, 선발된 급훈을 제안한 학생들로부터 학급회 시간을 통해 각각 제안 설명을 듣고 토론한다.

다섯째, 학급 전체 학생의 표결을 거쳐 결정한다.

급훈은 한 번 정하였다고 반드시 1년 동안 고정시키기 보다는 한 학기가 끝난 뒤 학급 경영에 대한 중간 평가를 실시하고 학생들의 의견을 종합한 뒤 급훈 설정을 다시 할 수 있는 방안도 고려해 볼 수 있을 것이다.

라. 학급가(班歌) 및 학급 자치규약 제정

학급의 노래로 반가(班歌)를 정하는 것은 학급 학생들의 단결심과 소속감을 고취시키는데 좋은 방안이 될 수 있다. 담임이나 학생을 통하여 가사를 공모하고 작곡까지 해서 활용하면 좋겠지만 그럴 형편이 안 될 때에는 학생들이 좋아하는 노래에 가사를 바꿔서 활용해도 좋을 것이다.

담임 교사가 일방적으로 정하는 방법도 있지만 학생들에게 공모하거나 학생들과 함께 정하면 학급에 대한 소속감과 담임 교사의 학급에 대한 사랑을 학생들이 느낄 수 있고 자신들도 직접 학급 사랑하는 마음을 노래로 표현하는 일에 참여했다는 것에 대해 만족감을 느낄 것이다. 또한 반가를 부를 때에는 박수나 율동으로 분위기를 살릴 수도 있다. 한편 학급 경영에 있어 교사의 의도대로 따라오지 않고 자주 불성실한 행동이나 태도를 보이는 학생을 만날 수 있다. 이런 학생들이 많을수록 학급 분위기가 산만해 질 수 있으므로 학급 운영 규칙을 만들어 이를 준수하도록 하면 좋을 것이다.

민주적 태도란 합의에 의해 결정된 사항들을 자율적으로 지켜 나가는 태도이므로 학기 초 학급의 기본적인 원칙과 규칙을 정해 놓고 이를 자율적으로 지키도록 지도하는 일은 매우 중요한 의미를 지닌다. 학급 자치규약은 학생 스스로가

정해야 효과적이므로 학급회의를 통해 회장(반장)을 중심으로 학급구성원 전체가 참여하여 보다 바람직한 학급을 만들기 위해 진지하게 토의해서 학생들 스스로 지켜 나갈 자치규약을 정하는 것이 아주 좋은 방안일 수 있다. 학생들 스스로의 약속으로 정하지 않고 교사가 일방적으로 정하여 지킬 것을 강요하면 타율적이 되고 학생들의 불만을 살 수도 있다. 그러므로 학생들의 집단 사고로 규약을 제정하여 관리, 감독, 적용까지도 학생들 스스로 하게 하고 나아가 규칙을 위반한 학생들에 대해서는 자치규약에 따라 반성의 기회를 주되 담임 교사의 엄격한 지도를 통해 민주적 태도를 기르는 것은 교육적으로 매우 좋은 방안이 될 수 있다.

마. 자리 배치

신규 교사로 부임하여 입학식이 끝나고 학급 담임으로서 첫날 교실에서 해야 할 일은 학생 번호 안내와 자리 배치, 그리고 담임 소개와 학생 이해에 도움이 되는 자기소개서 양식을 배부하여 작성하도록 하는 것이다. 교실에서의 자리는 학생들의 최고 관심사이다. 대개 자리 배치를 번호 순이나 신장순으로 고정화시키고 정기적으로 줄이나 분단을 바꾸는 정도가 일선 학교의 일반적 관행이다. 그러나 이러한 자리 배치 방법은 교사가 학생을 파악하고 학습 지도를 하는데 편리한 방법이기는 하지만 학생들 입장에서 보면 자리에 대한 불만과 교우관계가 좁게 형성되는 문제가 발생할 수 있다. 따라서 자리 배치는 교우관계, 학생의 시력 등을 고려하여 적절하게 정기 또는 수시로 바꾸는 것이 필요하다. 학년 초 자리 배치를 어떻게 해야 할지 모를 때는 옆 반의 상황을 살펴보거나 학년부장 교사나 다른 선배 선생님께 문의하면 쉽게 해결할 수 있다. 매번 결정된 자리는 교탁에 자리표를 붙여 수업에 들어오시는 선생님들이 쉽게 알아볼 수 있도록 하는 것이 좋다.

교사에 따라서는 학생들의 경쟁심을 부추겨 학급 성적을 올려 보겠다는 욕심에서 성적을 자리 배치의 수단으로 활용하는 경우를 더러 볼 수 있는데 이는 매우 바람직하지 않은 방법으로 지양해야 한다.

바. 학급 조직-임원 선출 및 부서 조직

학급 조직의 핵심은 학급을 대표하는 학급회 회장(실장)과 부회장(부실장) 등 학급 임원의 선출이라 할 수 있다. 정식적인 학급 조직이 이루어지기 전에는 번호 순서대로 하루씩 돌아가는 경우도 있고 희망하는 학생을 임시 회장으로 임명할 수도 있다. 대개 학기가 시작되고 일주일 후에는 학급회를 조직하는 것이 일반적 관행이기 때문에 학생들에게 회장, 부회장 선출 방법에 대해서 사전 교육을 실시한 다음 입후보 신청을 받는다.

학급회 회장과 학급 실장 및 부회장과 부실장은 겸할 수도 있고 겸하지 않을 수도 있으나 대개의 경우 겸하는 것이 일반적이다. 선출은 담임 교사의 지명에 의한 선출보다는 다소 번거롭더라도 학생들에게 민주적 생활 태도를 가르쳐 주고 올바른 선거 문화를 조기에 교육시킨다는 취지에서 나름대로의 선거 절차를 거쳐서 시행하는 것이 좋다. 그러나 학기 초에는 이전 학년에서 형성되었던 교우 관계의 영향으로 학급 임원이 선출될 가능성이 있다는 것을 잊어서는 안 된다. 특히 신규교사일 경우 후보로 선출된 학생에 대한 정보가 없기 때문에 주변 선배 교사들에게 조언을 구하는 것이 좋다. 경력이 많으신 선생님들이라도 이런 경우를 접해 학급 경영에 많은 어려움을 겪기도 한다는 점을 명심해야 한다. 학급 임원 선출 시 고려되어야 할 점은 본인들의 의사를 우선적으로 반영하되 적극적이고 봉사정신을 겸비한 능동적인 학생을 뽑을 수 있도록 해야 한다. 또한 그 조직이 형식적인 조직에 그쳐서는 안 되며 기존의 부서에 대한 고정관념을 버리고 특색 있는 학급을 만들기 위한 부서나 학급목표에 도달하기 위해 실천 가능한 부서를 조직하도록 하는 것도 중요하다. 학급회 조직은 학교마다 약간의 차이가 있기 때문에 구성하기 전에 미리 학교 규정집이나 교육계획서의 자치활동 내용을 살펴보아야 한다.

사. 교실 환경 꾸미기

학급 교실은 학생들의 학교생활의 장으로서 일과의 대부분을 보내는 곳이므로 교실 환경은 학생들에게 매우 중요하다고 할 수 있다. 그러므로 담임 교사는 교실 환경을 정비하고 조성하는 일에 관심을 가져야 한다.

단순히 전시 효과만을 나타내는 환경 구성을 지양하고 학급의 특성이 드러나고 학생들의 표현의 장이 될 수 있도록 꾸미는 것이 좋다. 따라서 학급구성원 전체가 함께 참여하는 공동 작업이 되도록 해야 하며 이를 위해 담임 교사는 환경구성의 전 과정이 최대한 학생 중심이 될 수 있도록 세심하게 배려해야 한다.

학급 게시판의 내용이나 형태는 되도록 모둠별로 구성하도록 하는 것이 바람직하며 담임 교사도 학급의 한 사람으로 참가하여 학생과 교사의 생각이 함께 담긴 창의적이고 교육적인 내용으로 발전시켜 나가도록 한다. 또한 게시물 관리를 전담하는 학생을 두어 항상 새로운 것들이 게시되도록 하고 파손된 것은 보수하거나 교체할 수 있도록 지도해야 한다.

교실 환경 꾸미기에 필요한 예산은 학교에 별도로 책정되어 있고, 청소도구 등 기본적인 비품은 학교에서 일괄 지급하며 그외 필요한 물품은 환경 정리와 관련된 부서에 요청할 수 있다.

아. 학부모와의 협조체제 구축

교육이 시너지 효과를 발휘하기 위해서는 학생과 학부모, 학교라는 교육공동체가 상호 유기적인 관계를 조성하여 협조하는 노력이 필요하다. 그래서 학교에서는 학부모에게 학교 행사나 학교 소식을 가정통신문이라는 형식으로 정기적 혹은 수시로 안내한다.

그러나 정작 학부모들은 학교의 가정통신문보다 담임 교사의 가정통신문을 더 중요하게 여기는 경우가 많다. 그러므로 담임 교사는 이를 학급 경영 의지와 부탁의 말씀, 아이들의 생활 모습들을 전달하는데 효과적으로 활용하면 학부모들로부터 좋은 반응과 신뢰를 얻을 수 있다. 가급적이면 매월 정기적으로 활용하면 좋겠지만 매달 보내기가 어려우면 격월 또는 분기별로 보내는 방법도 있을 수 있을 것이다. 인터넷을 통한 이메일이나 핸드폰 문자 메시지를 활용하는 방법도 있겠지만 예의에 어긋나지 않도록 신중을 기해야 한다. 어떤 방법이든 가정통신문을 교육적으로 활용하는 것은 담임 교사에게 있어 중요한 지혜라 할 것이다.

자. 의미 있는 조회 · 종례

조회 · 종례시간은 담임 교사가 학생을 공식적으로 만나는 귀중한 시간이다. 그러나 학생들을 만나는 일에 즐거움을 느끼지 못하면 자칫 소홀해 지기 쉬운 시간이기도 한다. 교사의 하루는 실로 과중한 업무라고 해도 과언이 아니다. 때로는 수업에 지쳐 학급에 대한 조회나 종례를 적당히 실장에게 맡기거나 학급 도우미(주번) 학생을 통해 형식적인 전달 사항만을 전달하고 마는 경우도 있을 수 있다. 그러나 이는 교사로서 매우 불성실한 태도이다. 초등학교에서는 담임 교사가 학급 학생들과 함께 보내는 관계로 조회나 종례가 특별히 중요할 것도 없겠지만 중등학교에서는 학급 학생들과 공식적으로 만나는 시간이 조회 · 종례 시간이기 때문에 아무리 업무가 고달프더라도 그 시간만큼은 학급 학생들과 의미 있게 만나는 시간으로 활용하기 위하여 노력해야 한다.

조회 및 종례 시간은 오늘의 칭찬거리 찾기, 예화를 곁들인 훈화, 시사 해설, 주제가 있는 글쓰기 발표, 생일 축하해 주기 등 다양하게 활용할 수 있을 것이다. 이러한 자료는 잘 모았다가 학급 게시판 꾸미는 일이나 학기 말에 학급 문집 만드는 일 등에 적절하게 활용하면 학생들에게 의미 있는 추억거리를 제공할 수도 있을 것이다.

차. 자율학습 임장지도

지역별, 학교급별에 따라 정도의 차이는 있지만 대부분의 학교에는 교과 수업 외에 학교의 정식 일과가 시작되기 전의 아침 시간과 정규 수업이 끝난 방과 후에 자율학습 시간을 배정하고 있다. 어쩌면 이 시간은 자율이란 이름으로 강요된 타율학습 시간일 수도 있고 교사들에게 있어 거부하고 싶은 과외 시간일 수도 있다. 아침에 출근하여 차라도 한 잔 마시면서 동료 교사들과 정담을 나누며 하루를 시작하고 싶은 것이 솔직한 심정인데 출근하자마자 자율학습을 지도하기 위하여 교실에 입장해야 된다거나 오후에 수업이 끝나고 퇴근 시간까지 경우에 따라서는 퇴근 시간 이후에도 자율학습에 입장해서 지도해야 한다는 것은 그렇지 않아도 업무가 과중한 교사들에게 과히 환영받는 시간이 아닐 수 있다. 그러나 교직이 학생들을 위해 있는 직책이므로 학생이 있는 곳에 교사가 있어야 한다는 학생 중심의 사고로 생각을 조금만 바꾼다면 오히려 그 시간이 의미 있는 시간이 될 수 있다.

많은 학생들이 모여 생활하는 교실에 담임 교사가 입장해 있지 않으면 자율적으로 정숙하고 좋은 분위기 속에서 자율학습을 하기란 그리 쉽지 않은 것이 현실이다. 그러므로 자율학습 시간에 만사를 제치고 사랑하는 학생들이 있는 교실로 차라도 한 잔 타서 들고 가서 학생들과 함께 독서를 하는 등 의미 있는 프로그램을 구안하여 활용하면 참으로 좋은 시간이 될 수 있다. 즉 학생의 가려운 곳을 긁어 주는 개별 상담, 한자 공부나 영어 단어 외우기, 예습이나 복습, 주제가 있는 글쓰기, 공동수업 준비 시간 등으로 다양하게 활용할 수 있다. 고등학교의 경우 논술에 대비하여 독서 시간으로 활용하거나 신문 읽기 또는 과제 이행 및 대입수학능력시험 대비 시간 등으로 활용하도록 이끌면 참으로 의미 있는 시간이 될 것이다.

6. 학급 담임의 일과

학급 담임 교사는 매일 학급 학생들이 등교하여 교실에 들어설 때부터 학생들이 학교에서의 모든 활동을 마치고 하교하기까지 일거수일투족을 그들과 함께 하게 된다. 즉 담임 교사의 하루는 출근해서 퇴근할 때까지 학생과 함께 시작하고 학생과 함께 끝난다고 하여도 과언이 아니다. 따라서 담임 교사가 매일 하는 일을 정리해 보는 것은 큰 의미가 있을 것이다.

앞에서 학급 담임 교사의 주요 업무에 대하여 포괄적으로 살펴보았기 때문에 학급 담임 교사가 하는 일을 대략 파악할 수 있겠지만 이를 매일의 업무로 나누어 살펴보면 다음과 같이 정리할 수 있다.

가. 정규수업 시작 전에 하는 일

① 출근 즉시 교실 입장
② 교실 정리 및 도우미 활동지도
③ 아침 자율학습 지도
④ 학생 건강 상태 관찰
⑤ 학급 조회-출결 확인, 공지 사항 전달, 훈화

나. 일과 중에 하는 일

① 휴식 시간 교실 순회 및 점심 시간 급식 지도
② 무단 외출이나 무단 조퇴 방지 지도
③ 사안별 학생 상담

다. 정규수업 종료 후 하는 일

① 학급일지 점검

② 도우미 학생 활동 점검

③ 청소 지도 및 문단속 지도

④ 종례–공지 사항 전달 및 훈화 지도

⑤ 방과 후 자율학습 지도

제 5 장

학교교육과정의 이해

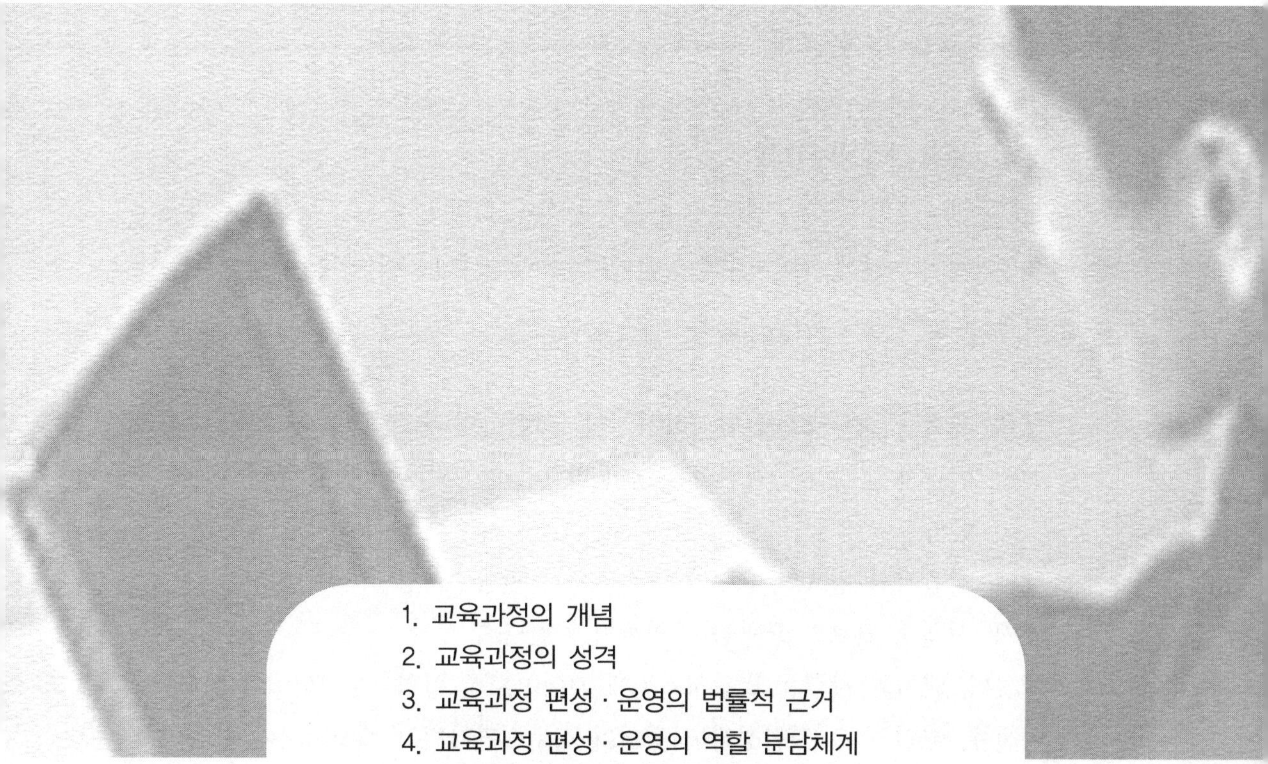

1. 교육과정의 개념
2. 교육과정의 성격
3. 교육과정 편성 · 운영의 법률적 근거
4. 교육과정 편성 · 운영의 역할 분담체계
5. 교육과정 기준 설정의 필요성
6. 제7차 교육과정의 편제
7. 제7차 교육과정의 주요내용
8. 2007 개정 교육과정의 주요내용
9. 2009 개정 교육과정의 주요내용
10. 2015 개정 교육과정의 주요내용

1. 교육과정의 개념

교육과정(curriculum)이라는 용어는 1918년 보비트(Franklin. Bobbitt)가 발간한 「The Curriculum」이라는 책에서 비롯되었으며 라틴어의 'currere(경마를 위해 만들어 놓은 코스)'에서 기원한다. 그 개념을 살펴보면 일반적으로 '학교의 권한 하에 있는 학습자의 모든 경험', '학교에서 경험하는 모든 학습', '학교교육내용의 조직화된 형태로서 수업할 교재, 내용, 수업방법을 기술한 문서' 등으로 규정하는 것을 볼 수 있는데 이를 종합하면 교육목적 달성을 위해 구성되는 학습내용과 경험의 총체라고 말할 수 있겠다.

2. 교육과정의 성격

교육과정의 성격에 대해서도 다양한 입장이 있을 수 있으나 이를 종합적으로 정리해 보면 다음과 같다.

첫째, 교육목적(교육목표)을 달성하기 위한 방편이며 수단이다.
둘째, 학습자 개개인의 전인적 성장과 발달을 돕도록 편성되고 운영되어야 한다.
셋째, 학습자의 필요와 요구에 충족되도록 편성 · 운영되어야 한다.
넷째, 사회적 필요와 요구를 반영하여야 한다.
다섯째, 국가와 사회를 발전시키는데 기여하도록 편성 · 운영되어야 한다.
여섯째, 부단히 그 적합성과 적절성이 검토 · 평가되고 개선되어야 한다.
일곱째, 유형의 형태만으로 존재하거나 기능하는 것이 아니라 무형의 형태로 존재하거나 기능하기도 한다.

3. 교육과정 편성 · 운영의 법률적 근거

학교교육과정 편성 운영에 대한 교육 관련법 조항을 살펴보면 다음과 같다.

가. 초 · 중등교육법 제23조

(1) 학교는 교육과정을 운영하여야 한다.
(2) 교육과학기술부장관은 제1항의 규정에 의한 교육과정의 기준과 내용에 관한 기본적인 사항을 정하며, 교육감은 교육과학기술부장관이 정한 교육과정의 범위 안에서 지역의 실정에 적합한 기준과 내용을 정할 수 있다.
(3) 학교의 교과는 대통령령으로 정한다.

나. 초 · 중등교육법시행령 제43조

초 · 중등교육법 제23조 제3항의 규정에 의한 학교의 교과는 다음과 같다.

(1) 초등학교 및 공민학교
국어, 도덕, 사회, 수학, 과학, 실과, 체육, 음악, 미술 및 외국어(영어)와 교육과학기술부장관이 필요하다고 인정하는 교과

(2) 중학교 및 고등공민학교
국어, 도덕, 사회, 수학, 과학, 기술 · 가정, 체육, 음악, 미술 및 외국어와 교육과학기술부장관이 필요하다고 인정하는 교과

(3) 고등학교
국어, 도덕, 사회, 수학, 과학, 기술 · 가정, 체육, 음악, 미술 및 외국어와 교육과학기술부장관이 필요하다고 인정하는 교과

4. 교육과정 편성 · 운영의 역할 분담체계

교육과정은 국가수준으로부터 학교수준에 이르기까지 그 편성 · 운영의 역할

분담 체계를 정리해 보면 다음과 같다.

① 교육과학기술부-국가수준의 교육과정 기준 고시
② 시 · 도교육청-지역수준의 교육과정 편성 · 운영 지침 작성 제시
③ 지역교육청-실천중심장학자료 작성 제시
④ 학교-학교교육과정 편성 · 운영

5. 교육과정 기준 설정의 필요성

초 · 중등학교는 제2세 국민들에 대한 보통교육이기 때문에 교육과정의 일정한 기준을 국가에서 제시할 필요가 있는데 그 필요성을 정리해 보면 다음과 같다.

첫째, 공통적, 일반적, 표준적인 교육내용 기준 설정의 국가 책임
둘째, 균등한 질과 수준의 보통 교육 보장의 기회 균등 실현
셋째, 교육 내용의 학교급별 체계성, 일관성 유지
넷째, 국민교육의 일정 수준의 유지, 관리
다섯째, 학교교육의 정치적, 종교적인 중립성 확보
여섯째, 교육목적과 교육목표 달성의 책임 체제 확립

6. 제7차 교육과정의 편제

우리나라 초 · 중등학교의 교육과정의 편제를 살펴보면 다음 [그림 1]과 같다.

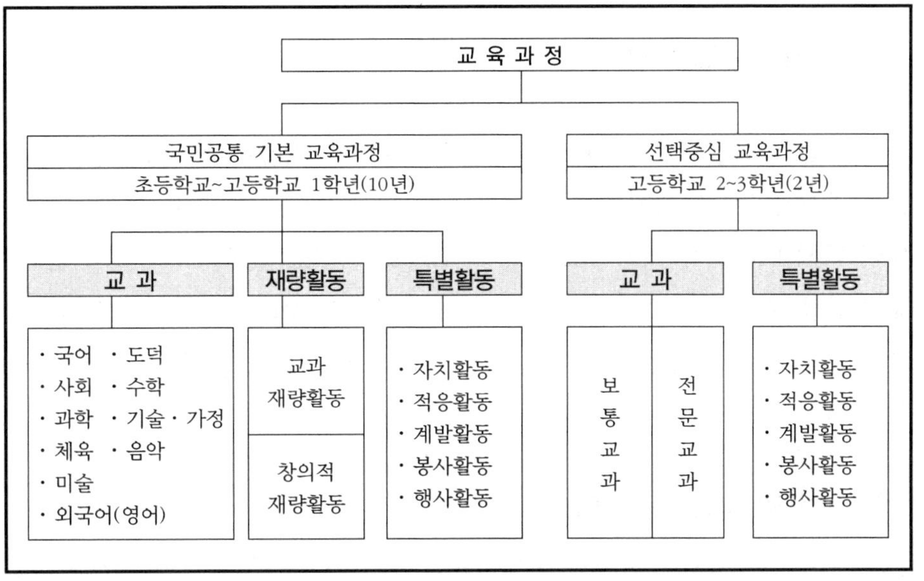

[그림 1] **교육과정 편제도**

7. 제7차 교육과정의 주요내용

우리나라의 교육과정은 해방 후 미군정시대의 교수요목기를 시작으로 제7차 교육과정까지 대략 10년 단위로 개편해 오고 있으며, 현재 각급 학교에 적용되고 있는 제7차 교육과정의 주요내용을 보면 다음과 같다.

가. 국민공통 기본 과목제

초등학교 1학년부터 고등학교 1학년까지 10학년 개념으로 국민공통 기본과목을 두고 있는데 각 학년마다 시간 배당은 다르지만 과목은 도덕, 국어, 영어, 수학, 사회, 과학, 실과(기술·가정), 체육, 음악, 미술로 10개 과목을 편성 운영하도록 하고 있다.

나. 선택중심 교육과정

고등학교 2학년과 3학년에 해당하는 11학년에서 12학년에는 일반계 고등학교와 전문계 고등학교별로 일반 선택과목 26개, 심화 선택과목 53개 과목을 두어 학생의 선택에 의한 교과목을 운영하도록 하고 있다. 그러나 실제로는 교과 담당 교사 배치 문제가 걸려 있어 이를 충분히 살리지는 못하고 학교에서 학생들의 의견을 수렴하기는 하되 교사 수급과 관련지어 절충식으로 운영하는 실정이다.

다. 수준별 교육과정 도입

수준별 교육과정 운영의 도입은 이질집단인 우리나라 학교의 특성에 맞춘 제7차 교육과정의 가장 중요한 내용이라고 할 수 있다. 그 운영은 단계형 교과와 심화보충형 교과로 나누어 실시하도록 하고 있는데 이는 다음과 같다.

(1) 단계형 교과

단계형 교과로는 수학과와 영어과로 수학은 1학년에서 10학년까지, 영어는 3학년에서 10학년까지 단계를 두어 운영하도록 하고 있다. 일정한 단계에 이르지 못하면 유급도 허용할 수 있도록 하고 있다.

(2) 심화보충형 교과

심화보충형 교과로는 국어, 사회, 과학, 영어 등 4개 교과로 국어는 1학년에서 10학년, 사회는 3학년에서 10학년, 과학은 6학년에서 10학년, 영어는 3학년에서 6학년까지 학생의 수준에 따라 보충 교재와 심화 교재를 개발하여 활용하도록 하고 있다.

라. 재량활동의 편성

학생들의 자기 주도적 학습 능력을 촉진하고 학교교육과정 편성 · 운영의 자율성 및 학생의 선택권을 확대하기 위하여 재량 활동 시간을 편성하도록 하도 있는데 이를 다음과 같이 나누고 있다.

(1) 교과재량활동

중등학교의 선택과목 학습과 국민공통 기본교과의 심화 · 보충학습을 위하여 교과재량활동 시간을 편성할 수 있도록 했다. 이 시간에는 학생들의 의견이나 학교의 필요에 따라 특정 교과를 교과재량활동 시간에 편성하여 지도할 수 있다.

(2) 창의적 재량활동

학교의 독특한 교육적 필요와 학생의 요구 등에 따른 범 교과 학습을 위하여 창의적 재량활동 시간을 편성 · 운영하도록 하고 있다

마. 특별활동 영역의 구분

특별활동을 다양화하기 위하여 그 영역을 자치활동, 적응활동, 계발활동, 봉사활동, 행사활동 등 5개 영역으로 나누어 다양하고 내실 있게 운영하도록 하고 있는데 그 영역별 내용을 살펴보면 다음과 같다.

① 자치활동 : 협의활동, 역할분담활동, 민주시민활동 등

② 적응활동 : 기본생활습관형성활동, 친교활동, 상담활동, 진로활동, 정체성확립활동 등

③ 계발활동 : 학술문예활동, 보건체육활동, 실습노작활동, 여가문화활동, 정보통신활동, 청소년단체활동 등

④ 봉사활동 : 일손돕기활동, 위문활동, 캠페인활동, 자선구호활동, 환경 · 시설보전활동 등

⑤ 행사활동 : 의식행사활동, 학예행사활동, 보건체육행사활동, 수련활동, 안전구호활동, 교류활동 등

바. 제7차 교육과정 교과별 시간배당 기준

위에서 개괄적으로 설명한 교육과정을 바탕으로 제7차 교육과정의 교과별, 영역별 시간배당 기준을 제시하면 〈표 6〉과 같다.

표 6 〈제7차 교육과정 시간배당 기준표〉

<table>
<tr><th colspan="2" rowspan="2">학년
구분</th><th colspan="3">중 학 교</th><th colspan="3">고 등 학 교</th></tr>
<tr><th>7</th><th>8</th><th>9</th><th>10</th><th>11</th><th>12</th></tr>
<tr><td rowspan="11">교과</td><td>국 어</td><td>170</td><td>136</td><td>136</td><td>136</td><td colspan="2" rowspan="12">선택과목</td></tr>
<tr><td>도 덕</td><td>68</td><td>68</td><td>34</td><td>34</td></tr>
<tr><td>사회</td><td>102</td><td>102</td><td>136</td><td>170
(국사)(68)</td></tr>
<tr><td>수 학</td><td>136</td><td>136</td><td>102</td><td>136</td></tr>
<tr><td>과 학</td><td>102</td><td>136</td><td>136</td><td>102</td></tr>
<tr><td rowspan="2">실 과</td><td colspan="4">기술 · 가정</td></tr>
<tr><td>68</td><td>102</td><td>102</td><td>102</td></tr>
<tr><td>체 육</td><td>102</td><td>102</td><td>68</td><td>68</td></tr>
<tr><td>음 악</td><td>68</td><td>34</td><td>34</td><td>34</td></tr>
<tr><td>미 술</td><td>34</td><td>34</td><td>68</td><td>34</td></tr>
<tr><td>외국어(영어)</td><td>102</td><td>102</td><td>136</td><td>136</td></tr>
<tr><td colspan="2">재량활동</td><td>102- 136</td><td>102- 136</td><td>102-136</td><td>170-204</td></tr>
<tr><td colspan="2">특별활동</td><td>34-68</td><td>34-68</td><td>34-68</td><td>34-68</td><td colspan="2">8단위</td></tr>
<tr><td colspan="2">주5일 수업제
조정수업시수</td><td>1,122</td><td>1,122</td><td>1,122</td><td>1,190</td><td colspan="2">140단위</td></tr>
</table>

(1) 국민공통 기본 교육과정(학년 · 교과별 연간 수업 시간)

① 이 표의 국민공통 기본 교육기간에 제시된 시간 수는 34주를 기준으로

한 연간 최소 수업 시간 수이며, 재량활동과 특별활동은 감축운영 가능하며, 11, 12학년의 특별활동과 연간 수업 시간 수에 제시된 숫자는 2년 동안 이수하여야 할 단위 수이다.

② 1시간의 수업은 중학교 45분, 고등학교 50분을 원칙으로 한다.

③ 재량활동은 교과재량과 창의적 재량으로 구분하며 특별활동을 자치, 적응, 계발, 봉사, 행사활동으로 한다.

(2) 고등학교 선택중심 교육과정 - 보통교과

구 분		국민공통 기본교과	선 택 과 목	
			일반 선택 과목	심화 선택 과목
교과	국어	국어(8)	국어 생활(4)	화법(4), 독서(8), 작문(8), 문법(4), 문학(8)
	도덕	도덕(2)	시민 윤리(4)	윤리와 사상(4), 전통윤리(4)
	사회	사회(10)(국사4)	인간사회와 환경(4)	한국지리(8), 세계지리(8), 경제지리(6), 한국 근・현대사(8), 세계사(8), 법과사회(6), 정치(8), 경제(6), 사회・문화(8)
	수학	수학(8)	실용 수학(4)	수학1(8), 수학Ⅱ(8), 미분과 적분(4), 확률과 통계(4), 이산 수학(4)
	과학	과학(6)	생활과 과학(4)	물리Ⅰ, 화학Ⅰ, 생물Ⅰ, 지구과학Ⅰ . 각 (4) 물리Ⅱ, 화학Ⅱ, 생물Ⅱ, 지구과학Ⅱ : 각 (6)
	기술・가정	기술・가정(6)	정보사회와 컴퓨터(4)	농업 과학, 공업 기술, 기업 경영, 해양 과학, 가정 과학 : 각 (6)
	체육	체육(4)	체육과 건강(4)	체육 이론(4), 체육 실기(4 이상)*
	음악	음악(2)	음악과 생활(4)	음악 이론(4), 음악 실기(4 이상)*
	미술	미술(2)	미술과 생활(4)	미술 이론(4), 미술 실기(4 이상)*
	외국어	영어(8)		영어Ⅰ(8), 영어Ⅱ(8), 영어회화(8), 영어독해(8), 영어 작문(8)
			독일어Ⅰ, 프랑스어Ⅰ, 스페인어Ⅰ, 중국어Ⅰ,	독일어Ⅱ, 프랑스어Ⅱ, 스페인어Ⅱ, 중국어Ⅱ, 일본어Ⅱ, 러시아

구 분		국민공통 기본교과	선 택 과 목	
			일반 선택 과목	심화 선택 과목
			일본어Ⅰ, 러시아어Ⅰ, 아랍어Ⅰ : 각 (6)	어Ⅱ, 아랍어Ⅱ : 각 (6)
	한문		한문(6)	한문 고전(6)
	교련		교련(6)	
	교양		철학, 논리학, 심리학, 교육학, 생활경제, 종교, 생태와 환경, 진로와 직업 : 각 (4)	
	이수단위	(56)	24 이상	112 이하
재량 활동		(10~12)		
특별 활동		(2~4)	8	
총 이수 단위			216	

① ( )안의 숫자는 단위 수이며, 1단위는 매주 50분 수업을 기준으로 하여 한 학기(17주) 동안 이수하는 수업량임

② 국민공통 기본교과와 재량활동에 배당된 단위 수 및 특별활동 4단위는 10학년에서 이수함

③ *표시한 체육, 음악, 미술실기의 심화 선택과목은 체육, 예술계 전문교과의 과목 중에서 선택할 수 있음

8. 2007 개정 교육과정의 주요내용

현행 제7차 교육과정을 보완하기 위하여 교육과학기술부에서는 지난 2007년 2월 28일 '2007년 개정 교육과정'을 고시하였다. 이는 제7차 교육과정 이후의 사회·문화적 변화로 인한 국가 사회의 다양한 요구를 각 교과 내용에 반영하기 위한 조치로 그 주요내용은 다음과 같다.

가. 재량활동 운영의 학교 자율권 확대

중·고등학교의 재량활동 영역별 시간배당 기준을 시·도교육청의 편성·운영 지침에 따라 학교에서 편성할 수 있게 하였다.

표 7

<재량활동 시간 개정 내용>

학교 급별	현 행	개 정
중 학 교	· 교과 재량활동 : 3시간 · 창의적재량활동 : 1시간 · 합 계 : 4시간	재량활동 : 3시간
고등학교	· 교과 심화보충 : 4~6단위 · 선택과목 : 4~6단위 · 창의적 재량활동 : 2단위 · 합계 : 12단위	재량활동 : 6단위

나. 교과 집중 이수제 도입

학교 실정에 맞는 교육과정 운영의 자율성을 증진시키기 위하여 중학교 및 고등학교 교과의 경우 학기 또는 학년 단위로 집중 이수가 가능하도록 허용하였다.

다. 과학교육과 역사교육 강화

미래 무한경쟁 사회에서 국가 경쟁력의 확보를 위해 과학적 기초 소양 교과와 주변국들의 역사 왜곡에 능동적으로 대처 강화해야 한다는 국가적 사회적 요구를 반영하여 과학교육과 역사교육을 다음과 같이 강화하도록 하였다.

첫째, 1학년 중학교 과학과 수업시수를 주당 3시간에서 4시간으로 늘리고 재량활동(교과심화보충) 시간에 과학과 역사에 각 1시간씩 배당하고 있다.

둘째, 고등학교 1학년 역사 과목 수업시수를 주당 2시간에서 3시간으로 늘리고 고등학교 선택과목에 '동아시아사'를 신설하였다.

라. 고등학교 선택중심 교육과정 개선

단위 학교의 선택과목 개설권 허용하고 선택과목군을 일원화할 필요성이 제기되어 다음과 같이 고등학교 선택중심 교육과정을 개선하였다.

(1) 단위 학교 교육과정의 특성화를 촉진하고, 교육과정 운영의 자율성을 확대하며, 학습자 중심 교육과정 구현을 위하여 교육감의 승인을 받아 고등학교 선택과목 신설 · 개설을 할 수 있도록 허용하였다.

(2) 고교 일반선택 과목과 심화선택 과목을 선택과목으로 일원화하여 선택 과목군을 국어, 사회, 도덕과목군, 수학, 과학, 기술 · 가정과목군, 체육과목군, 음악, 미술과목군, 외국어과목군, 교양과목군 등 6개 과목군으로 조정하였다.

마. 수업시수 일부 조정

주 5일제 수업의 월 2회 실시에 따라 수업일수 및 수업시수를 학교 자율로 연간 220일의 1/10의 범위에서 탄력적으로 감축 운영할 수 있도록 하고 국가수준에서 기준(지침)을 제시하되 학교급별 특성에 따라 다음과 같이 감축 방안을 차별적으로 제시하고 있다.

(1) 초등학교 1, 2학년 : 감축 없음

(2) 초등학교 3학년~고등학교 3학년 : 주당 1시간 감축

바. 기타

위에 열거한 개정 내용 이외에 시대적 요구를 반영하여 개정된 내용을 보면 다음과 같다.

(1) 학습내용 양과 난이도를 적정화하여 학년간, 학교급간, 교과(목)간 교육내용 연계 및 중복 해소를 도모하고 있다.

(2) 국민공통 기본 교육과정에서 생애 단계별 체계적인 진로교육을 실시하게 하고 각 교과에 진로교육 요소를 반영하고 있다.

(3) 국어과와 논술지도 가능 교과를 중심으로 논술 관련 내용을 반영하여 논술

교육의 강화를 꾀하고 있다.

(4) 생물교과를 '생명과학'으로 교련과를 '안전과 건강'으로 과목의 명칭을 변경하였다.

사. 적용 일정

2007년 개정 교육과정은 2009학년도부터 연차적 적용하도록 하고 있는데 그 구체적인 일정은 다음과 같다.

(1) 2009년 3월 1일 : 초등학교 1학년과 2학년
(2) 2010년 3월 1일 : 초등학교 3, 4학년과 중학교 1학년
(3) 2011년 3월 1일 : 초등학교 5, 6학년과 중학교 2학년 및 고등학교 1학년
(4) 2012년 3월 1일 : 중학교 3학년과 고등학교 2학년
(5) 2013년 3월 1일 : 고등학교 3학년

한편 수학과와 영어과는 과목의 특성을 고려하여 그 적용 일정은 별도로 정하고 있는데 이는 다음과 같다.

(1) 2009년 3월 1일 : 초등학교 1, 2학년, 중학교 1학년, 고등학교 1학년
(2) 2010년 3월 1일 : 초등학교 3, 4학년, 중학교 2학년, 고등학교 2학년
(3) 2011년 3월 1일 : 초등학교 5, 6학년, 중학교 3학년, 고등학교 3학년

9. 2009 개정 교육과정의 주요내용

2009년도부터 단계적으로 '2007 개정 교육과정'을 시행하는 반면에 교육과학기술부에서는 국가교육과학기술자문회의(대통령 자문기구)로부터 '미래형 교육과정 구상('08. 10) 제안을 받아들여 '2009 개정 교육과정'으로 명명하고 '2009 개정 교육과정추진단'을 설치 · 운영하였다. 이후 시안 개발 연구를 위해 한국교육과

정평가원에 총론 및 교과 개발 등 14개 과제의 연구를 위탁하고 외부 전문가를 중심으로 '2009 개정 교육과정자문위원회'를 조직하여 개정 시안 전반에 걸친 자문을 받았다. 그리고 현장 의견 수렴을 위해 설문조사, 현장검토 및 공청회·세미나 등의 과정을 거쳐 2009년 12월 17일 '2009 개정 교육과정'을 확정, 발표하였다. 교육과학기술부의 발표 내용을 요약해 보면 다음과 같다.

가. 개정 배경

하고 싶은 공부, 즐거운 학교'가 될 수 있도록 학생의 학습 부담을 감축하고, 학생들의 학습흥미를 유발하며, 단편적 지식 · 이해 교육보다 학습하는 능력을 기르고, 배려와 나눔을 실천하는 창의 인재를 양성하는 교육으로의 변화를 추구하는 한편 단위학교 차원의 유연하고 창의적인 교육과정 운영을 통해 학교교육의 정상화를 도모하고자 함에 있다.

나. 주요 개정 내용

첫째, 학년군, 교과군제를 도입, 집중 이수제를 유도하여 학기당 과목수를 7~8과목으로 축소하였다. 이를 위해 도덕, 음악, 미술, 실과 등 주당 1~2시간 교과는 학기 집중이수 추진하도록 하였다.

둘째, 특별활동과 창의적 재량활동 통합하여 창의적 체험활동을 도입하고 강화하기 위하여 고등학교의 경우 현행 주당 2시간을 주당 4시간 이상으로 확대하였으며 자율활동, 동아리활동, 봉사활동, 진로활동 등으로 세분하였다.

셋째, 단위 학교의 교육과정 운영 자율권 확대를 위하여 교과군별 기준 시수의 20% 증감 운영을 가능하게 하고 교과군 내 교과별 시수는 단위학교가 결정하도록 하였다.

넷째, 중학교에서 선택과목으로 '진로와 직업'을 신설하여 진로교육을 강화하도록 하였다.

다섯째, 고등학교에서는 전 과정을 선택 교육과정으로 운영하도록 하였다.

여섯째, 고등학교에서 핵심 기초과목(국어, 수학, 영어) 이수를 더욱 강화하고 학생의 적성과 소질에 맞는 맞춤형 교육과정 운영이 가능하도록 학교의 과목 편성권 대폭 확대하여 학교자율과정을 64단위는 학교자율과정으로 편성할 수 있도록 하였다.

일곱째, 대학과목 선이수제의 과목을 개설할 수 있고, 국제적으로 공인받은 교육과정과 과목을 선택과목으로 인정할 수 있도록 하였다.

여덟째, 교과 이기주의에 의해 지나치게 세분화된 교과는 통합(예 : 사회 13개→9개 과목으로 축소 등)하고 학생 수준에 맞춰 '하고 싶은 공부'를 더 깊게, 더 넓게 할 수 있도록 내용상 위계가 있는 교과는 수준별 교과로 재구조화(국어, 과학 등)하였다.

아홉째, 교과목 명칭을 국사는 한국사로 세계 역사의 이해는 세계사로 환경은 환경과 녹색 성장으로 변경하였다.

열째, 전문교육 강화를 위해 외국어 계열의 경우 전문교과 중 전공 외국어 이수비율을 50%에서 60%로 확대하였다. 그리고 내용이 유사하거나 관련되는 보통교과와 전문교과를 교체 편성하여 전문교과 이수를 강화하였다.

이와 같은 내용을 2007 개정 교육과정과 비교하여 2009 개정 교육과정의 주요 차이점을 표로 제시해 보면 다음 〈표 8〉 및 〈표 9〉와 같다.

표 8 〈2007 개정교육과정과 2009 개정교육과정의 주요 차이점(총론)〉

구 분	2007 개정 교육과정	2009 개정 교육과정
초·중·고 공통 (용어 및 교과명 변경)	· 용어 –국민공통 기본 교육과정 –선택중심 교육과정 · 교과명 –외국어(영어) · 특별활동, 재량활동	· 용어 –공통 교육과정 –선택 교육과정 · 교과명 –영어 · 창의적 체험활동
초·중·고 공통 (신설사항)		· 학년군, 교과군 개념 · 교육과정 자율권 확대 –교과별 기준시수를 20% 증감 운영 · 교과교실제 운영 활성화 유도

구 분	2007 개정 교육과정	2009 개정 교육과정
		· 학습부진아, 다문화 가정 자녀 등에 대한 배려와 지원 · 학교 교육과정 편성 · 운영 지원을 위한 국가 및 시 · 도교육청 지원 사항 신설
중학교	· 선택과목 –한문, 정보, 환경, 생활 외국어, 보건 등	· 선택과목 –한문, 정보, 환경, 생활 외국어, 보건, 진로와 직업 등 · 학기당 이수과목수를 8개 이하로 편성
고등학교	· 고1 교과 필수 · 총 이수단위 : 210단위 · 외국어 계열 고등학교 : 전문교과 이수단위의 50%를 전공외국어로 하고, 전공포함 3개의 외국어 교육	· 고교 모든 교과 선택 · 총 이수단위 : 204단위 · 학기당 이수과목 수를 8개 이하 편성 · 다른 학교에서의 이수를 인정 · 대학과목 선이수제의 과목을 개설할 수 있고, 국제적으로 공인받은 교육과정 과목을 선택과목으로 인정 · 과학, 영어, 예술 등 영역별 중점학교를 운영 가능, 학교자율과정의 50% 이상을 관련 교과목으로 편성 · 외국어 계열 고등학교 : 전문교과 이수단위의 60%를 전공외국어로 하고, 전공 외국어 포함 2개 외국어교육
범교과 학습 요소	· 민주시민교육, 경제 교육 등 35개 요소	· 녹색교육, 한자교육, 한국문화사교육 추가

표 9 〈2007 개정 교육과정과 2009 개정 교육과정의 주요 차이점(각론)〉

구 분	2007 개정 교육과정	2009 개정 교육과정
국어 선택과목	· 화법, 독서, 작문, 문법, 문학, 매체 언어	· 화법과 작문 Ⅰ · Ⅱ · 독서와 문법 Ⅰ · Ⅱ · 문학 Ⅰ · Ⅱ
사회 (도덕)과	· 선택과목(13과목) –현대생활과 윤리, 윤리와 사상, 전통 윤리 –법과 사회, 정치, 경제, 사회 · 문화 –한국지리, 세계지리, 경제지리 –한국문화사, 세계역사의 이해, 동아시아사 · 고1 역사	· 선택과목(9과목) –생활과 윤리, 윤리와 사상 –법과정치, 경제, 사회 · 문화 –한국지리, 세계지리 –동아시아사, 세계사 · 한국사

구 분	2007 개정 교육과정	2009 개정 교육과정
과학과	· 고1 과학	· 과학(융합 과목으로 편성)
고등학교 선택과목	· 환경	· 환경과 녹색성장
비교과 활동	· 특별활동 · 창의적 재량활동	· 창의적 체험활동

다. 2009 개정교육과정 적용 일정

(1) 2011년 : 초등학교 1학년 및 2학년, 중학교 1학년 및 고등학교 1학년
(2) 2012년 : 초등학교 3학년 및 4학년, 중학교 2학년 및 고등학교 2학년
(3) 2013년 : 초등학교 5학년 및 6학년, 중학교 3학년 및 고등학교 3학년

10. 2015 개정 교육과정의 주요내용

새 교육과정은 '2009 개정 교육과정'이 추구하는 인간상(자주인, 창의인, 문화인, 세계인)을 기초로 지식정보 사회가 요구하는 핵심역량을 갖춘 창의융합형 인재상을 제시하였으며, 현장 적용과정에서 제기된 문제점을 개선하고자 하였다.

가. 주요 개정 내용

첫째, 학생의 꿈과 끼를 키우는 교육과정을 개발하기 위하여 학생의 진로와 적성을 고려한 다양한 선택과목 개설이 가능하도록 하고, 단위학교 교육과정 편성 · 운영의 자율성을 확대하며 중학교 한 학기를 '자유학기'로 운영할 수 있는 근거를 마련하였다.

둘째, 미래사회가 요구하는 역량 함양이 가능한 교과 교육과정을 개발하기 위하여 핵심원리 중심으로 학습내용을 감축하고 교수 · 학습 및 평가방법을 개선하여 학생의 학습 부담을 줄이고 배움의 즐거움을 느낄 수 있도록 하였다.

셋째, 인문 · 사회적 소양 함양과 인성교육을 강화한다.

인문학적 소양 함양을 위해 '문학' 교육을 이론 중심의 수업에서 감성과 소통 중심으로 전환하고 교과별로 인문 요소를 강화하며 예술 · 체육 교육 활성화를 통한 인성교육 강화를 위해 연극교육 및 예술 동아리 활성화, 뮤지컬 등 활동 중심 예술교육 확대를 추진한다.

사회적 소양 함양을 위해 고교에 '통합사회' 과목을 신설하여 대주제 중심으로 사회현상에 대한 통합적 접근과 이해가 가능하도록 한다.

넷째, 과학기술에 대한 소양을 함양하기 위해 고교에 '통합과학' 과목을 신설하여 자연현상에 대한 통합적 이해가 가능하도록 하고, 과학수업에서 탐구실험, 연구윤리, 과학실 안전교육 등을 위해 고교 과학교과의 이수단위 조정 등 과학교육을 강화하며 소프트웨어(SW) 교육 강화를 위해 초 · 중학교에서 SW 관련 사항을 필수로 이수하는 교육과정을 개발한다.

초등에는 실과교과의 내용을 SW 기초 소양 교육으로 개편하고 중학교는 '과학/기술 · 가정/정보 교과군'을 마련하고 추가시수 배당하며 고등학교에서는 기존 심화선택 과목을 일반선택으로 전환한다.

다섯째, 안전교육은 체험중심으로 안전의식을 내면화할 수 있도록 안전 교과 또는 단원을 신설한다.

초등 1~2학년은 '안전 생활' 교과를 신설하고, 초3~고3학년까지는 심폐소생술을 포함하여 실생활에 필요한 안전교육 내용을 체육, 기술 · 가정, 과학, 보건 등 관련 교과에 단원을 신설하고 창의적 체험활동에서 체험중심의 안전교육을 실시할 예정이다.

나. 2015 개정 교육과정 적용 일정

(1) 2017년 3월 1일 : 초등학교 1, 2학년

(2) 2018년 3월 1일 : 초등학교 3, 4학년, 중학교 1학년, 고등학교 1학년

(3) 2019년 3월 1일 : 초등학교 5, 6학년, 중학교 2학년, 고등학교 2학년

(4) 2020년 3월 1일 : 중학교 3학년, 고등학교 3학년

제 6 장

좋은 수업의 실제

1. 좋은 수업의 개념
2. 효율적 수업을 위한 다섯 가지 핵심행동
3. 학습지도안 작성법
4. 학생의 눈으로 본 좋은 수업과 덜 좋은 수업
5. 학교에서 많이 활용되는 교수-학습 방법
6. 장학활동

수업이란 교직의 생명이라고 해도 과언이 아닐 만큼 교사에게 있어 가장 중요하고 핵심적인 업무이다. 그러므로 교사는 어떻게 하면 가장 좋은 수업을 할 것 인가에 대해 부단하게 고민하고 연구해야 할 것이다. 그러면 어떤 수업이 가장 좋은 수업일까? 이는 말할 것도 없이 학생들이 그 수업의 내용을 가장 잘 이해하고 좋은 성적을 받을 수 있도록 잘 가르치는 수업이 가장 좋은 수업일 것이다. 다시 말해서 좋은 수업이란 학생들의 이해도가 높고 자기 주도 학습을 조장함으로써 학습성취도를 높이는 수업이라고 말할 수 있을 것이다. 이러한 관점에서 가장 좋은 수업에 대하여 논의해 보기로 한다.

1. 좋은 수업의 개념

가. 시작과 마무리를 잘 하는 수업

무슨 일이나 첫 단추를 잘 끼워야 하고 끝맺음을 잘해야 하듯이 수업에서도 시작과 마무리가 매우 중요하다. 학생들은 쉬는 시간에는 산만해 있기 마련이므로 한 시간의 좋은 수업을 위해서는 가급적이면 수업 시작 전에 교실에 도착하는 것이 좋다. 많은 경우 교사들은 교무실에서 수업 시작종이 울려야 자리에서 일어나 교실로 출발하는 것을 보게 되는데 그 보다는 수업 시작종이 울리기 전에 교무실에서 출발하여 수업 종이 울림과 동시에 또는 그 직전에 교실에 도착하여 학생들과 교감의 시간을 가진 후 출석 점검을 하고 수업에 들어가면 학생들의 주의 집중이 훨씬 잘 될 뿐만 아니라 이러한 교사의 태도는 학생들의 교사에 대한 신뢰감이 높아지고, 수업 질서가 잘 확립된다.

반면에 수업의 마무리는 가능한 한 수업 종료 벨이 울리기 전에 마치고 종료 벨이 울릴 때까지 잠시라도 학생들 스스로 그 시간에 공부한 내용을 피드백 할 수 있는 시간을 주면 금상첨화의 수업이 된다. 이는 학습 내용은 즉시 피드백을 갖는 것이 학습 내용을 장기 기억으로 저장하는 데 가장 효과적이기 때문이다. 교사에 따라서는 수업에 대한 욕심이 지나쳐 수업 종료 종이 울렸는데도 쉬는 시간까지 수업을 연장하는 것을 볼 수 있는데 어찌 보면 교사의 열정이 그 만큼 큰 것으로 보일 수도 있으나 이는 오히려 수업의 효과와 수업에 대한 학생들의 흥미를 떨어뜨리는 매우 바람직하지 않은 태도이다.

나. 재미있는 수업

효율적인 수업을 위해서는 그 수업이 흥미로워야 한다는 이른바 수업에 있어서의 '흥미의 원리'는 좋은 수업의 가장 중요한 원리라고 하겠다. 수업이 재미있을 때 학생들은 그 수업을 기다리게 될 것이며 지루해 하지 않고 수업에 참여할 수 있기 때문이다. 그런 의미에서 재미있는 수업을 할 수 있는 몇 가지 방법을 제시해 본다.

(1) 유머를 적극적인 활용

수업을 준비할 때에 그 시간에 활용할 유머를 미리 준비하거나 수업 틈틈이 재치 있는 유머를 적극 활용하여 학생들이 수업 시간에 지루하지 않도록 한다. 이때 매스컴 등에서 유행한 유머를 채집하였다가 비교육적인 요소를 제거하고 요소요소에서 활용하는 것도 좋을 것이다.

(2) 시청각 자료의 적절한 활용

최근에는 인터넷을 활용하면 좋은 자료를 많이 구할 수 있으므로 인터넷에서 찾아 낸 자료를 재구성하거나 기존의 시청각 자료를 활용하여 수업의 집중도와 흥미를 높인다.

(3) 학생들의 집단 심리 활용

학생들의 전반적인 성향에 따라 수업 방법을 탄력적으로 운영하며 학급 내 모둠별 활동을 자극하거나 보상과 격려를 적절히 활용하는 등 학급 집단이

상호 선의의 경쟁을 통해 수업에 몰입할 수 있도록 집단 심리를 잘 활용하는 방법을 익힌다.

다. 깊이 있는 수업

(1) 학생 자원의 적극적 활용

학생들 중에는 수업 내용에 따라 활용할 가치가 있는 학생이 있을 수 있다. 영어 시간에 영어권 국가에서 살다가 온 학생도 있을 수 있고 사회 시간에 수업 내용과 관련한 경험을 가진 학생도 있을 수 있다. 뿐만 아니라 사교육을 통해 선행 학습을 한 학생도 있을 수 있다. 이처럼 학생들의 개인적 특성을 파악하여 해당 수업 시간에 적절하게 활용하면 깊이 있는 수업이 될 수 있다.

(2) 전문가 발굴 협동 수업 전개

학부모나 지역 인사들 중에는 수업 내용과 관련된 전문가가 있을 수 있다. 그 경우 관련 전문가와 교섭하여 교사와 팀 티칭으로 협동 수업을 전개하면 색다르고 깊이 있는 수업이 될 수 있을 것이다. 물론 이와 같은 수업은 매시간마다 할 수는 없을 것이므로 한 달에 한번이나 분기별로 한번 정도씩 교재 내용에 따라 적절하게 실시하면 멋진 수업이 될 수 있을 것이다.

라. 좋은 수업 실천 방법(전남교육청, 교직실무매뉴얼, 2009, 참조)

(1) 학생들의 이름을 외우고 그들의 배경과 관심사에 대해 정보를 얻음으로써 학생과 친해진다.
(2) 간단한 진단 시험이나 짧은 질문지를 통해 학생들이 이미 알고 있는 것이 무엇인지를 발견한다.
(3) 수업 중에 종종 학생들에게 질문을 한다. 이는 그들이 학습 과정에 능동적

으로 참여하게 하는 방법이 된다.

(4) 몇 개의 중요 개념과 테마, 혹은 요점에 집중하고 주제의 모든 사항을 복잡하지 않게 명쾌하게 설명한다.

(5) 수업의 처음을 품위 있게 시작하고 강렬하게 끝맺는다.

(6) 수업을 시작하면서 교사가 무엇을 왜 말하려고 하는지 학생들이 알게 한다.

(7) 수업 주제의 개요를 알리기 위해 수업 중에 학생들이 스스로에 던져 보아야 할 발문 목록을 제시하고 그것에 대해 언급한다.

(8) 판서가 뒷자리에서도 잘 보이는지 읽기 쉬운지 수시로 점검한다.

(9) 학생들에게 자주 작은 과제나 퀴즈를 통하여 그들이 내용을 이해하고 있는지 점검한다.

(10) 학생들이 학습 내용을 처음으로 접하고 있음을 강조한다. 천천히 진행하고, 어떤 개념과 작용의 중요성과 어려움을 인정한다.

(11) 과제물이나 시험지는 즉시 돌려주고, 다음 시간에 그에 대한 의견을 말해준다.

(12) 학생들의 질문을 받기 위해 5분 정도를 남겨 둔다. 한 번에 여러 개의 질문을 받고, 짧게 설명하는 식으로 답변하려고 노력한다.

(13) 중간시험이나 수시 점검에서 아주 낮은 성적을 받은 학생에 대해서 면담을 하고 학생들의 어려움에 대해 조기에 도움을 주도록 노력한다.

(14) 학습 내용을 학생들이 관심 있을 법한 최근의 시사거리 등과 연결시킬 수 있을 과제를 내준다.

(15) 학습자들과 골고루 눈을 맞춤으로써 학생 모두에게 관심을 보이고 있음을 인식하게 하며 사랑을 표현한다.

2. 효율적 수업을 위한 다섯 가지 핵심행동*

수업에 있어서 어떠한 수업 형태나 수업 방법을 적용하건 수업의 가장 중요한 요체는 한 시간의 수업이 가장 효율적으로 이루어져야 한다는 것이다. 그런 관점에서 효율적인 수업을 위해 가장 중요하다고 생각되는 교사의 행동을 다섯 가지로 나누어 열거해 본다.

가. 명료한 수업

(1) 효과적인 교사

첫째, 자신이 말하려는 요점을 쉽게 설명한다.

둘째, 개념을 명확하게 설명해서 학생이 논리적인 순서로 이해하도록 설명한다.

셋째, 발음이 정확하고, 목소리도 잘 들릴 정도로 크며, 주의산만을 유발하는 언어습관이 없다.

(2) 덜 효과적인 교사

첫째, "아마도…… 그럴거야", "그렇다고 할 수도 있지", "그럴 수도 있겠지" 등과 같이 막연하고 불분명하거나 애매모호한 언어를 사용한다.

둘째, 무슨 말을 하는지 이해하기 어려운 복잡한 문장을 구사한다.

(3) 명료한 수업 행동의 예

첫째, 학습 목표를 명료하게 제시한다.

둘째, 도입부분에서 선수학습 내용을 점검한다. 경우에 따라서는 선수학습

* Borich, 박승배 외 역(2002). 효과적인 교수법, 참조.

내용을 다시 지도한다.

셋째, 수업 활동에 대한 지시나 안내는 천천히 그리고 명확하게 알려 준다. 필요하면 반복하거나 작은 단계로 나누어서 설명한다.

넷째, 학생의 능력을 파악해서 학생의 현재 능력보다 약간 높은 수준으로 가르친다.

다섯째, 이해를 돕기 위해 예시, 그림, 시범 등을 활용한다.

여섯째, 수업 결말 부분에서 수업 내용을 개괄적으로 정리하고 요약해 준다.

나. 다양성 있는 수업

첫째, 주의 집중 방법을 활용한다. 호기심을 자극하는 발문을 자주하고 시청각 자료 등을 통하여 학생들의 주의 집중을 도모한다.

둘째, 다양한 동작을 활용한다. 모든 학생과 골고루 눈맞추기, 목소리의 변화, 다양한 동작 등을 통해 열정적이고 활기찬 모습 보여 준다.

셋째, 다양한 수업방법을 구사한다. 강의식, 질의 응답식, 소집단 협동 학습, 스스로 터득하기 방법 등 다양한 수업 방법을 동원하여 한 시간의 수업이 지루하지 않도록 역동성 있게 전개한다.

넷째, 보상과 강화를 적절하게 활용한다.

다섯째, 학생의 의견과 참여를 최대한 보장한다.

여섯째, 다양한 발문을 활용하여 학생들의 창의력과 사고력을 자극한다. 참고로 효율적인 발문 전략에 대하여 요약 정리해 보면 다음과 같다.

(1) 발문의 목적
① 흥미유발과 주의 집중 유발
② 진단과 점검
③ 구체적인 사실이나 정보의 회상
④ 고차적 수준의 사고과정 격려
⑤ 정서의 표현의 허용

(2) 발문의 일반적인 요령
① 허용적이고 탐구적인 학습 분위기를 조성하는 발문을 해야 한다.
② 발문을 하고 잠시 멈춘 후 한 학생을 지적하여 응답하게 한다. 먼저 특정 학생을 지적한 후 하는 발문은 좋지 않다.
③ 학생에게 문제의식을 준 다음 적절한 시기에 맞추어 발문을 한다.
④ 하나의 발문에 두 가지 이상의 물음이 겹치지 않게 한다.
⑤ 수업에 참여하는 학생에게 고루 발문하고 특정 학생에게 편중되지 않도록 한다.
⑥ 막연하고 모호하지 않게 명확하고 간결한 발문이 되도록 해야 한다.
⑦ 발문의 답이 '예', '아니오'이거나 단순 기억 재생 발문은 피한다.

(3) 발문 처리상의 유의점
① 성공적인 발언에 대하여는 칭찬과 격려로써 성공감을 가지게 한다.
② 발문에 대한 응답이 미흡할 경우 구체적으로 틀린 부분을 친절하게 지적하고 시정해 주는 등 응답한 학생에게 위축감을 주는 일이 없도록 하며, 암시적인 재질문으로 학생 자신이 틀린 부분을 스스로 찾아낼 수 있도록 하여야 한다.
③ 옳지 않은 답이나 의견이 나왔을 때 교사가 바로 정답을 제시하지 말고 다시 집단 사고에 붙여 사고할 수 있는 기회를 주는 것이 바람직하다.
④ 어떤 학생의 반응은 받아들이고 어떤 학생의 반응은 받아들이지 않고 배척하는 등 불공정한 처리는 금물이며, 반응의 정오를 불문하고 일단 모두를 친절히 수용해야 한다.
⑤ 반응에 대한 응답은 가능한 한 생각할 수 있는 충분한 시간을 주고 독촉하지 않도록 한다.
⑥ 발문은 학습자의 경험과 지적 수준의 범위 내에서 이루어져야 한다.

다. 집중도가 높은 수업

수업의 집중도를 높이기 위해서 교사가 해야 할 일로는 첫째, 교과서의 주요 내용을 충실히 반영하는 수업계획서를 작성해서 수업을 진행한다. 둘째, 학습에 방해되는 행동의 예방을 위해 학생들과 수업에 관한 내부 규칙 제정을 활용한다. 단 수업시간 중에는 방해 행동에 대해 지적만 하고 규칙의 적용은 수업종료 후에 한다.

라. 학생들을 적극적으로 참여시키는 수업

효율적인 수업은 당연히 학생들이 외적으로나 내적으로 수업에 적극적으로 참여가 이루어지는 수업이라 하겠는데 이를 위해서는 다음과 같은 조치가 필요하다.

첫째, 교사의 허락이 필요 없는 개별 행동에 대한 규칙을 미리 정해 둔다.

둘째, 학생들이 활동하고 있을 때는 자리를 순회 · 관찰하면서 진도를 점검한다.

셋째, 개별 과제는 교사의 별도 지도 없이도 완성할 수 있을 정도로 학생들에게 흥미 있고 가치 있으며 쉽게 해결할 수 있는 내용을 부과한다.

넷째, 학생의 이해 수준에 딱 맞거나 그 보다 약간 높은 정도의 교수 자료나 학습활동을 많이 활용한다.

다섯째, 수업에의 적극적인 참여를 독려하는 칭찬기법을 사용한다.

마. 학생의 학습 성공률이 높은 수업

한 시간의 수업에 있어 학생들의 학습 성공 정도는 대체로 학습내용을 완전히 이해하여 실생활에 응용할 수 있는 상위층과 학습내용을 대체로 이해하나 응용력은 부족한 중간층, 학습내용을 이해하지 못하고 있는 하위층으로 나눌 수 있다. 그러나 말할 것도 없이 학습 성공률이 높은 수업은 상위층이 다수인 수업일 것이다. 그러면 학습 성공률이 높은 수업은 어떻게 전개할 것인가 인데 이에 대한 시사점을 열거해 보면 다음과 같다.

첫째, 이전에 수업한 내용과 연관시켜 수업 내용을 구성한다.

둘째, 학생의 반응에 즉각적인 피드백을 제공한다.

셋째, 수업을 작은 단위로 분할하여 지도한다.

넷째, 수업 내용들 간의 논리적 연결성에 유의한다.

다섯째, 수업의 강도를 조절하면서 요약 · 정리 및 피드백, 형성평가를 활용한다.

여섯째, 수업 관찰표를 만들어 활용한다.

표 10

〈수업 관찰 평가표(예)〉

관찰영역	관찰기준	평 가				
교과내용 이해도	1. 수업 목표를 명확하게 제시하고 있는가?	5	4	3	2	1
	2. 선수학습 내용을 본시 학습에 자연스럽게 연결시키는가?					
	3. 수업 내용에 대한 풍부한 지식을 갖고 있는가?					
학생 이해도	4. 학생의 지적 · 정서적 특성을 파악하고 있는가?					
	5. 학생들의 특성과 수준에 맞춰 쉽고 흥미로운 수업을 전개하고 있는가?					
수업 방법의 적절성	6. 학생들을 수업에 적극적으로 참여시키고 있는가?					
	7. 학습목표와 학습내용의 특성에 맞는 수업방법을 융통성 있게 활용하고 있는가?					
	8. 수업목표 달성에 적합한 자료를 활용하고 있는가?					
	9. 교사와 학생들 사이에 적절한 교감이 이루어지고 있는가?					
	10. 학생들의 사고를 자극하는 발문을 하고 있는가?					
	11. 학생들의 응답에 적절히 대응하고 보상과 강화를 활용하는가?					
	12. 예기하지 않은 상황에 대한 대처는 바람직한가?					
	13. 판서를 수업목표 달성에 도움이 되도록 활용하고 있는가?					
	14. 소외 학생이 없도록 교사의 시선을 적절히 배분하는 있는가?					

관찰영역	관찰기준	평 가				
수업의 정리	15. 학습목표에 부합하는 형성평가를 하는가?					
	16. 본시 수업 내용을 명료하게 정리하고 있는가?					
	17. 차시 학습과 관련한 적절한 과제를 부여하고 있는가?					
교수태도	18. 음성이 적절하고 표준말을 쓰는가?					
	19. 수업활동에 집중도는 어떤가?					
	20. 수업 중에 적절한 인성교육을 곁들이는가?					
종합의견						

3. 학습지도안 작성법

집을 지으려면 건축 설계도가 필요하듯 한 시간의 수업을 내실 있게 진행하기 위해서는 수업 설계도가 필요한데 이를 '교수-학습지도안'이라 부른다.

교수-학습지도안은 「단원 학습전개안」과 「본시 학습지도안」으로 나누는데, 전자는 단원 전체에 걸친 총괄안, 즉 단원안을 말하며, 후자는 해당 수업시간에 전개할 시안(時案)을 말한다. 일반적으로 학습지도안에 반영되어야 할 내용을 간략히 설명해 보면 다음과 같다.

가. 단원 학습전개안(Master Plan)에 반영할 내용

(1) 단원명(Unit)

당해 교과에서 지도하고자 하는 단원의 명칭을 기재한다.

(2) 단원 개관(About the Lesson)

해당 단원의 전반적인 내용을 개관하고 해당 단원의 설정 이유와 학습할 필요성 등을 간략히 기술하며 교과의 성격이나 단원의 성격에 따라서는 국가 · 사회의 요구와도 관련짓는다.

(3) 단원의 학습목표(General Aim of This Unit)

해당 단원에서 학습할 목표를 첫째 지식 · 이해면, 둘째 기능 · 적용면, 셋째 태도면 등으로 구분하여 행동용어로 간략하게 기술한다. 단, 국어나 영어와 같은 언어교과의 경우는 읽기(reading), 쓰기(writing), 말하기(speaking), 듣기(listening) 등으로 구분하여 영역별로 진술해도 된다.

(4) 단원의 구조도(Structure)

단원의 전체 내용을 소단원이나 학습주제에 따라 일목요연하게 체계화하여 표시하는 것을 구조도라 한다.

(5) 단원의 시간별 지도 계획(Sub Plan Tables : Time Allotment)

해당 단원에서 학습해야 될 내용을 차시별로 주요 학습내용, 학습방법, 학습자료 등을 표로 나타낸다.

(6) 단원 학습 지도상의 유의점(Attention)

'사전 학습 정도를 어떻게 고려할 것인가', '학습자의 관심과 흥미를 어떻게 유발시킬 것인가', '학습목표 달성의 극대화를 위해 환경을 어떻게 조성할 것인가' 등에 유념하여 '학습지도상 유의할 점'을 적는다.

나. 본시 학습지도안(Sub-Plan)에 반영할 내용

(1) 단원(Unit)

대단원과 중단원 그리고 본시에 학습할 소단원명을 기재한다.

(2) 차시(Peried)

단원의 총 학습시수 중 본시에 해당하는 시수를 분수 형태로 기재한다.

(3) 학습 주제(소단원 : Topic, Courses)

단원 전개안 중 본시에 배정한 소단원이나 학습 주제를 기재한다.

(4) 학습목표(Spectific Aims of this Period)

본시 학습에서 달성해야 할 목표를 지식(이해)면, 기능(적용)면, 태도면 등의 행동이 반영될 수 있도록 '______을 안다', '______을 이해한다', '_______을 할 수 있다', '________에 적용할 수 있다', '________태도를 갖는다', '______자세를 갖는다' 등의 행동용어로 진술한다.

(5) 출발점 행동(Activities of Start)

본시 학습과제를 학습하기 위한 학습자들의 준비 또는 학습 태세로 학습자들이 지니고 있는 지적 능력, 정의적 행동 특성, 신체적 기능을 의미하며 이를 문장으로 진술한다.

(6) 교수-학습 자료(Aids)

본시 학습에서 활용할 자료를 교사가 준비하는 자료와 학생이 준비할 자료로 나누어 기록한다.

(7) 학습단계(Step)

① 도입(Introduction) : 동기 유발을 위한 간단한 멘트나 관련 자료를 활용하여 수업에 대한 기대를 높이고 선수 학습 내용 상기시켜 본시에 학습할 과제와

연계시키고 학습 목표를 제시하는 단계로 이와 관련한 내용을 표시하며 대략 3분~5분 정도의 시간 배정을 한다.

② 전개(Development) : 본시 학습 활동의 본론에 해당하는 단계로 첫째, 학습내용에 부합하는 학습형태, 둘째, 개인차에 따른 개별 지도(수준별 학습) 내용, 셋째, 꼭 필요한 자료를 제작하여 적시에 활용할 계획, 넷째, 사고를 자극하는 발문 계획 등을 표현하며 대략 40분 내외의 시간을 배정한다.

③ 정리(Consolidation) : 본시 학습 내용을 통괄하여 정리, 종결, 강화하는 단계로 교사의 설명으로 정리해 주는 방법, 학생을 통해 정리하는 방법, 그림이나 도표를 활용해서 정리하는 방법, 형성평가지를 활용해서 정리하는 방법 등이 있을 수 있다. 그리고 학습정리와 함께 차시에 학습할 주제를 제시한다.

(8) 학습의 절차(Flow : Procedure)

학습의 절차에는 학습 소주제를 표시하고 소주제 해결을 위한 학습 형태와 학습의 흐름을 표시한다.

(9) 교수-학습활동(Teaching-Learning Activities)

수업 단계별로 교사활동과 학생활동으로 나누어 구체적으로 기술한다.

(10) 수준별 수업 준비

학습 부진 학생을 위한 보충 학습 자료와 우수학생을 위한 심화 학습 자료를 준비하여 수준별 학습 자료로 활용한다.

다. 교수-학습지도안 양식(예)

위에 설명한 내용을 기준으로 일반 학교에서 많이 사용하는 교수-학습지도안 양식을 제시해 보면 다음과 같다.

표 11　　<교수–학습지도안 양식(예)>

(1) 00과 단원 교수 – 학습계획안(Master Plan For Lesson 00)

(　　)학년 지도교사 ________인

가. 단원명(Unit) :
나. 지도기간(Period) :
다. 단원의 개관(About the Lesson)
　① 단원설정의 이유
　② 단원의 범위와 정도
　③ 지도상의 유의점
라. 단원의 학습 목표(General Aims of This Unit)
　① 지식 · 이해면
　② 기능 · 능력면
　③ 태도면
마. 단원의 구조도
바. 단원의 시간계획

차시	학습주제	학 습 내 용	학습자료	평가계획	장 소
1					
2					
3					
4					
5					
6					
7					
8					
9					
10					
11					

(2) 본시 교수-학습지도안(계획안 : Sub Plan)

<table>
<tr><td>단원명</td><td></td><td>차시</td><td></td><td>대상</td><td></td><td>지도일시</td><td></td><td>장소</td><td></td></tr>
<tr><td>학습주제
(소단원)</td><td colspan="3"></td><td>학습목표</td><td colspan="5">- (이해면)
- (기능면)
- (태도면)</td></tr>
<tr><td>출발점
행동</td><td colspan="4"></td><td>지도상의
유의점</td><td colspan="4"></td></tr>
</table>

<table>
<tr><td rowspan="2">단계</td><td rowspan="2">학습절차
(수업의 흐름)</td><td colspan="2">교수-학습 활동</td><td rowspan="2">매 체</td><td rowspan="2">시간</td></tr>
<tr><td>교 사 활 동</td><td>학 생 활 동</td></tr>
<tr><td>도입</td><td></td><td>· 주의 집중시키기
· 학습목표 제시
· 선수학습상기</td><td></td><td></td><td>5분
내외</td></tr>
<tr><td>전개</td><td></td><td>· 소집단 나누기
(집단별로 토의주제 분배)
· 1모둠 :
· 2모둠 :
· 3모둠 :
· 4모둠 :</td><td></td><td></td><td>40분
내외</td></tr>
<tr><td>정리</td><td></td><td>· 피드백

· 차시예고</td><td></td><td></td><td>5분
내외</td></tr>
</table>

라. 좋은 학습지도안

건축물을 지을 때 설계도가 좋아야 좋은 건물이 건축될 수 있듯이 한 단원이나 한 시간의 학습에 있어서도 수업 설계도라고 볼 수 있는 학습지도안이 좋아야 좋은 수업이 이루어질 수 있을 것이다. 위에 제시한 학습지도안 작성 요령을 바탕으로 좋은 학습지도안에 대하여 살펴보면 다음과 같다(전남교육청, 교직실무매뉴얼, 2009, 참조).

(1) 학습 목표가 명료한 지도안
(2) 지도 계획이 상세하고 구체적인 지도안
(3) 수업의 흐름이 전체와 부분이 조화된 지도안
(4) 학습자의 실태가 잘 분석된 지도안
(5) 교육과정을 학생 수준에 맞도록 재구성한 지도안
(6) 교사 중심보다는 학생 중심의 활동을 조장하는 지도안
(7) 교과의 특성을 잘 나타낸 지도안
(8) 가르칠 내용의 통합화가 잘 나타난 지도안
(9) 수준별 학습이 잘 나타난 지도안
(10) 학습 내용, 즉 판서 내용의 구성과 활용이 잘 나타난 지도안
(11) 학습의 주제가 뚜렷한 지도안
(12) 학습 내용의 피드백이 잘 제시된 지도안
(13) 단원개관에 교사의 교육 철학이 담긴 지도안
(14) 학습부진아 지도 내용이 첨가된 지도안
(15) 자료 활용이 적절하게 제시된 지도안
(16) 교육 내용과 교육 방법의 명료한 지도안
(17) 학습하는 방법이 제시된 지도안(자기주도적 학습)
(18) 학생의 발달 단계를 고려한 지도안
(19) 지역 실정을 고려한 지도안(지역 인사 / 지역 자원)
(20) 결과보다는 과정을 중시한 지도안

4. 학생들의 눈으로 본 좋은 수업과 덜 좋은 수업

교사의 수업의 성패는 궁극적으로 학생들의 눈에 어떻게 비치는가에 달려 있다고 해도 과언이 아닐 것이다. 이는 수업의 대상이 학생이기 때문이다. 그러면 학생들의 눈에 비친 좋은 수업을 하는 교사와 그렇지 않은 교사에 대해 사례를 중심으로 알아보기로 한다(전남교육청, 교직실무매뉴얼, 2009, 참조).

가. 좋은 수업을 하는 교사

(1) 수업 준비를 성의껏 하고, 현장답사, 조별토론 등 다양하게 수업을 전개한다.
(2) 수업 외의 시간에도 전공 및 진로 등에 관해 자상하게 안내해 준다.
(3) 가르치는 내용이 학생들에게 어떻게 받아들여질 것인가, 학생들의 인생에 그 지식이 얼마나 도움이 될 것인가를 신경 써 준다.
(4) 담당 과목에 대한 철학과 소신을 갖고 있다.
(5) "이게 틀렸어"라고 얘기하는 게 아니고 수업하면서 학생이 스스로 "아! 이 점은 내가 잘못 알고 있었구나!'라는 사실을 스스로 깨닫도록 잘 유도해 준다.

나. 미흡한 수업을 하는 교사

(1) 수업 시간 시작 후에 허둥지둥 늦게 들어온다.
(2) 학생의 의견을 잘 받아들이지 않는다.
(3) 학생의 질문에 무성의하게 답변한다.
(4) 피곤하다 등의 이유를 대며 수업을 성의 없이 한다.
(5) 학생들의 반응에 아랑곳하지 않고 혼자 진도만 나간다.

(6) 권위적인 태도로 학생들을 무시하고 말을 함부로 한다.
(7) 용의 복장이 단정하지 못하고 수업 분위기를 산만하게 한다.

다. 학생들이 원하는 수업

교사가 아무리 수업에 열의를 가지고 수업에 임한다고 하여도 학생들의 호응도가 낮다면 그 수업은 교사의 열의는 평가받을 수 있을지 몰라도 학생의 입장에서 볼 때는 좋은 수업이라고 말할 수 는 없을 것이다. 그러면 학생의 입장에서 좋은 수업이란 어떤 수업인지를 학생의 말로 풀어 보면 다음과 같지 않을까 생각한다.

(1) 지난 시간에 배운 내용을 복습하면서 오늘 수업 내용과 어떻게 연결되는지를 보여주면 수업 내용이 더 잘 이해돼요. 왜냐하면 때때로 대충 머릿속으로는 선생님이 무슨 말씀을 하는지 알지만, 정확히 무엇을 의미하는지 잘 이해하지 못할 때가 있거든요.
(2) 이 수업의 목적이 무엇인지 이 수업을 통해 무엇을 얻게 되는지를 상세하게 설명하는 것은 도움이 많이 됩니다.
(3) 수업 내용 도중에 이해하기 어려운 내용이 많이 나오는 것 같아요. 그래서 이해하기 쉽고 재미있는 수업으로 변한다면 학생들이 수업에 대한 참여율이 더 높아질 것 같거든요. 그러니까 재미있는 수업이라는 것은 선생님의 풍부한 유머 감각도 중요하지만 실생활에 관련되어 있고 또 알기 쉬운 예를 들어서 설명해 주는 수업을 학생들이 좋아 한답니다. 그리고 뜬구름 잡는 수업이 되지 않기 위해서는 체계적이고 구체적인 사례를 응용하는 수업이 필요하다고 생각합니다. 단계마다 알아들을 수 있게 하나하나 설명을 해 주시는 수업을 들을 때 학생들이 수업에 열심히 참여하게 되지요.
(4) 주입식 수업은 단순히 받아 적고, 칠판 보고, 또 필기하고 이런 정도 밖에 안 되기 때문에 선생님의 일방통행 느낌만 받게 됩니다. 학생들이 능동적으로 참여할 수 있는 수업이 좋은 수업이지요.
(5) 자기가 알고 싶은 것을 배우고 쌍방향으로 소통할 수 있는 수업을 원합니다.
(6) 교육 매체를 사용하실 때 매체 조작에 많은 시간을 허비하거나 필요 없이 수업 시간 내내 게시해서 수업을 산만하게 만드는 경우가 있는데 매체 조작에 익숙하도록 노력하고, 꼭 필요한 경우에만 매체를 효과적으로 활용해 주세요. 그리고 수업 시간에 선생님이 너무

늦게 들어오면 학생들의 집중력이나 참여율이 떨어지니까 수업 종과 더불어 일찍 들어와 주셨으면 합니다.

(7) 수업이 재미없고 지루하니까 선생님한테 실망도 하고 딴 짓도 하게 되고 과제도 안 하게 되고 그런 것 같습니다. 수업이 지루하고 재미없는 가장 큰 이유의 하나가 수업에 학생들이 참여할 수 있는 통로가 없는 게 큰 원인이이라는 생각이 듭니다. 수업계획안 작성에도 학생들이 참여하여 학생과 선생님이 함께 만들어 나가는 그런 수업이 바람직한 수업이 아닐까요?

5. 학교에서 많이 활용되는 교수-학습 방법

가. 소집단 협동학습

이는 주어진 학습과제를 몇 개의 소집단으로 나누어 공동으로 해결하고 상호 토의를 통하여 학습목표에 도달되도록 하는 학습 방법으로 일선 학교에서 가장 흔하게 활용되고 있다.

(1) 방법

첫째, 학습자들을 4~5명씩 소집단으로 나눈다.
둘째, 학습과제를 집단 수에 맞도록 세분한다.
셋째, 소집단별로 주어진 과제를 조사하고 토의하여 정리한다.
넷째, 소집단에서 도출된 내용을 대표자가 발표한다.
다섯째, 소집단에서 발표된 내용을 전체적으로 토의하고 교사가 보충설명을 통해 피드백을 준다.

(2) 장점

첫째, 학습자들의 협동심을 기를 수 있다.

둘째, 집단 간에 책임을 공유하고 긍정적인 상호 의존성을 기를 수 있다.
셋째, 인지적 측면을 향상시켜 학습 성취도를 높인다.

(3) 문제점

첫째, 부익부 현상으로 학습 능력이 높은 자가 집단을 장악하는 현상이 발생할 우려가 있다.
둘째, 무임승차 현상으로 학습능력이나 학습화 등의 참여 정도가 낮은 학생도 높은 학습 성과를 공유하게 될 수 있다.
셋째, 학습능력이 높은 자가 자신의 노력이 다른 학습자에게 동일하게 돌아감을 인식하고 오히려 학습에 소극적일 우려가 있다.

(4) 문제점 해결 방안

위와 같은 문제점을 해결하기 위해 교사는 소집단의 편성을 수시로 재편성하고 집단 보상을 하며 협동과제를 개발하도록 노력해야 한다. 또한 소외되거나 비협력적인 학생이 있을 경우 교사가 개별지도를 하는 등의 배려를 해야 한다.

나. 직소(Jigsaw)모형 학습

이는 소집단 협동학습이 진화한 학습 방법이라고 말할 수 있는데 소집단협동학습의 문제점을 개선하기 위하여 1978년 텍사스 대학의 아론손(Aronson)이 개발한 모형으로 경쟁이 없는 상태에서 개인이 서로 학습 주체자가 되어 협력하는 상호의존적 학습 방법이다.

(1) 방법

첫째, 학습 집단을 5~6개의 모둠으로 나눈다.
둘째, 학습할 주제를 모둠원 수만큼 분류한다.

셋째, 동일 주제 선택자끼리 전문가 집단이 되어 선택된 학습 주제를 가지고 학습한다.

넷째, 학습을 마치면 전문가들은 소속 모둠으로 돌아가 모둠원들에게 학습시킨다.

다섯째, 교사는 게시판을 활용하는 등의 방법으로 성취가 높은 팀에 보상을 한다.

여섯째, 교사는 사전에 적정한 학습 주제를 선정하고 학습에 참고할 학습지를 제작하여 배부하는 등 사전 준비를 치밀하게 한다.

(2) 장 · 단점

이 학습 방법은 학습자들의 작업 분담 구조를 통해 집단 구성원 간의 상호의존성과 협동심을 유발할 수 있는 장점이 있어 최근의 일선 학교에서 많이 활용되고 있다. 그러나 교사의 사전 준비에 대한 부담이 과다해지고 학습 분위기가 산만해질 우려가 있다는 단점이 있다.

(3) 유의할 점

이 학습 방법의 장점은 살리고 단점을 개선하기 위해서는 다음과 같은 점에 유의하여야 한다.

첫째, 소집단 구성을 이질 집단으로 편성하는 것이 좋다.

둘째, 학습 주제 해결에 1시간의 학습으로 부족할 때는 2시간 연속 편성하여 학습을 진행할 수 있도록 사전에 주의를 기울인다.

셋째, 학습 능력이 떨어지는 모둠이 발견되면 교사가 직접 관리하여 특정 모둠에 소속됨으로 인한 학습결손이 없도록 한다.

다. 직소(Jigsaw) II, III, IV모형

앞에서 언급한 바와 같이 직소 학습 모형은 일선 학교에서 많이 활용되고 있는 방법으로 계속해서 진화 발전하고 있다. '직소Ⅱ 모형'은 '직소Ⅰ'모형에 집단 보상을 추가하여 집단 상호 의존성을 높인 모형이다. '직소Ⅱ 모형' 학습이 끝난 후 일정시간 평가를 대비한 모집단의 학습기회를 추가한 '직소Ⅲ 모형'과 수업 내용의 확인을 위하여 퀴즈와 부족한 부분에 대한 재교육을 추가한 '직소Ⅳ' 모형 등이 있다.

라. 자기 주도적 학습(Self-Directed Learning)

1975년 Knowles에 의해 평생학습의 차원에서 성인교육(andragogy)의 이론으로 시작하였는데 제7차 교육과정에서 가장 중요하게 강조하고 있는 학습방법이다.

(1) 개념

자기 주도적 학습이란 학생이 학습에 주도적으로 참여하고 계획하고 실천하며 선택 · 결정 등 자율적으로 할 수 있는 자기관리 능력의 향상과 이러한 능력의 향상을 위한 시도로 교수-학습과정에서 학습자에게 주도권을 부여하는 학습을 의미한다. 이를 교사 주도 학습과 비교해 보면 다음과 같다.

표 12 〈자기 주도 학습과 교사 주도 학습의 비교〉

자기 주도 학습	교사 주도 학습
· 비교적 독립적임 · 자기 주도적 가치 · 긍정적인 자기 효율성 · 내부적으로 동기화 · 학습과정에 깊이 관여 · 지적 집중을 우선시함	· 비교적 의존적임 · 타인 지향적 가치 · 제한된 자기 효율성 · 외부적으로 동기화 · 학습과정에 표면적으로 관여 · 지적 집중을 분산시킴

(2) 자기 주도적 학습의 기본 가정

자기 주도적 학습은 '학습자는 스스로 학습할 능력이 있으며 자기 판단기준에 대한 인지적 · 언어적 · 동기적 · 환경적 그리고 능동적인 자기통제자'일 수 있다는 생각에서 다음과 같은 기본 가정을 바탕으로 하고 있다.

첫째, 학습자는 능동적으로 학습에 참여하며, 스스로 학습할 수 있는 능력이 있다.

둘째, 학습자는 수업의 양과 형태를 선택하는데 중요한 역할을 담당한다.

셋째, 학습자는 인지적 · 동기적 · 행동적 자기통제 능력이 있다.

넷째, 학습자의 자기통제 학습과정은 어떤 가치판단 기준에 의해서 이루어진다.

다섯째, 학습자는 언어를 매개로 자신의 생각과 행동을 통제한다.

여섯째, 자기 주도적 학습활동은 학습자의 학업 수행능력에 영향을 미친다.

(3) 자기 주도적 학습의 특징

첫째, 외발적 동기보다는 학생의 내발적 동기에 바탕을 둔다.

둘째, 학습자의 자율성과 주도성을 전제로 한다.

셋째, 목표달성 지향성으로 만족감과 자신감, 희열감을 강조한다.

넷째, 가치지향성으로 자기 학습에 대한 가치를 신뢰한다.

다섯째, 학습자의 개인차를 중시한다.

여섯째, 학습자의 선행 경험이 중요한 학습 자원이 된다.

일곱째, 학습에 대한 책임은 학습자에게 부여되므로 학습자의 자기 평가가 중시된다.

(4) 자기 주도적 학습 전략

첫째, 학습 욕구를 진단한다.

둘째, 학습 목표를 설정한다.
셋째, 학습을 위한 인적 및 물적 자원을 파악한다.
넷째, 적절한 학습 전략을 선정하여 이행한다.
다섯째, 학습 결과를 평가한다.

(5) 자기 주도적 학습 향상 방안

첫째, 수업을 학생의 입장에서 생각하는 교육에 대한 교사의 의식전환이 있어야 한다.
둘째, 필요에 따라 수업시간을 2시간 연속 편성하는 등 교육과정을 탄력적으로 운영하고 창의적 체험활용이나 방과 후 시간을 활용할 수 있어야 한다.
셋째, 학습자가 토론을 통해 문제해결의 생생한 경험을 얻을 수 있도록 교과서를 주제중심으로 재구성한다.

6. 장학활동

학창시절에 학교에 장학사가 오는 날이면 아침부터 청소를 하고 선생님들의 옷차림이 단정해지고 수업도 색다르게 전개하던 기억을 누구나 갖고 있을 것이다. 그 만큼 과거에는 장학이란 교육청의 장학사들에 의해 지도 · 감독 · 평가하는 활동으로 이해되는 경향이 있었다. 그러나 오늘날에는 장학이란 교사의 전문적 성장을 위한 조력활동, 학교교육과정 개선을 위한 조력활동, 교수-학습지도방법 개선을 위한 조력활동, 교육환경과 학교 관리 개선을 위한 조력활동 등의 방향으로 변화하고 있으며 또한 외부 장학뿐만 아니라 교내 장학이 특히 강조되고 있는데 이를 각각 살펴보기로 한다.

가. 장학의 형태(종류)

(1) 전문적 장학지도

교육부와 시 · 도 교육청 및 지역 교육청 등 학교를 지도하고 감독하는 기관의 교육전문직인 장학사 또는 장학관들에 의해 시행되는 정기적 장학지도와 초청 장학 등을 통해 이루지는 장학을 말한다.

이는 원칙적으로 국립 중 · 고등학교의 경우는 교육부에서 직접 실시하고 공 · 사립 고등학교는 해당 시 · 도교육청에서 실시하며, 유치원과 초등학교 및 중학교는 교육감이 지역교육청에 위임하여 지도하도록 되어 있다. 종합장학지도, 확인장학지도, 개별장학지도, 요청장학지도, 특별장학지도 등이 있는데 이는 지도 감독적 성격이 강하여 일부 교사들은 부정적 인식을 갖기도 하지만, 학교의 교육활동을 돕기 위한 제도로서 장학에 대한 전문적 식견을 가진 교육전문직들에 의해 이루어지는 행위임을 인식하여 긍정적으로 수용하고 그들로부터 배우려는 자세가 필요하다.

(2) 교내 장학

학교 내에서 교사들의 수업 능력의 향상을 위하여 교내 자원을 활용하여 실시되는 장학활동으로 교장, 교감, 보직교사 및 동료 교사들에 의해 이루어지게 되며 그 형태로는 다음과 같은 것이 있다.

(가) 임상장학(수업장학)

이는 교내 장학의 가장 일반적인 형태로 1950년대 코겐(Morris. Cogan)이 개발한 방법이다. 교사와 장학담당자 간에 대면적 상호작용을 통해 교수 행동 및 활동을 계획하고 계획한 수업을 관찰한 후 이를 분석하여 교수-학습 방법의 개선을 도모하는 장학활동으로 특히 신임 교사나 수업 개선이 필요한 교사에게 매우 유용하다. 이에 대해 좀 더 자세히 언급하면 다음과 같다.

① 임상장학의 목적

궁극적으로는 교사의 전문성 신장과 수업의 효율성을 제고하는데 그 목적이 있는데 이를 몇 가지로 나누어 보면 다음과 같다.

첫째, 수업의 실제에 대한 객관적 피드백을 제공한다.

둘째, 수업의 문제점을 진단하고 해결한다.

셋째, 교사들의 수업 전략을 유용하게 활용할 수 있도록 도와 준다.

넷째, 교사의 수업 능력 향상을 돕는다.

② 임상장학의 단계

첫째, 1단계는 수업 전에 수업자와 장학담당자 간에 수업에 대해 협의하는 단계로 이때 가장 중요한 것은 상호 신뢰감 형성이다.

둘째, 2단계는 수업 전에 협의한 내용을 중심으로 수업자는 수업을 하고 장학담당자는 교실에 임장하여 수업을 관찰하게 된다. 이 때 수업 장면의 모든 것을 관찰하는 것을 무초점 관찰이라 하고 사전에 합의한 사항만 관찰하는 것을 초점관찰이라고 한다.

셋째, 3단계는 수업 후에 수업자와 장학담당자가 협의회를 개최하여 수업을 분석하고 문제점을 탐색하며 문제점에 대한 개선이나 해결방안을 협의한다.

넷째, 4단계에서는 협의된 내용을 중심으로 수업자에게 피드백을 제공하여 교수-학습방법의 개선에 활용하도록 한다.

(나) 동료장학(협동장학)

동료장학이란 교과 협의회를 통해 동료교사 간에 자율적으로 전개하는 장학 활동을 말한다. 동료교사 상호 윤번제로 수업을 관찰하고 공동 관심사에 대한 협의를 통하여 교수-학습 방법의 개선을 도모하는 방법으로 원칙적으로는 동일 교과 담당자끼리 이루어지는 것이 통례이지만 경우에 따라서는 유사 교과 담당 교사나 다른 교과 교사도 참여시킬 수 있다. 특별한 절차나 형식이 없이 수업 방법의 향상을 위하여 부담없이 시행할 수 있는 장학으로 학교에서 많이 장려되어야 할 것이다.

(다) 자기장학

임상장학을 필요로 하지 않거나 원하지 않는 교사 또는 내성적인 교사가 스스로 자신의 전문적 성장을 도모하기 위해 시행하는 장학활동을 말한다. 자기장학은 자신의 계획에 따라 수시로 할 수 있기 때문에 실제적으로 가장 중요한 장학활동이라고 말할 수 있는데 그 구체적인 실시 방법은 다음과 같다.

첫째, 자신의 수업을 녹음하거나 녹화한 후 이를 분석하여 수업 개선의 자료로 활용한다.

둘째, 자신의 수업에 대하여 학생들과의 면담이나 설문조사 또는 자기 평가를 통하여 문제점을 발견하고 개선을 도모한다.

셋째, 발견된 문제점이나 부족한 점을 전문 서적이나 대학원 과정, 교육전문가와의 상담 등 자기연찬을 통하여 개선한다.

(라) 약식장학

전통적 장학 또는 일상적 장학이라고도 하며 당해 학교의 교장, 교감 등이 교실을 순회하며 간헐적으로 짧은 시간 동안 수업을 참관하고 지도 · 조언하는 장학활동을 말한다. 교사와 장학담당자 간에 신뢰와 공감대가 특히 중요하며 상호작용(커뮤니케이션)이 필요하다. 장학활동을 하는 교장이나 교감은 임의적이거나 특정 교사에 편중되어서는 안 되며 계획적으로 정해진 일정에 의하여 시행되어야 한다. 그리고 장학을 받는 교사는 교장이나 교감의 이와 같은 장학활동에 대하여 기분 나쁘게 여기거나 부정적인 생각을 가져서는 안 되고 교직 선배가 자신의 성장을 도와 주기 위해 실시하는 활동으로 인식하고 긍정적이며 적극적으로 수용하는 태도가 필요하다.

제 7 장

평가의 실제

1. 학습평가의 개념
2. 학습평가의 기능
3. 학습평가의 유형
4. 평가 문항의 제작의 실제
5. 평가 관리

1. 학습평가의 개념

학습평가란 교육과정 및 교육 프로그램에 의한 교육목표가 어느 정도 달성되었는지를 측정하는 과정, 즉 교육목표 달성 정도를 측정하여 가치를 판단하는 과정이다.

2. 학습평가의 기능

학생들의 학습 결과는 평가를 통해 측정하게 되는데 학습평가는 일반적으로 다음과 같은 기능이 있다

첫째, 학습자의 학습성취도를 알아본다.

둘째, 학습에서의 곤란한 점을 파악하여 치료 방안 탐색한다.

셋째, 학습자들에게 학습동기를 부여함으로써 학습을 촉진한다.

넷째, 교육 프로그램의 효과성을 점검하여 개선자료를 제공한다.

다섯째, 진로지도, 생활지도 등 상담 자료를 제공한다.

여섯째, 전국 또는 지역 단위 평가의 경우에는 교육정책의 자료로도 활용된다.

3. 학습평가의 유형

평가의 유형은 크게 나누어 '상대평가'와 '절대평가'로 나눌 수 있는데 이들 평가는 나름대로의 장점과 단점을 갖고 있다.

가. 상대평가

상대평가는 규준지향평가(norm-referenced evaluation)라고도 하는데 그 특성을 보

면 다음과 같다.

첫째, 학생들의 상대적 위치에 따라 서열화(정상 분포곡선)를 이룬다.

둘째, 선발적 교육관에 근거하여 우열 발생의 필연성을 인정한다.

셋째, 평가의 신뢰도에 우선적 가치를 부여한다.

한편 상대평가는 첫째 개인차 판별이 용이하고, 둘째 교사의 편견 배제가 가능하며, 셋째 선의의 경쟁심(외발적 동기부여)을 유발할 수 있다는 장점을 가지고 있다. 그러나 우열에 따른 지적 계급주의가 발생할 수 있고, 다른 집단과의 비교가 무의미하게 되며, 참다운 학력 평가가 불가능하고 필연적으로 서열이 발생하여 과도한 경쟁심을 유발할 수 있는 단점이 있으므로 이에 대한 보완과 고려가 있어야 한다.

나. 절대평가

절대평가는 목표지향평가(criterion-referenced evaluation)라고도 부르는데 첫째, 모든 학생이 교육목표(학습목표)를 달성할 수 있다고 본다. 둘째, 발달적 교육관에 기반을 두고 학습자가 무엇을 성취했는가에 관심을 가지며 개인차는 누적된 결손에서 오는 결과로 본다. 셋째, 신뢰도보다 타당도를 중시한다는 특성을 갖고 있다.

한편 절대평가는 첫째, 교육개선을 위한 실질적 지료를 제공할 수 있으며 둘째, 교수-학습 활동의 실질적 개선 추구하는데 유용하고 셋째, 학습자 모두에게 성공감, 성취감 고취할 수 있어 점수 자체에 큰 의미를 부여하지 않는다는 장점이 있다. 그러나 첫째, 개인차 변별에 난점이 있고, 둘째, 외발적 동기유발이 미흡하여 경쟁심이 약화될 수 있으며, 셋째, 통계적 활용에 부적합하고, 넷째, 평가 기준 설정이 어려워 고도의 전문성 필요하다는 단점을 갖고 있다. 그럼에도 불구하고 절대평가는 평가의 기본 원리에 보다 부합되는 평가로서 단점을 보완할 수 있는 방안을 강구하여 가능한 한 많이 활용되어야 한다.

4. 평가 문항 제작의 실제

가. 좋은 문항의 조건

바람직한 평가가 이루지기 위해서는 말할 것도 없이 평가 문항이 좋아야 한다. 좋은 평가 문항이 갖추어야 할 조건을 열거해 보면 다음과 같다.

첫째, 타당도(validity)를 갖추어야 한다. 평가하고자 하는 내용에 부합하고 평가 목적에 적합한 문항이어야 한다는 원리를 말하는데 이를 위해서는 평가 문항을 명시하는 이원목적분류표를 작성해야 한다.

둘째, 신뢰도(reliability)가 있어야 한다. 평가하고자 하는 내용을 일관성 있게 평가하여 문항이 신뢰성이 있어야 한다는 원리로 일반적으로 평가 문항이 많을수록 신뢰도가 높다

셋째, 객관도(objectivity)가 높아야 한다. 채점자 요인이 배제되고 누가 채점해도 동일한 결과, 즉 일치된 평가를 하느냐의 정도로 평가기준 및 평가도구를 객관화 시켜야 한다.

넷째, 실용성(usability)이 있어야 한다. 평가 문항이 시간, 비용, 채점 등에 용이성이 있어야 하고 노력을 덜 들이고도 소기의 목적을 달성할 수 있는 정도, 즉 실용적인 가치가 있어야 한다는 원리이다.

나. 많이 활용되는 평가 문항의 유형

(1) 선택형 문항

선택형 문항에 의한 평가는 객관식 시험에 사용하는 방법으로 '진위형(○× 문항)', '4지 또는 5지 선다형', '배합형(관계 깊은 것끼리 짝짓게 하는 문항)' 등이 있다. 이 중에서 가장 일반적인 것이 '4지 또는 5지 선다형 문항'인데 그 장 · 단점을 살펴 보면 다음과 같다.

(가) 장점

첫째, 채점이 쉽고 객관성과 신뢰성이 높다. 정답이 분명하므로 채점을 전자 기계에 의존할 수도 있으며 누가 채점해도 같은 결과가 나온다는 측면에서 평가의 객관성과 신뢰성이 보장된다.

둘째, 일정한 시간에 많은 내용을 다루는 문제를 출제할 수 있다. 문제풀이에 시간을 많이 소비하지 않아도 되므로 정해진 평가 시간량에 맞추어 많은 문항을 출제할 수 있어 평가의 타당성을 높일 수 있다.

셋째, 문항 형식이 갖는 융통성과 신축성이 크고 통계적 분석이 쉽다. 출제 방식과 숙련도에 따라 문항 형식을 다양하게 할 수 있어 평가의 융통성과 신축성을 높일 수 있으며 많은 문항을 다룰 수 있으므로 의미 있는 통계적 분석을 쉽게 할 수 있다.

(나) 단점

첫째, 단순 지식과 기억력 측정에 치우칠 우려가 크다.

둘째, 문항 제작이 어렵고 시간이 많이 걸린다. 문항과 답지의 진술이 논리적이어야 하고 서로 상충되거나 모순되지 않도록 해야 하기 때문에 문항 제작에 고도의 전문성이 필요하게 된다.

셋째, 추측 요인을 배제하기 힘들다. 정답을 모르는 문제라 하더라도 빈 칸으로 두지 않고 추측으로 답을 표시할 수 있기 때문에 우연히 정답으로 처리될 수 있어 이른바 운이 작용할 수 있다.

넷째, 고등정신능력(표현력과 창의성 등)의 측정이 어렵다. 정해진 란에 정답을 표시만 하면 되므로 평가의 중요한 요소인 고등정신력 측정에는 미흡할 수 있다.

(다) 문항 제작에 유의할 점

위와 같은 장점은 살리고 단점을 보완하기 위해서는 문항과 답지 작성에 특히 유의해야 하는데 이를 살펴보면 다음과 같다.

첫째, 지시문을 쉽고 정확한 용어로 간결하게 서술한다. 간혹 평가 문항으로 보면 너무 어렵거나 의미 파악이 잘 안 되는 경우가 더러 있는데 정확한 평가를 위해서는 지시문항을 피평가자들의 수준에 맞추어 쉽고 이해가 잘되도록 진술해야 한다.

둘째, 가능한 한 부정형 문장을 사용하지 않되 부득이 사용할 경우는 부정어에 밑줄을 그어 준다. 부정형 문장이란 '아닌 것을 골라라', '틀린 것을 골라라'와 같이 진술하는 것을 말하는데 이는 자칫 피평가자들에게 혼란을 줄 수 있기 때문이다.

셋째, 정답에 필요한 조건의 누락이 없어야 한다. 문항이나 답지를 출제자의 입장에서 제작하지 말고 피평가자의 입장에서 확실한 정답을 찾아낼 수 있도록 제작해야 한다.

넷째, 문항 내용에 정답에 대한 단서를 주어서는 안 된다. 문항을 읽고 생각을 통해서 답을 선택하도록 해야 하는데 문항 속에 정답에 대한 단서가 있으면 평가의 신뢰성과 타당성을 확보할 수 없게 된다.

다섯째, 난이도가 쉬운 문제부터 어려운 문제 순으로 배열한다. 처음 문제부터 어려운 문제가 출제되면 피평가자들을 위축시켜 정확한 평가가 이루어지지 않을 수도 있기 때문이다.

여섯째, 정답은 분명하고, 오답도 그럴 듯하게 답지를 만들어야 한다. 말할 것도 없이 정답은 명확해야 하지만 그렇다고 오답인 답지조차 오답임이 명확히 드러나게 하면 평가의 유용성을 확보할 수 없게 된다. 그러므로 오답의 답지도 그럴듯하게 진술하여 사고력을 발휘하여 정답을 찾아낼 수 있도록 해야 한다.

일곱째, 실수를 유발하는 함정이 있는 문항을 배제한다. 피평가자들을 혼란시키기 위해 일부러 문항을 어렵게 진술하거나 이중 삼중으로 문항을 꼬아서 출제함으로 피평가자들의 실수를 유발하는 경우가 있는데 그렇게 하지 않아야 정확한 평가가 된다.

여덟째, 답지의 수를 적절하게 조절해야 한다. 원칙적으로는 답지의 수가 많을 수록 평가의 타당성이 높다고 할 수 있으나 그렇다고 답지를 무작정 늘일 수는 없으므로 답지의 수는 대개 4개 내지 5개 정도가 적합하다.

아홉째, 답지의 형태나 길이는 비슷하게 한다. 답지의 문장이 어떤 답지는 길고 어떤 답지는 짧으면 정확한 평가가 이루어질 수 없다. 그러므로 해당 문항에 대한 답지는 모두 비슷한 길이의 문장을 사용해야 한다.

열째, 정답의 위치를 고르게 배분해야 한다. 정답의 위치가 치우치면 자칫하면 답지의 한 기호만을 마구잡이로 표시한 사람이 엉뚱하게 좋은 점수를 받을 우려가 있으므로 답지에서 정답의 위치를 고르게 배분하여 그러한 요인을 최소화시켜야 한다.

(2) 서답형 문항

서답형 문항은 단답형 문항, 완성형 문항(빈 칸에 알맞은 답을 써넣기), 서술형 문항, 논술형 문항 등을 포함하는데 서술형과 논술형은 학생들의 고등정신력이나 종합적 사고력을 테스트하는데 유용한 문항으로 그 특징 등을 살펴보면 다음과 같다.

(가) 특징

첫째, 고차적 정신능력인 적용력, 분석력, 종합력 등을 평가하는데 적합하다. 앞에서 언급한 바와 같이 선택형 문항의 가장 큰 약점이 단순한 암기력이나 단편적 지식을 측정하는데 치우칠 우려가 있다는 점임에 반하여 서답형 문항은 수험자가 정답을 직접 글로 써야 함으로 사고력, 분석력, 종합력, 적용력 등 고등정신능력을 평가하는데 아주 유용하다는 특성을 갖고 있다.

둘째, 출제는 비교적 쉬우나 채점이 어렵다. 서답형 문항은 지문만 출제하면 되므로 출제는 쉬울 수 있다. 그러나 채점에 있어서는 답을 일일이 읽어야 하기 때문에 채점에 시간이 많이 소요되고 공정한 채점이 상당히 어렵게 된다.

셋째, 수험자의 답안 작성이나 채점자의 채점에 융통성이 큰 반면에 신뢰도가 낮을 수 있다. 동일한 답에 대해서도 채점자에 따라서 부여하는 점수가 다를 수 있으므로 객관도나 신뢰도가 낮을 수 있다.

넷째, 수험자가 그럴듯한 답으로 채점자를 혼란시킬 수 있다. 답에 따라서는 출제자의 의도에는 맞지는 않지만 답의 내용이 그럴듯하여 채점자로 하여금 채점에 혼란이 초래될 수 있다.

다섯째, 필체, 문장 구사 등이 채점에 영향을 미칠 수 있다. 비슷한 답이라 하더라도 글씨를 잘 썼다든지 문장이 매끄러우면 좀 더 높은 점수를 받을 수 있을 수도 있고 그 반대일 경우도 있으므로 채점자는 이 점에 유의하여 채점해야 한다.

(나) 문항 제작에 유의할 점

첫째, 사고를 자극하고 중요한 지식을 응용할 수 있는 문항이어야 한다.
둘째, 능력과 태도 등의 우열을 가릴 수 있는 문항이어야 한다.
셋째, 수험자의 입장에서 문항을 만든다.
넷째, 교육 목표에 부합되는 문항이어야 한다.
다섯째, 채점 기준이 명확해야 한다.
여섯째, 채점의 일관성을 유지하고, 채점자의 기분에 좌우되지 않도록 중간중간에 휴식함으로써 항상 맑은 기분으로 채점해야 한다.

(3) 수행평가(performance evaluation)

수행평가란 일반적으로 실제 상황이나 그와 유사한 상황으로 구성된 과제를 제시하여 학습자로 하여금 실제적 수행을 유도하는 형식의 평가를 말하며 지필고사의 미흡한 점을 보완하기 위하여 제7차 교육과정에서 특히 강조되고 있다.

물론 제7차 교육과정 이전에도 과제 평가 나 학습장 검사, 수업 시간에서의 발표, 예체능과목에서의 실기고사 등 수행평가 성격을 가진 평가가 있었으나 '수행평가'라는 용어에 의해 그 비중이 높아진 것은 제7차 교육과정부터였다. 이는 구성주의 교육철학을 기반으로 하는데 그 특성을 열거하면 다음과 같다.

(가) 수행평가의 특성

첫째, 학생 스스로 자신의 기능이나 지식을 나타낼 수 있도록 학습 산출물을 만들거나 행동으로 나타내거나 답을 작성하게 한다.

둘째, 학습과정도 평가하며, 발달을 지속으로 평가, 집단활동도 평가하며 준거지향평가를 지향한다.

셋째, 선택형 지필고사 이외의 모든 평가가 수행평가에 포함된다고 교육과학기술부는 해석하고 있다.

넷째, 수행평가의 유형으로는 서술형 평가, 논술형 평가, 구술평가, 면접평가, 토론평가, 실험실습, 관찰, 프로젝트(연구보고서), 포트폴리오에 의한 평가 등을 들 수 있다.

(나) 수행평가의 과정

첫째, 교과협의회에서는 각 과목의 교육과정 및 교과의 특성을 감안하여 수행평가의 영역 · 방법 · 횟수 · 세부기준(배점) · 반영비율 등과 성적처리방법 및 결과의 활용 등에 관한 수행평가 계획을 수립하여 해당 학교 학업성적관리위원회에 제출한다.

둘째, 평가자는 학교 학업성적관리위원회의 심의를 거쳐 확정된 각 교과별 수행평가 계획과 평가 후 결과를 학생 본인에게 공개하여야 하며, 이의 신청이 있을 때에는 면밀히 검토하여 적절한 조치를 취하여야 한다.

셋째, 성적 처리가 끝난 수행평가의 중요한 자료는 성적 산출의 증빙자료로 졸업 후 1년 이상 당해 학교에 보관하며, 상급학교 진학 시 입학전형권자의 요청이 있을 경우 이를 전형자료로 제공할 수 있다.

넷째, 수행평가의 점수는 점수화가 가능한 영역의 점수만 반영하되, 기본점수의 부여 여부, 부여 점수의 범위 등은 시 · 도교육청의 학업성적관리 시행지침에 의거 당해 학교의 학업성적관리규정으로 정한다. 수행평가 결과물은 학생들의 이의 신청 – 처리 – 확인 과정 등 적절한 조치가 완료되었을 경우 학교장은 학업성적관리위원회의 심의를 거쳐 보관한다. 수행평가 성적을 기록한 성적일람표는 졸업 후 1년간 보관한다.

5. 평가 관리

대개 일선 중등학교의 총괄평가는 매 학기마다 중간고사와 기말고사 등 2회씩 연 4회씩 실시하는 것이 일반화되어 있다. 연간 학사 일정에 의하여 시험 날짜와 시험 시간표는 대개 시험 2주일 전 쯤에 공고한다. 시험이 공고되면 이 때부터 교사들은 교과협의회를 통하여 출제에 들어가게 되는데 고사 관리상 특히 고려해야 할 점을 열거해 보면 다음과 같다.

가. 문항의 변별력 확보

고사 문항은 앞서 언급한 타당도, 신뢰도, 객관도, 실용도 등을 반영하는 좋은 문항이 되도록 노력한다. 문항의 변별도를 확보하기 위해선 문제의 난이도를 적정하게 조절하고 가능한 한 많은 문항을 출제하여 학습한 내용이 고루 반영되도록 한다.

나. 이원목적 분류표 작성

이원목적 분류표란 고사 문항을 행동 영역별로 분류하는 것을 말하는데 이는 학습한 내용의 행동 영역이 고르게 반영되는 문항을 출제하기 위해서이다. 그 방법은 먼저 문항 수를 정하고 다음 예시와 같은 이원목적 분류표를 만든 후 이에 따라 고사 문항을 제작하는 것이 좋다. 문항이 완성되면 이원목적 분류표와 고사 문제지를 정해진 기한 내에 평가 업무 담당자에게 제출하여 소정의 결재 절차를 거친 후 인쇄하여 보안 유지가 잘 되도록 보관한다. 특히 서답형 문제와 같은 주관식 문항에 대해서는 채점기준을 명확히 해야 하며 유사 정답 및 부분 점수 인정에 대한 기준도 분명하게 이원목적 분류표에 표시해야 한다.

표 13 〈이원목적 분류표 양식의 예〉

문항 번호	평가요소	출제 근거	문항 형식	행동 영역			내용 영역			정답 (채점기준)
				지식·이해	기능 적용	태도	독해	문법	작문	
1										
2										
3										
4										

다. 채점 및 성적 처리

채점에 있어서의 관건은 주관식 문항의 채점이다. 객관식 문항은 전산처리를 통하여 채점을 하기 때문에 문제될 것이 없지만 주관식 문항은 자칫하면 공정하지 않을 수 있기 때문이다. 그러므로 주관식 문항은 명확한 채점 기준에 의해 공정하게 채점해야 한다. 가능하면 동일 교과담당 교사끼리의 협의회를 통하여 채점자를 복수로 정해서 채점해서 그 평균 점수를 반영하는 것도 좋은 방법이 된다.

모든 채점을 마치면 소정의 절차에 따라 고사 결과를 학생들에게 공개하여 확인 시킨 후 이의 신청이 들어오면 이를 면밀히 검토하여 학생들이 수긍하도록 조치해야 한다. 결시자가 있을 경우에는 결시 원인별로 학교의 성적 처리규정에 따라 인정점을 부여하고 모든 채점이 끝나면 성적 단표를 작성한다. 그리고 이후의 성적처리에 관한 모든 일정이나 방법은 해당 학교의 성적처리 규정과 절차에 따라 차질 없이 수행하면 된다.

제 8 장

생활지도와 상담의 실제

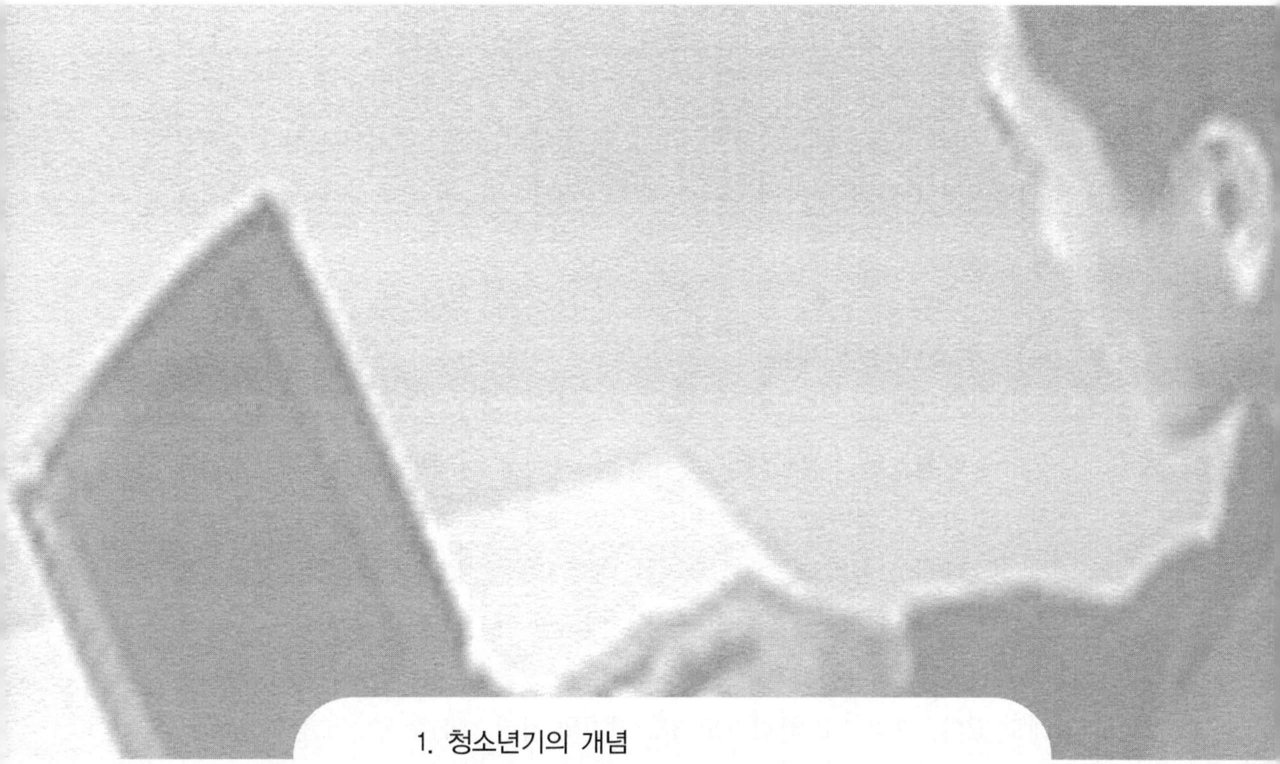

1. 청소년기의 개념
2. 청소년기의 당면 문제
3. 생활지도의 원리
4. 생활지도의 영역
5. 생활지도에 임하는 자세
6. 상담의 실제

요즈음 중 · 고등학교 학생들의 생활태도를 보면 즉흥적이며 순간적으로 튀어나오는 거친 말투와 행동, 예의바르지 못한 언행, 쓰레기통 주변에 쓰레기가 넘쳐도 치울 줄 모르는 모습, 실내에 불필요한 전등이 켜져 있어도 끌줄 모르며 자신의 편리함을 위해서는 공동체의 규칙이나 질서까지도 쉽게 어기며 자기밖에 모르는 이기주의적 성향을 지닌 모습을 자주 접하게 된다. 심지어는 교사를 우습게 여기고 반항하며 흔하지는 않지만 교사에게 폭력을 행사하는 거친 행동까지도 종종 발생하여 매스컴에 오르내리는 것을 보기도 한다. 뿐만 아니라 학교 폭력과 집단 따돌림, 가출, 음주, 흡연, 컴퓨터 중독 등 비행이 많이 발생하고 있다. 이는 어찌보면 변화된 이 시대의 모습이거나 청소년기의 한 특징이라고도 할 수 있지만, 그런 만큼 생활지도의 중요성은 날로 더 커지고 있다. 그러나 사회적으로는 학생에 대한 인권존중과 민주적 교육의 차원에서 체벌금지와 같은 요구가 갈수록 강해지고 있어 생활지도가 점점 더 어려워지고 있는 상황이기도 하다. 이와 같은 문제의식을 인식하고 본 장에서는 청소년기의 특징을 살펴보고 합리적이고 학교 현장에서의 실제적인 생활지도 방안에 대해 살펴보기로 한다.

1. 청소년기의 개념

우리나라 청소년 기본법에는 청소년을 9세에서 24세까지로 상당히 폭넓게 규정하고 있지만 일반적으로는 청소년기란 대략 초등학교 4, 5, 6학년 무렵인 10세 전후에서 고등학교 3학년 내지는 대학 1학년 정도인 19세 전 · 후까지를 가리킨다. 그러나 청소년기를 반드시 나이로만 따지기 보다는 사회적으로 볼 때 한 인간이 법적 · 경제적 · 도덕적 책임을 스스로 질 수 있을 때까지로 보는 견해도 있다. 그렇다고 하더라도 청소년기의 가장 핵심은 중 · 고등학교 학생 때라고 보아도 크게 틀리지는 않을 것이다.

2. 청소년기의 당면 문제

청소년기는 아동기와는 달리 질풍노도의 시기라 불릴 만큼 신체적으로나 정신적으로나 모든 면에서 급격한 변화가 오는 시기이다. 자고 일어나면 신체적 변화가 보일만큼 청소년기에는 신체적 성숙, 즉 성장 급등(growth spurt) 현상이 나타나며 이에 따라 외모와 신체적 조건에 대한 집착이 커져서 우월감과 열등감이 교차하기도 한다. 또한 이 시기에는 신체적 성숙에 따라 성적 성숙(sexual maturity)도 급속하게 이루어지는데 신체적 성숙과 정신적 성숙과의 불균형 현상이 발생하여 어려움을 겪기도 한다. 그리고 이 시기에는 학업 문제나 진로 문제 등 참으로 많은 문제에 부딪치게 되는데 그런 과정에서 부모나 교사들이 기대하는 목표나 가치관과 충돌하여 다음과 같은 여러 가지 갈등을 일으키기도 한다. 이와 같은 청소년들의 당면 문제에 대하여 몇 가지로 나누어 좀 더 구체적으로 살펴보기로 한다.

가. 학업 및 진로의 문제

우리나라 청소년들이 학업에 대한 많은 정신적 부담감과 압박감을 느끼고 있다는 것은 여러 연구에서 확인된 사실이다. 학습자의 스트레스에 대해서 고등학생을 대상으로 연구한 여러 연구들에 따르면 우리나라 청소년들은 학업성적에 대한 스트레스가 가장 큰 것으로 나타나고 있다. 특히 시험에 실패했거나 성적의 부진 및 저하로 야단맞을 때 학습자들은 가장 스트레스를 많이 받는다고 보고하고 있다. 학습자들이 경험하는 학업과 관련된 문제는 몇 가지 유형으로 나누어 볼 수 있다.

첫 번째의 학업관련 문제는 성적 저하로 인한 걱정과 스트레스이다. 정서저하로 인한 부모나 교사로부터 꾸중과 질책을 받게 되면 심리적 충격은 더욱 커진다. 학습자에게 있어서 학업성적은 매우 중요한 심리적 의미를 지닌다. 학업성적은 부모, 교사, 친구들로부터 자신의 가치를 인정받는 주요한 근거가 되기 때문이다. 따라서 학업성적의 저하는 이들로부터 자신이 인정받지 못하고 자신의 가치가 떨어지는 것으로 받아들이게 되어 심한 좌절감과 열등감을 초래하게 되어 정서적 문제로 확대될 수 있다.

두 번째 유형의 학업문제는 시험불안이다. 많은 학습자들이 시험 특히 중요한 시험을 볼 때 매우 심한 불안을 느낀다. 어떤 학생은 시험이 다가오면 불안하고 초조하여 주의 집중이 되지 않고 잠을 정상적으로 자지 못하며 두통과 소화불량 등 여러 가지 신체적 증상을 나타내기도 한다. 이러한 시험불안은 성적에 대한 지나친 집착과 성적저하에 대한 두려움과 관련되어 있다.

세 번째 유형의 학업문제는 학업능률의 저하이다. 학업에 대한 동기도 높으며 실제로 많은 시간을 투여하며 열심히 공부하는데도 불구하고 학업성적이 오르지 않거나 학업성적이 부진한 점을 호소하는 학생들이 많다. 이러한 문제를 지닌 학생은 스스로 좌절감에 휩싸이게 되며 부모 역시 안타까움과 실망감을 느끼게 된다. 이렇게 학업능률이 저하되는 학생들의 문제는 그 원인에 따라 몇 가지 유형으로 나누어 볼 수 있다. 첫째, 학업능률이 오르지 않는 학생들 중에는 주의 집중의 곤란을 호소하는 학생들이 많다. 둘째, 공부방법이 효율적이지 못한 학생들이다. 셋째, 학습능률이 오르지 않는 학생 중에는 잘못된 공부습관을 지닌 학생들이 있다. 마지막으로는 학생의 지능수준이 낮은 경우이다.

네 번째 유형은 공부에 대한 회의와 동기 저하이다. 이 유형의 학생들은 학업에 대한 동기가 부족한 학생들이며 공부하기가 싫고 무의미하다고 느껴지며 따라서 공부에 소홀해지게 된다.

마지막으로 학업과 관련하여 파생되는 문제들로는 지나친 학업에 대한 몰두나 집착으로 인하여 교우관계를 지나치게 소홀히 하거나 교우관계를 맺지 못하게 되고 결과적으로 친구들로부터 따돌림과 소외를 당하는 학생, 성적에 대한 지나친 경쟁으로 인하여 생겨나는 교우관계의 갈등과 질투, 성적이 부진한 학생에 대한 무시와 놀림, 공부와 학업성적으로 인한 부모와 자녀의 갈등과 같이 여러 가지 문제가 학업과 관련하여 파생될 수 있다.

나. 인간관계의 문제

청소년들의 인간관계 문제를 인간관계의 영역에 따라 크게 3가지 영역, 즉 가족관계, 동성친구관계, 이성친구 관계에서 발생하는 문제로 나눌 수 있다. 가족관계의 문제는 먼저 부모와의 문제를 들 수 있는데 김창대 등(1992)은 청소년들이 부모와의 관계 속에서 나타내는 문제의 세부적 내용으로 부모와의 거리감, 부모와의 의사소통 부재, 부모의 지나친 관심과 개입, 자녀에 대한 부모의 차별과 비교, 부모의 체벌, 구타, 학대, 부모와의 공유시간 부족, 문제 부모로 인한 문제, 결손가정에서 생기는 문제 등을 들고 있다. 이러한 다양한 문제는 부모와 자녀의 관계 유형 속에서 파악될 수 있으며 3가지 유형으로 나누어 볼 수 있다.

첫째, 통제적이고 지배적인 부모의 경우이다. 이러한 부모는 자녀의 생활방식, 가치관, 이성관계, 진로 등에 대해서 적극적으로 개입하고 간섭하며 자녀가 자신의 방식과 가치에 따르도록 요구한다. 이에 대해 순종적이고 의존적으로 부모의 지시를 일방적으로 따르는 청소년은 자기정체감이나 자율성에 있어서 미숙한 상태에 머무르게 되며 부모의 삶을 대신 살아주는 셈이 된다. 이런 유형의 학습자 자녀 중에는 강하고 지배적인 부모에게 겉으로는 대항하지 못하고 수동 저항적인 태도를 지니고 여러 가지 생활적인 이유를 핑계로 부모의 뜻에 반하는 수동 공격적인 행동을 나타내기도 한다.

둘째는 자녀에 대해 방임적이고 무관심한 부모들이 있다. 이러한 부모는 경제적 또는 정서적으로 자녀를 지원하는 일에 무관심하거나 무력한 부모들이 많다. 이 경우 학습자 자녀들은 부모의 경제적 또는 심리적 지원을 받지 못하기 때문에 혼자서 자신의 생활을 영위해 나가야 하는 심한 부담감, 결핍감, 고독감을 느끼게 된다. 이런 청소년의 경우는 가족 밖의 인간관계가 더욱 중요하게 되며 만족스런 친구관계나 이성관계를 형성하지 못할 경우에는 심한 심리적 우울과 혼란을 경험할 수도 있다.

셋째는 자녀에게 지나치게 의존적인 부모이다. 가정의 의사결정이나 부양책임을 자녀에게 부여할 뿐만 아니라 정서적인 지지나 위안, 경제적인 문제까지도 자녀에게 기대하는 부모들이다. 이러한 자녀는 자유로운 사회활동이나 진로탐색이 제한될 수밖에 없다.

이 밖에 청소년들은 형제 자매와의 관계 속에서도 많은 갈등을 경험할 수 있다. 부모의 재정적 또는 심리적 지원을 받는 과정에서 자녀로서의 형제 자매는 경쟁적인 관계에 서게 될 수 있다. 이러한 형제 자매 사이에서 흔히 경험되는 갈등관계를 형제간 경쟁(sibling rivalry)이라고 한다. 형제 자매 관계에는 내면적으로 이러한 경쟁적 심리가 존재하며 부모로부터 학업에 대한 경제적 지원과 심리적 지지의 측면에서 이러한 형제 자매간의 경쟁이 심화되어 서로에 대한 질투와 미움이 악화될 수 있다. 형제간 서열에 따라 가족 내에서 기대되는 역할은 다르다. 형이나 누나는 연장자로서 동생을 보살피고 인도하는 역할이 주어지는 반면, 동생은 형이나 누나를 따르고 존중하는 역할이 주어진다. 이러한 서열에 따른 역할기대와 역할수행의 괴리는 갈등의 한 요인이 될 수 있다.

친구와의 교우관계에서 발생하는 문제는 그 발생요인에 따라 4가지 하위유형으로 나누어 볼 수 있다.

첫째, 교우관계를 형성하는데 어려움을 겪는 청소년들이 많다. 즉 친구를 사귀지 못하고 소외되거나 따돌림을 당하는 청소년의 경우이다. 이들은 외로움과 소외감을 느끼며 학교생활이 즐겁지 못하고 오히려 고통스럽게 되기 때문에 학교에 가는 것조차 두려워하게 된다.

둘째, 많은 청소년들이 교우관계를 심화시키는데 어려움을 겪는다. 청소년들은 단짝친구와 같이 매우 친밀하고 진정한 친구를 찾는 경향이 있다. 피상적인 교우관계를 넘어서 서로 신뢰하고 속마음을 나누며 정서적인 수용과 지지를 주고받을 수 있는 절친한 교우관계를 원한다. 그러나 많은 청소년들이 이러한 교우관계를 형성하는데 실패하여 고독해하거나 고민하게 된다.

셋째, 교우관계에서 빈번한 다툼과 갈등을 겪는 청소년들이 많다. 친한 친구 사이에서도 갈등이 생기게 되면 이러한 갈등을 해결하는 능력이 미숙하기 때문에 배신감과 적대감을 느끼게 되거나 다툼으로 발전될 수 있다.

넷째, 교우관계에 대한 지나친 몰두로 인해 학업에 지장을 받거나 비행을 저지르게 되는 청소년들도 있다. 지나치게 친구를 좋아하고 많은 친구들과 사귀며 친구들과 어울리고 놀기를 좋아하며 공부할 시간을 내지 못하는 학생들이 이에 속한다. 이러한 학생 중에는 성적이 저하되고 친구들과 놀기 위해 돈을 많이 쓰게 되거나 밤늦게 귀가하는 등의 문제가 파생되게 된다.

또한 청소년들이 이성 친구와의 관계에서 흔히 경험하게 되는 문제는 크게 5가지 유형으로 나누어 볼 수 있다.

첫째, 이성 친구에 대한 지나친 관심과 몰두이다. 이성 친구를 사귀기 위해 학업에 지장이 생길 만큼 많은 시간을 투여하거나 지나치게 밀착된 관계를 맺게 되어 학교에 결석을 하면서 이성 친구를 만나거나 돈을 많이 쓰고 학업을 소홀히 하게 되는 경우도 있다. 또한 이성 친구와 성관계를 갖게 되어 임신을 하게 되어 고민을 하게 되는 경우까지 생겨날 수 있다.

둘째, 이성 친구와 교제하는 과정에서 다투거나 갈등이 생겨 고민하는 경우나 한 이성 친구를 두고 동성 친구와 경쟁을 하게 되는 삼각관계에 빠져 괴로워하는 경우도 있다.

셋째, 이성 친구에 대한 지나친 수줍음과 불안이다. 이성 친구에 대한 호기심과 관심을 가지고 있으나 막상 이성 친구와 접촉하게 되면 수줍음 때문에 제대로 행동하지 못하고 불안해하는 청소년들이 드물지 않다. 이런 청소년 중에는 이성을 대하는 적절한 방법을 배울 기회가 없어 이성교제 기술이 미숙하다.

넷째, 이성 친구와의 교제로 인해 부모와의 갈등을 경험하기 쉽다. 이성 교제 자체를 반대하거나 현재 사귀고 있는 이성 친구를 반대하거나 친밀한 이성 교제에 대해서 간섭하는 부모에 대해서 청소년들은 반발하게 된다.

다. 자아정체감 및 가치관의 문제

청소년들의 자아정체감과 관련된 첫 번째의 문제유형은 자아개념의 문제로서 자신에 관한 여러 가지 속성을 수용하는 데에 어려움을 나타낸다. 즉 자신의 신체적 · 심리적 특성을 열등한 것으로 받아들이는 경우가 많다. 자아개념의 문제는 그 영역에 따라서 몇 가지로 구분되는 데 첫째는 외모나 신체적 특성에 대한 불만과 열등감이다. 둘째는 자신의 능력과 성격에 대해 불만을 지닌 경우이다. 자신의 지적 또는 예술적 능력에 대해서 뿐만 아니라 자신의 성격에 대해서 부적절감과 열등감을 지니게 된다. 셋째 가족의 사회 경제적 지위나 신분에 대해서 불만과 열등감을 지니는 경우가 많다. 부모의 학력이나 직업, 경제적 능력, 가족관계 등에 대해서 친구들과 비교하여 열등감을 지니는 청소년들이 드물지 않다. 이렇듯 자신을 구성하는 것들에 대해서 회의를 품으며 변화를 위한 시도가 자아정체감과 관련된 주요한 문제들이다.

두 번째 유형의 문제는 가치관 및 인생관의 문제이다. '나는 무엇인가?'라는 물음과 더불어 여러 가지 선택상황에 부딪히게 되면서 '나는 무엇을 위해 어떻게 살 것인가?'라는 물음을 제기하게 된다. 이러한 물음에 대한 고민과 혼란에서 파생되는 문제들이 가치관과 인생관의 문제이다.

세 번째의 문제유형은 실존적 또는 종교적 문제이다. 청소년기에 접어들면 인지적 발달과 더불어 삶에 대한 장기적 안목이 생겨나게 되어 인생의 의미에 대해서 많은 생각을 하게 되며 죽음에 대한 예상과 불안을 경험하게 된다. 이러한 과정에서 삶에 대한 회의와 무의미감, 죽음에 대한 두려움, 종교에의 지나친 몰두나 반발 등의 소위 실존적이며 종교적인 문제를 나타내게 된다.

라. 비행행동의 문제

첫째, 가장 흔한 비행의 문제는 폭력적 행동이다. 특히 TV나 영화 등에서 폭력물을 접할 기회가 많고 폭력행위에 대해서 미화 또는 정당화하는 내용이 흔한 것도 학습자 폭행이 증가하는 한 이유일 것이다.

둘째, 성적 비행의 문제이다. 청소년기는 성적 충동이 급증하고 성에 대한 호기심과 관심이 폭발적으로 증대된 시기로서 성적 자극과 쾌락을 추구하려는 충동에 대한 조절에 실패하여 여러 가지 성 비행을 저지르는 경우가 드물지 않다. 외설적인 영화, 비디오, 잡지, 만화, 소설 등의 성적인 자극과 또래 집단을 매개로 성에 대한 그릇된 가치관과 사회 전반적의 향락적 문화가 그 요인이라고 볼 수 있다.

셋째, 가출, 외박, 늦은 귀가, 거짓말, 훔치기, 도벽, 도박 등과 같은 비공격적인 일탈행위들이다. 이와 같은 행위는 물론 일부 청소년들에게서 일어나는 문제이긴 하지만 모든 청소년들에게 내재되어 있는 문제이기도 한다.

3. 생활지도의 원리

위에서 살펴본 바와 같이 청소년기에 속해 있는 중·고등학생들에겐 많은 문제 요인을 안고 있다. 따라서 효과적인 생활지도가 절대적으로 필요하다. 그럼 먼저 생활지도의 기본 원리부터 살펴보기로 한다.

첫째, 생활지도는 모든 학생을 그 대상으로 해야 한다. 생활지도는 개인의 잠재 가능성을 개발시키는 교육적인 활동의 일부이므로 그 대상도 문제 학생이나 부적응 학생, 고립 학생 등 일탈행위를 하는 학생뿐만 아니라 정상적인 학생들도 함께 생활지도의 대상이 되어야 한다. 교육 현장에서는 생활지도가 마치 문제 학생만을 대상으로 이루어지는 것으로 착각하고 있는 경우가 많지만 진정한 생활지도는 모든 학생을 대상으로 가치관, 가정의 문제, 대인관계, 교사와의 관계, 신앙의 문제 등의 문제와 더불어 진로문제 등을 교육과정의 한 분야로 여기고 학생들의 필요와 요구를 충족시킬 수 있는 다양한 활동으로 전개시켜야 한다.

둘째, 개인의 존엄성과 인격을 존중해야 한다. 비단 청소년뿐만 아니라 인간은 누구나 자신의 존엄성과 인격을 존중받고 있다고 느낄 때 바람직한 대화가 이루어지게 된다. 따라서 청소년에 대한 생활지도는 당연히 해당 학생에 대한 인격적 신뢰를 바탕으로 존엄성과 인격을 존중하는 가운데 이루어져야 한다. 학생을 인격적으로 대접하며 최대한의 자율성을 보장하여 자기 결정으로 보다

나은 생활을 해나갈 수 있도록 조력해야 한다.

셋째, 협동적 방향으로 이루어져야 하며 교육 계획의 일부가 되어야 한다. 생활지도는 개인을 포함한 상호 승낙에 의하여 이루어진다. 승낙은 명백하거나 은연중에 주어져야 한다. 강제나 압력을 배제하는 것이 생활지도의 본령이다. 학생이 생활지도 담당자에게 의뢰되어 왔을 때 행위가 변화되어야 한다. 생활지도는 외부적인 강제나 협박에 좇아가는 것이라기보다는 내적 동기나 자발적인 변화를 일으키는 데 달려 있다고 본다. 따라서 생활지도 활동은 학교계획 프로그램 속에서 학교의 책임을 맡고 있는 학교 행정가나 교사와 카운슬러, 학부모 등 교육공체가 상호협동하는 가운데 원활하게 이루어져야 한다.

넷째, 자아발견과 자아발전을 북돋아 주고 자율 능력 육성을 기본으로 삼는다. 우리 모두는 남들에게 어떻게 하라고 말하는 것을 즐기고 있다. 하지만 우리는 또한 자기 자신 만이 가지고 있는 양식과 행동 유형을 선택할 자유와 권리를 가지고 있다. 그러므로 생활지도는 학생들에게 자기 행동을 이해하도록 하고, 변화를 가져오도록 돕는 역할을 해야 한다. 생활지도의 과정 속에서 단계적인 관여를 통하여 학생은 점차적으로 자기이해에 도달되고 자기의 재능 개발과 자기의 문제해결에 이와 같은 지식을 적용할 줄 알게 된다. 이런 의미에서 효과적인 생활지도 전문가가 계속적으로 전문적인 도움의 과정에서 손을 뗄 수 있도록 하는 것이다. 생활지도는 민주주의라는 테두리를 벗어날 수 없다. 민주사회에서 요구하는 공민적 자질의 하나는 자율성이다. 이러한 자율성을 이룰 수 있도록 점진적 조언을 필요로 하며 스스로 해결하는 능력을 키워 주도록 생활지도는 전문적인 지도로서 임하여 자율적인 방향을 모색하는 데 커다란 길잡이가 되도록 유도하는 것이다.

다섯째, 치료나 교정보다 예방에 역점을 두어야 한다. 현대 의학이 초기에 있어서 여러 가지 질병을 치료하기에 치중하였으나, 점차로 최근에 와서는 예방에 역점을 두고 있는 방향으로 옮겨가듯이 생활지도도 과거에는 문제행동의 치료나 교정에 중점을 두어 왔다. 그러나 앞으로의 생활지도의 방향은 이와 같은 문제에 부닥친 해결에만 치중할 것이 아니라 사전에 미리 방지할 수 있는 예방지도에 앞장서야 할 것이다. 생활지도의 효율적인 실시와 지도는 카운슬러 뿐만 아니라 모든 교사의 카운슬러화로 문제 발생 후의 지도보다 예방지도에 노력한다면 손쉽고 노력도 덜 소요될 것이다.

여섯째, 과학적 근거에 기초한 판단을 통해 지도해야 한다. 생활지도는 학생의 올바른 이해와 행동의 객관적이고 구체적인 자료에 기초를 두고 시작하여야 한다. 우리에게 생활지도상의 문제해결 과정에 이용되는 자료는 각종 표준화 검사 자료, 현대 심리학적 원리의 적절한 이용과 해석 등으로 어느 정도 평가에 객관화시킬 수 있는 방법이 있다. 그러나 이것을 효과적으로 실제적 생활지도 활동에서 적절히 사용할 수 있는 인적 자원과 행정적, 경제적인 자원이 필요한데, 잘 이용이 안 되고 있는 문제점이 있다. 물론 반드시 객관화된 표준화 검사에만 전적으로 의존하는 것만이 완전한 문제해결에 도움이 된다고는 볼 수 없다. 다만 생활지도상 문제해결에 있어서 경험을 통한 지도에 뒷받침될 수 있는 객관적 자료가 필요할 때 적용할 수 있고 또한 학생들이 믿을 만한 물적 증거를 얻기 위해서도 객관적, 과학적인 자료에 기초를 삼는 데에도 관심을 가져야 한다.

일곱째, 참되고 진정한 사랑에 기초한 지도를 중시한다. 생활지도는 교육의 핵심적 요소로서 교육의 방향을 사랑으로써 지도해야 그 효과를 올릴 수 있는 것과 미찬가지로, 사랑의 비탕이 없이는 충실한 지도를 기대하기 어렵다. 사랑이라는 인간적 관심은 우선 개별적인 것이어야 사랑으로 느껴진다. 너와 나의 개인적 관계 지움이 없는 수많은 집단적, 행사적, 표어적 관심은 마음의 울림이 없고, 피상적인 겉으로만 지나쳐 가는 것으로 느껴지기 때문이다. 변화하는 사회 속에서 창의적으로 사고하고 행동하는 적응력이 지적 교육과 정의적 교육을 통하여 길러져야 하고 적응력의 함양은 사랑의 바탕에 기초한 잠재력을 키워 나갈 수 있다.

여덟째, 처벌보다 선도가 선행되어야 한다. 생활지도는 청소년들의 건전한 성장과 문제해결을 돕기 위한 조직적인 봉사이며 활동이므로 학생 행위의 잘못을 판결하여 상이나 벌을 가하는 활동과는 거리감이 있다. 어떤 목표를 달성하기 위한 방법으로 경우에 따라 필요하면 훈련을 가할 수는 있다. 그러나 생활지도에서 사용되는 훈육은 바람직하지 않은 행위에 대하여 처벌을 의미하지 않는다. 생활지도분야의 담당자들에 의하면 카운슬러는 벌에 대한 행정적 책임을 지고 있지 말아야 한다는데 동의하고 있다. 왜냐하면 벌을 주게 되면 생활지도와 상담활동의 필수적 요소인 촉진적 관계 또는 원만한 인간관계를 수립하고 유지하는 데 어려움을 느끼게 되기 때문이다. 처벌, 위협, 강제 등은 일시적으로는 강력한 효력을 발휘할지 모르나 영속적이며 근본적인 변화를 가져올 수는 없는 것이다. 학교의 생활지도는 옳지 못한 학생들의 행동을 찾아내어 처벌하는 데 역점을 두는 것이 아니라 보다 적극적인 의미에서 그들의 옳고 바른 행동을 찾아내어 그것을 북돋아 주고 이끌어 나가는 것이라야 한다.

4. 생활지도의 영역

생활지도는 학생이해활동, 정보제공활동, 상담활동, 정치활동, 추후지도활동으로 영역을 나누어 볼 수 있다. 학생이해활동은 학생조사, 학생평가활동이라고도 하고 학생에 관한 자료를 수집하여 이를 기록, 조직, 해석하는 활동으로 생활지도활동에서 가장 기초가 되며 상담의 기초자료로 활용된다. 우리가 모든 학생들을 대상으로 학교상담에서 조직적이고 체계적인 돕는 활동을 전개하기 위해서는 학생들의 여러 가지 인적 사항, 학업성취, 가정환경 배경, 교우관계, 성격, 행동발달사항, 흥미, 적성, 장래의 진로 등 올바른 조사, 평가, 이해를 통해서 바르게 적용할 수 있는 방법을 찾을 수 있는 것이다.

정보제공활동은 개인을 둘러싸고 있는 환경에 대한 구체적인 내용으로서 자기 자신을 비롯한 가정, 학교, 사회, 국가 또는 세계에 관한 사항이다. 특히 생활지도에 있어서의 정보는 학생들이 성장해 나가는 과정에서 자신의 주변 환경을 이해하기 위한 자료와 장래 계획을 세우는 데 필요한 자료를 제공해 주는 활동이다.

상담활동은 생활지도를 하는데 있어서 가장 중추적인 활동으로 전문적인 지식과 기능을 가지고 있는 사람이 도움을 필요로 하는 사람이 대면관계를 형성하여 내담자 자신이 처해 있는 자신의 입장과 환경을 이해하며, 합리적이고 현실적이며 효과적인 행동양식을 증진시키거나 의사결정을 내릴 수 있도록 조력해 주는 활동이다. 특히 상담은 생활지도의 꽃으로서 모든 생활지도를 수행하는 방법이기 때문에 생활지도에 임하는 교사는 상담에 대한 전반적 이해와 마인드, 기술, 방법 등에 대한 준비가 되어 있어야 한다.

정치활동은 개인의 위치를 찾는 것을 활동으로서 자기이해, 정보 및 상담의 과정을 통해서 얻어진 결과에 의해서 보나 나은 적응과 성장 또는 문제해결을 위하여 다음 단계에서 무엇을 어떻게 해야 될 것인가를 선택하고 결정하도록 도우며, 또 그 결정에 따라 잘 적응하도록 도와 주는 활동을 말한다.

추후지도활동은 지도의 계속성을 살리는 활동으로 상담이나 사례연구를 끝낸 다음에도 계속해서 내담자가 잘 적응하고 있는지를 지도하며, 교육의 전체적인 성과나 생활지도의 성과를 계속해서 체계적으로 확인해 보는 활동을 말한다.

5. 생활지도에 임하는 자세

생활지도는 각급 학교의 전체 교육 프로그램을 통합할 수 있어야 한나. 따라서 일정 정도의 자격과 자질을 갖춘 학교의 담당자(상담교사)들이 부모와 교사, 학생 및 학교 행정가들의 적극적인 참여와 협조를 토대로 유치원에서 고등교육까지 체계적인 일련의 활동을 포함할 수 있도록 종합적으로 이루어져야 하는데 특히 중등학교에서 생활지도를 담당하는 교사의 역할은 다음과 같다.

첫째, 중등학교 교육목적을 이해하고 생활지도의 목표를 교육목적에 관련시키는 능력을 발휘할 수 있어야 한다.

둘째, 생활지도의 목적과 방법을 마련하기 위하여 교직원들과 협력하고, 생활지도 프로그램을 학생, 학부모, 지역사회에 소개하는 능력을 발휘하여야 한다.

셋째, 학생들이 심리학, 사회학, 문화인류학, 철학, 경제학 등 교과과정과 관련된 개념과 내용들을 생활지도에 적용함으로써 생활지도의 효과를 높이기 위한 능력을 발휘하여야 한다.

넷째, 기초심리학의 원리와 지식을 학생의 개별지도와 집단지도에 적용하며 보다 효과적인 생활지도활동으로 이끌어 갈 수 있는 능력을 갖추어야 한다.

다섯째, 학생들이 자신에 대하여 긍정적인 결정을 내릴 수 있도록 학생들과 상담관계를 형성하고 유지하면서, 학생들이 최대한으로 성장하고 발달하는데 기여할 학생 서비스와 지역사회 자원을 활성화하는 능력을 갖추어야 한다.

여섯째, 통계를 활용한 객관적이고 수리적인 자료와 관찰과 면접 등 주관적이고 비통계적인 연구 자료들을 정확하고 효과적으로 분석하고, 해석하고, 보고할 수 있는 능력을 높여야 한다.

일곱째, 학생 개인과 집단을 대상으로 미래의 교육과 진로결정 및 계획을 돕는 적절한 정보의 수집, 분석, 해석할 수 있는 능력을 함양해야 한다.

여덟째, 다른 분야의 상담자(의료, 복지, 법, 사회시설 등)와 전문가들의 업무를 이해하고 학생들을 돕기 위하여 의뢰하고 의뢰할 수 있는 능력을 함양하여야 한다.

아홉째, 통계적인 방법이나 면접이나 관찰 등 언어적 기술에 의한 비통계적인 방법의 검사를 실시하고 자료를 수집하고 분석하고 해석할 수 있는 연구 활동을 하는 가운데 생활지도 프로그램의 모든 절차를 지속적으로 평가할 수 있는 능력을 함양해야 한다.

6. 상담(counseling)의 실제

가. 상담의 목적

청소년들은 학업과 진로, 인간관계, 자아정체감과 가치관, 비행행동, 정서 및 정신장애의 문제 등 다양한 문제에 직면하면서 고통스러워하고 힘들어 한다. 교사는 형식적 교육과정의 교과 교육만을 전담하고 그 이외의 학교 활동과 교육을 소홀히 해서는 안 된다. 때문에 청소년의 문제에 대하여 꾸준히 심도 있게 공부하여 그러한 문제를 해결할 수 있도록 조력과 도움을 주는 역할을 수행하여야 한다.

상담은 목적을 가진 대화로 도움을 필요로 하는 사람이 전문적 훈련을 받은 사람에게 대면관계를 통해 과제의 해결과 사고, 행동 및 감정적 측면의 인간 성장에 도움을 받는 과정이라고 정의할 수 있는데 인간의 문제를 해결하는 고도의 전문적 학문으로 확고한 위치를 차지하고 있으며 또한 실천적 전문적으로 광범한 사회적 지지를 받고 있다. 특히 선진국에서 상담은 전문직으로 자리잡고 생활문화의 일부가 돼 사람들에게 큰 힘과 지혜, 그리고 용기와 희망을 주고 있다. 그래서 상담은 학문적으로 뿐만 아니라 제도적으로 짜임새를 갖추고 있으며 법률적으로도 뒷받침을 받고 있기도 하다.

상담은 내담자의 능력을 기르는 것을 목적으로 한다. 유태인의 격언에 '물고기를 열 마리 주는 것보다 낚싯대를 하나 주는 것이 낫다'는 말이 있다. 열 가지의 문제를 해결해 주기보다 스스로 문제를 해결하고 관리할 수 있는 능력을 기르게 하는 것이 훨씬 더 효율적이라는 뜻이다. 상담에서는 스스로 문제를 해결하는 힘을 기르는 것에 주안점을 두어야 한다.

모든 사람은 문제를 가지고 있다. 사람이 살아 있음은 문제를 가지고 있음을 뜻한다. 삶이란 문제를 다루는 과정이다. 그 문제를 어떻게 이해하고 대응하느냐에 따라 삶의 양상이 달라진다. 꿈틀거리며 움직이는 것이 인간의 삶이다. 그래서 살아가려면 언제나 새로운 힘을 충전받아야 한다.

상담의 기본 요소는 촉진적 의사소통이다. 상담은 대화로 하는 것이다. 하지만 우리가 일상 속에서 사용하고 있는 대화와는 그 의미가 다르다. 상담에서는 말로 나타낸 것보다 말로 나타내지 않고 있는 것도 중시하고 마음 속에 남아 있는 것들까지 관심을 가지고 이해하려고 노력한다. 말을 넘어 마음과 정황을 파악하여 내담자에게 삶의 힘을 북돋아 주는 것이 곧 상담이다.

상담은 통합적이고 체계적인 학문이며 동시에 실천이다. 의학이 하나의 학문이며 동시에 실천인 것처럼 상담은 통합적 학문이며 또한 현실적으로 실천되는 체계적 인간봉사의 하나이다. 상담은 교육학, 철학, 심리학, 사회학, 문화인류학, 정신의학 등이 교차하는 지점에서 인간의 개인적 문제를 다루는 통합적 학문이다.

상담은 개인적 문제를 해결하도록 할 뿐만 아니라 다른 문제가 제기될 때 이를 적극적으로 다루어 행복과 성공을 이루어낼 수 있는 힘을 북돋아 주는 것이다. 힘을 길러 주는 것이 결국 상담이며 힘차게 살아 자신의 세계를 개척하고 돕고 성취와 행복의 길로 안내하는 것이 바로 상담이다.

나. 상담의 원리

상담이 개인이 가진 문제를 해결하고 적응활동을 증진시킴으로써 건전한 자아형성을 통한 성장을 돕는 것이기 때문에, 전문적 소양을 가진 상담자가 상담을 전개할 때에는 반드시 일정한 원리에 바탕을 두어야 한다.

(1) 개별화의 원리(individualization)

개별화는 내담자의 독특한 성질을 알고 이해하는 일이며, 적응을 잘 할 수 있도록 각 개인을 원조함에 있어서 상이한 원리나 방법을 활용하는 것이다. 따라서 개별화란 인간을 개별적 차이를 지닌 특정한 인간으로서 취급해야 한다는 것이므로 소위 내담자의 권리와 욕구로서의 개별화라고 표현함이 더 실감을 갖게 된다.

(2) 의도적 감정표현의 원리(purposeful expression of feelings)

의도적 감정표현은 내담자가 그의 감정, 특히 부정적 감정을 자유롭게 표현하려는 그의 욕구에 대한 인식이다. 즉, 사람은 누구나 정당하고 잘한 일에 대하여 떳떳하게 표현할 수 있는 의사표현의 자유도 있지만 반대로 자기감정, 즉 부정적 감정을 표현할 수 있는 자유도 있다는 것이다. 특히, 상담자는 내담자가 가지고 있는 감정을 자유롭게 의도적인 표현을 보장받도록 온화한 분위기를 조성해 주어야 한다. 그러기 위해서 상담자는 압력이나 긴장으로부터 내담자를 완화시켜 주어야 할 것이며, 내담자 개인을 이해하게 해 주어야 할 것이며, 심리사회적인 지지의 형태인 동시에 그의 부정적인 감정표현 자체를 진정한 문제로 인식할 수 있어야 할 것이다.

(3) 통제된 정서관리의 원리

내담자는 상담과정에서 정서적으로 통제된 상태라고 이해해야 하며, 상담자는 내담자가 감정표현을 말로 할 수 있도록 권고해야 한다. 또한 내담자가 정서적인 반응이 다양하게 표출되는 감정표현의 모습에서 상담자는 기본적인 욕구를 진단하고 적극적인 태도로 관심을 보이며 적절히 대처할 수 있는 자세가 필요하다.

(4) 수용의 원리(acceptance)

상담자는 내담자에게 따뜻하고 명랑하며 친절하면서 수용적이어야 한다. 내담자를 하나의 인격체로서 존중하고 말로나 행동으로 특히, 비언어적 단서인 얼굴 표정에 잘 전달하여야 한다. 상담자는 내담자의 의견에 동의하지 못할 경우에는 동의하지 않는다는 사실을 분명히 전달하되, 그 표현이나 자세는 어디까지나 온화해야 한다. 다시 말해서 상담자와 내담자 간에 의견이 일치하지 않는 것과, 내담자를 수용하지 않거나 거부하는 것과는 구별되어야 한다.

(5) 비심판적 태도의 원리(non judgemental attitude)

비심판적 태도란 내담자의 문제에 대해서 '자네가 유죄이다', '무죄이다', '자네가 책임져야 한다'는 식의 말이나 행동을 삼가야 한다는 뜻이다. 내담자는 자기의 잘못이나 문제에 대하여 결과를 나무라거나 책임을 추궁하거나 잘못을 질책하는 것을 두려워한다. 그들은 죄책감, 열등감, 불만감, 고독감 등을 가지고 있기 때문에 타인의 비판에 예민하여 그들 자신을 방어하여 안전을 추구하려고

하는 것은 당연한 일이다. 따라서 상담자는 객관적으로 그의 행동 · 태도 · 가치관 등을 평가하여야 하며, 어떠한 문제에 대하여 유죄이다, 무죄이다, 책임져야 한다, 나쁘다는 등의 과격한 언어로 다루어서는 안 될 것이다.

(6) 자기결정의 원리(self determination)

상담과정에 있어서 상담자는 '자기 스스로 자기가 나아갈 방향을 결정하고 선택하려는 내담자의 결정'을 존중하며, 그 같은 욕구를 결정할 수 있는 잠재적 힘을 자극하여 활동하게 할 수 있도록 지도해야 한다. 그러나 내담자가 자기결정과 선택의 자유 · 권리 · 욕구가 있다고 해서 무조건적으로 도와 주자는 것은 아니다. 그들의 그 같은 자기결정의 권리 · 욕구 등은 내담자의 능력이나 법률 및 도덕적 규범, 사회 기관 내에서만 이루어질 수 있다는 한계를 벗어나서는 안 된다.

(7) 비밀보장의 원리(confidentiality)

상담과정 중 가장 중요하게 명심해야 할 사실은 상담자가 내담자와의 대화의 내용을 아무에게나 이야기하는 습관을 버리고 반드시 비밀을 지켜야 한다. 상담은 본질적으로 내담자가 상담자를 신뢰하고 믿는 데에서 이루어진다. 따라서 어떠한 경우에 놓여 있는 문제라도 개인의 명예훼손이나 누를 끼치는 일을 이야기해서는 안 된다. 즉 상담자는 비밀을 지켜 줄 윤리적 의무가 있는 것이다. 상담자의 윤리 가운데 가장 주요한 것은 무조건 내담자의 비밀을 보장하는 것이다.

다. 상담과정의 기본 기술

상담은 상담자와 내담자가 만나기 시작해서 종결될 때까지 여러 번의 면접을 거치는 하나의 과정이다. 때로는 한두 번의 면접으로 내담자의 관심사와 문제가 해결될 수도 있겠으나, 교육기관에서의 상담만 하더라도 대체로 5~6회 이상에서 20여 회에 이르는 면접이 진행되는 것이 보통이다. 그러므로 상담 과정의 지속 시간에 따라 그 진행 과정이 달라질 수 있다. 그러나 1, 2회의 면접으로 끝나든 장기간 지속되든 그 과정을 단계적으로 구분해 볼 수 있다. 이 상담 과정의 단계는 문제의 정의에서부터 바람직한 행동의 실천에 이르는 상담자와 내담자의 공동노력의 특징들을 나누어 본 것이다. 실제 상담 과정에서는 이런 분류가 분명하지 않고 서로 중복되거나 생략되는 경우도 있다. 그러나 이렇게 단계적으로 생각하는 것이 상담 과정의 이해에 도움이 될 뿐만 아니라, 실제로 상담을 효과적으로 진행시키려는 하나의 지침이 될 수도 있는 것이다. 이러한 상담의 과정은 대략 몇 단계의 절차를 거쳐 진행된다.

(1) 상담의 필요성에 대한 인식단계

먼저 내담자에게 자신의 걱정거리, 문제, 찾아온 이유를 말하도록 한다. 내담자들은 문제에 대한 책임감을 회피하고 남을 비난하거나 자신이 운명의 피해자란 느낌에서, 전문적인 상담의 필요성을 절실히 느끼지 못하는 경우가 있다. 그러므로 문제의 배경 및 관계 요인들을 토의한 후, 내담자가 상담과정에 적극적으로 참여하도록 해야 한다.

(2) 촉진적 관계 형성단계

이 단계에서는 솔직하고 신뢰로운 관계를 형성하는 것이다. 내담자가 상담자에게서 느끼는 전문적 숙련성, 매력, 신뢰성 등은 상담 효과에 대한 긍정적 기대를 갖게 하는 요인이다. 상담의 촉진적 관계를 형성하는 데에는 상담자의 공감적 이해, 성실한 자세, 내담자에 대한 수용적 존중 및 적극적인 경청 등이 필요하다.

(3) 상담의 목표 설정과 구조화 단계

이 단계에서는 상담 과정의 방향과 골격을 분명히 한다. 내담자들은 흔히 상담자가 자신의 문제를 직접 해결해 주기 바라거나, 문제에 대한 해답 및 행동

방향을 제시해 줄 것을 기대한다. 구조화는 상담의 효과를 최대한 높이기 위해 상담의 기본 성격, 상담자 및 내담자의 역할 한계, 바람직한 태도 등을 설명하고 인식시켜 주는 작업이다. 구조화에 포함되는 사항은 상담의 성질, 상담자의 역할과 책임, 내담자의 역할과 책임, 상담의 목표 등이다. 아울러 시간과 공간적인 제한사항도 덧붙인다.

(4) 문제해결 노력 단계

이 단계에서는 우선 문제에 관한 내담자의 감정 표현을 촉진하고, 제시된 문제를 다시 구체적으로 정의한다. 특히 문제의 성질을 명확히 하고 어떤 방법과 절차를 이용할 것인가를 먼저 결정해야 한다. 이 과정은 내담자의 문제의 성질이나 상담에 대한 요구 및 상담자의 이론적 입장에 따라서 달라지게 마련이다. 문제해결 단계에서는 현재의 문제 행동과 바람직한 목표 행동에 대한 내담자의 자각과 문제해결 과정에서의 실제 노력을 촉진하는 것이 필요하다. 이를 위해 문제 및 상담 목표에 관련된 내담자의 감정 및 생각을 탐색 · 정리하는 것이 바람직하다.

(5) 내담자의 자각 및 합리적 사고 촉진 단계

자각은 자신과 생활 과정에서의 주요 경험 및 사건들을 이전보다 분명히 그리고 통합된 시야에서 재인식하는 것이다. 내담자가 상담의 목표에 도달하기 위해 필요한 자기 이해와 합리적 생각을 갖출 때까지 상담에 적극적으로 참여하도록 한다.

(6) 실천 행동의 계획 단계

자각과 합리적 사고의 달성만으로써 상담이 끝나는 것은 아니다. 상담 중에는 앞으로 모든 문제가 잘 해결될 것 같지만 실제 생활에 부딪쳤을 때는 당황하는 경우가 많다. 내담자의 새로운 견해나 인식이 실생활에서 실현되도록 내담자의 의사결정이나 행동 계획을 도울 필요가 있다. 이 단계에서 이루어져야 할 목표는 내담자의 구체적인 행동 절차를 협의하고 세부적인 행동 계획을 작성하는 것이다.

(7) 실천 결과 평가 및 종결 단계

종결은 주로 내담자와 상담자의 합의에 의하여 이루어진다. 내담자가 종결을 희망하더라도 아직 불충분하다는 판단이 들 경우에는 '잘 대처해 나가는지 서로 확인해 보기 위해' 상담을 당분간 계속하도록 권유하는 것이 바람직하다. 또한 내담자로서는 상담을 종결한 후, '다시 문제가 발생하지 않을까', '혼자서 해결할 수 있을까'에 대해 불안해하는 경우가 있다. 상담의 종결이 자기를 배척하는 것으로 생각하는 내담자도 있으므로 상담자는 내담자가 이러한 문제에 갑자기 직면하지 않도록 서서히 종결시킨다.

한편, 상담관계를 원만하게 이끌어 가기 위해서는 몇 가지 기법이 있다. 이러한 기법들은 상담자마다 자신의 성격과 내담자의 요구에 가장 적합하다고 생각하는 형태로 나타나게 마련이다. 상담 기법이나 방법은 기본적인 상담자의 태도와 여러 방법의 바탕이 되는 이론적인 배경을 충분히 이해한 후에 활용되어야 한다.

상담자가 내담자를 만날 때의 첫 과제는 신뢰감을 형성하는 일이나. 처음에는 기법의 적용보다는 수용적이고 온화한 태도로서 내담자에게 깊은 관심을 나타내는 것이 무엇보다 중요한 일이다. 이러한 상담자의 태도와 관심이 보여져야만 내담자가 상담자를 믿고 편안한 상태에서 이야기를 할 수 있게 됨은 물론이다. 화제의 유도, 물리적 배치, 비밀보장의 확인 및 상담에 임하는 태도의 확인 등을 토대로 내담자와 래포를 형성해야 한다. 흔히 내담자의 감정은 '큰 저류가 있지만 표면에는 잔물결만이 보이는 강물'에 비유된다. 즉 내담자의 감정은 수면상의 물결처럼 겉으로 보이는 표면감정이 있고 강의 저류처럼 보이지는 않으나 중심적인 내면 감정이 있는 것이다. 반영은 잔물결 속에 감추어져 있는 저류와 같은 내담자의 내면적 감정을 정확히 파악하여 내담자에게 전달해 주는 것을 말한다.

즉, 반영이란 내담자의 말과 행동에서 표현된 기본적인 감정과 생각 및 태도를 상담자가 다른 참신한 말로 부언해 주는 것이다.

수용(受容)이란 "으음"이나 "예, 계속하십시오."와 같이 짧은 문구로 표현되는 상담자의 반응을 말한다. 이런 반응은 내담자에게 주의를 기울이고 있으며, 내담자의 말을 받아들이고 있다는 상담자의 태도를 나타내는 것이다. 이러한 수용의 기법은 상담의 초기 단계에서 많이 사용되지만, 내담자가 자신을 깊이 탐색하고 의미 있는 자료를 고통스럽게 진술하는 상담의 종반기에서도 사용되는 경우가 있다.

구조화(構造化)란 상담과정의 본질, 제한조건 및 목적에 대하여 상담자가 정의를 내려주는 것이다. 다른 말로 하면 내담자에게 상담과정의 바람직한 체계와 방향을 알려주는 것이다. 이러한 구조화를 통해 내담자는 상담 관계가 합리적인 계획을 가지고 있다는 점을 느끼게 된다. 이러한 의미에서 상담이 하나의 여행이라면, 구조화는 그 여행의 방향을 알리는 노선(路線) 표시에 비유될 수 있다. 바꾸어 말하기란 내담자가 말하는 것을 상담자가 바꾸어 말하여 주는 것을 말하는데, 상딤에 여러 가지로 도움이 된다. 첫째, 바꾸이 말하여 줌으로써 내담지의 입장을 이해하려고 상담자가 노력하고 있음을 알려 주게 되며, 둘째, 내담자가 한 말을 간략하게 반복함으로써 내담자의 생각을 구체화시키며, 셋째, 내담자가 말하고 있는 바를 상담자 자신이 제대로 이해하고 있는지를 확인해 볼 수 있다.

경청이란 내담자의 말과 행동에 상담자가 선택적으로 주목하는 것을 뜻한다. 물론 상담자는 내담자의 말과 행동 하나하나를 그냥 흘려보내서는 안 된다. 그렇다고 상담자는 내담자의 모든 말과 행동에 주목하여 반응할 수도 없다. 따라서 상담자가 경청할 때의 관건은 상담자가 상대적으로 더 비중을 두어야 할 내담자의 말과 행동을 선택하여 그것에 주목하는 것이다. 즉, 선택적으로 주목함으로써 내담자가 특정 문제에 대해 탐색하도록 한다. 이 때 상담자가 선택적으로 주목한 것이 내담자의 진술의 흐름에 적합한 것이라면 더욱 유익하다고 말할 수 있다.

내담자의 말의 내용을 요약(要約)하기 위해서는 말의 내용, 말할 때의 감정,

그가 한 말의 목적, 시기, 효과에 대해서 주의를 기울여야 한다. 요약은 여러 생각과 감정을 매회의 상담이 끝날 무렵 하나로 묶어 정리하는 것이다. 예를 들면 내담자와 그의 부적절한 감정에 대하여 대화를 가진 후 "당신이 가정이나 학교, 현재 직업에 대하여 말한 것을 보면, 모든 생활에서 실패감을 느낀 것 같군요"라고 요약할 수 있다. 매회 또는 수회의 상담을 거친 후 이를 요약하면 한두 문장으로 표현하기는 쉽지 않다. 요약의 기본은 대화의 내용과 감정들의 요체 그리고 일반적인 줄거리를 잡아내는 것이다. 또한 내담자가 진술하는 말의 흐름을 요약한다는 것은 상담이 어디로 진행되고 있으며 현재 어디에 위치하고 있느냐를 파악하는 것이다.

명료화(明瞭化)는 내담자의 말 중에서 모호한 점을 내담자가 확실히 알도록 해 주는 것이다. 명료화는 내담자가 말하고자 하는 의미를 상담자가 생각하고, 이 생각한 바를 다시 내담자에게 말해 준다는 점에서 단순한 재진술이 아니다. 또한 상담자가 내담자의 반응을 이해할 수 없을 때 분명하게 말하여 줄 것을 요청하기도 한다. 내담자가 말하는 의미가 모호하거나 혼란되어 있을 때 "잘 이해를 못하겠습니다. 당신이 말하고자 하는 바를 좀 더 분명하게 말하여 주십시오.", "나는 당신이 직업에 대해서 느끼는 감정이 어떤지 확실하지 않습니다." 또는 "예를 들어서 간략하게 다시 말해 주시겠습니까?"등으로 말할 수 있을 것이다.

상담에서의 해석은 내담자에게 어떤 의미를 전달하고자 하는 상담자의 시도라고 볼 수 있다. 해석은 내담자의 여러 언행들간의 관계 및 의미에 대한 가설을 제시하는 것이다. 즉 내담자로 하여금 과거의 생각과는 다른 각도에서 자기의 행동과 내면 세계를 파악하게 하는 것이다. 해석이 어떤 이론적 입장에서 도출되었느냐에 따라 그 내용이 달라질 것이다. 그러나 상담자가 해석을 통해 내담자에게 새로운 참조체계를 제공한다는 점은 동일하다. 상담자는 내담자가 이 새로운 참조체계를 통해 자신의 문제를 보고 자기가 처한 상황을 보다 잘 이해하며 환경에 능률적으로 대처할 수 있기를 바란다. 이러한 점에서 해석은 내담자의 말을 바꾸어 말하기나 느낌의 반영과 크게 다른 것은 아니다. 바꾸어 말하기와 느낌의 반영이 하는 기능의 하나는 내담자가 방금 말한 것의 내용 또는 느낌을 구체화하는 것이었다. 그리고 상담자는 주로 내담자의 참조체계에 따라 반응하는 것이다.

모든 상담에서 대화의 기법으로는 '너-전달법(You-message)'보다는 '나-전달법(I-message)'을 활용하는 것이 효과적이라고 알려져 있는데 그 예를 들어 보면 다음과 같다.

※ '나-전달법'과 '너-전달법'의 예

- 나-전달법 : "아침에 인사를 잘하니 하루 종일 신나고 기분이 좋더라."
- 너-전달법 : "네가 인사를 하다니 야 대단하네."
- 나-전달법 : "네가 연락도 없이 늦으니 선생님은 걱정스럽고 불안했단다."
- 너-전달법 : "너 왜 늦었어! 또 그럴 거야!"
- 너-전달법 : "엄마 그만 괴롭히고 저리 가서 놀아라."
- 나-전달법 : "엄마는 지금 너무 피곤하구나."

위에서 보듯이 '나-전달법'으로 말하면 상대방이 나를 이해하고 좋게 받아들이지만 '너-전달법'으로 말하면 반감을 갖기가 쉽다.

※ 나-전달법의 3가지 구성요소

첫째, 비판이나 비난 없이 내 생각을 표현한다.
둘째, 그 행동이 나에게 미치는 구체적인 영향을 표현한다.
셋째, 상대방의 행동이나 또는 구체적 영향에 대한 감정이나 느낌(걱정, 두려움, 염려)을 표현한다.
(예) TV를 보는데 아이들이 시끄럽게 떠들 때 "시끄럽다, 좀 조용히 해라!"(너-전달법)라고 소리 지르면 아이들은 속으로 "우리만 나쁘다고 야단치고 기분 나쁘다, 엄마는 맨날 TV만 보면서 나만 못 보게 하고" 등의 반감을 갖게 된다.

그러나 나의 상황과 느낌을 정확히 표현하여, '나-전달법'으로

① 얘들아, 너희들이 큰 소리로 말하니까(행동)
② 소리를 제대로 들을 수 없어서(내게 미치는 영향)
③ 답답하다.(감정) 이렇게 말하면 아이들은 "아! TV를 보는데 내 행동이 엄마에게

방해가 되는구나"라고 해석하게 된다. 즉 보내는 메시지는 "조용히 해라!"나 "TV를 볼 수 없어 답답하다."나 결국은 같은 뜻이지만 듣는 쪽에서는 '너-전달법'은 자신을 비난한다고 생각하게 되고, '나-전달법'은 말하는 사람을 이해할 수 있게 되는 메시지다.

※ "나-전달법"의 지침

첫째, '나-전달'의 실패와 성공의 요인은 관계의 질에 달려 있다. 즉 문제를 제대로 경청해 주지 못하면 상대방도 메시지에 귀 기울이지 않는다.

둘째, 화가 난 것을 전달하기 위한 '나-전달'이 아니라는 인식을 주어야 한다.

셋째, 비수용적인 행위에 대해 확실하고 논리적인 이유를 설명해야 한다.

넷째, 모든 '나-전달'이 다 성공할 수는 없다. 나 역시 상대와의 관계에서 항상 나의 행동을 변경하고 싶지만은 않을 것이기 때문이다. 그러므로 이에 대한 깊은 사려와 통찰이 있어야 한다.

다섯째, '나-전달'을 가장한 '너-전달'이 아니라면 내가 느낀 감정만큼 솔직하고 강하게 전달해야 한다.

여섯째, 학생과 직면했을 때 내가 유발한 학생의 방어에 주의 깊게 경청하고 반영적 경청과 다시 또 다른 '나-전달법'을 사용해야 한다.

일곱째, 학생의 행위가 나에게 어떤 문제가 되는지 말해 주되 문제해결을 위해 학생에게 무엇을 해야 할지에 대해 이야기해서는 안 된다.

여덟째, '나-전달법'은 힘을 쓰지 않고 내가 원하는 것을 얻을 수 있는 기술이다. 그러므로 명령이나 물리적 힘 혹은 위협이나 벌과 함께 사용해서는 안 된다.

제 9 장

문서관리의 실제

1. 공문서 관리
2. 법정 장부로서의 학교생활기록부

1. 공문서 관리

공문서란 행정기관 또는 공무원이 직무상 작성하고 처리하는 것으로 행정행위의 기본 문서의 전부라고 말 할 수 있다. 따라서 교원도 공무원이기 때문에 이에 대한 충분한 이해를 통해 합당한 공문서 작성 및 처리 능력을 배양할 필요가 있다. 우리나라에서의 공문서 관리는 '사무관리 규정(대통령령 18392호)'과 '사무관리 규정 시행규칙(행정자치부령 228호)'에 의해 이루어지고 있다. 이들 규정에 의하면 공문서의 작성과 관리는 상당히 복잡하다. 그러나 가르치는 일을 주 업무로 하고 있는 교원은 행정을 주 업무로 하는 일반직 공무원과는 달리 상대적으로 공문서를 취급하는 업무가 적은 편이이기 때문에 공문서 관리의 전문적이고 복잡한 내용까지 다 알 필요는 없고 일상적으로 학교생활에서 활용할 수 있는 정도의 기본적인 사항만 알아두어도 업무 수행에 그리 큰 어려움은 없을 것이다. 그러므로 여기에서는 공문서에 대해 교원으로서 알아야 할 최소한의 기본적인 사항만을 다루기로 한다.

가. 공문서의 정의

사무관리 규정에서 공문서라 함은 행정기관 내부 또는 상호간이나 대외적으로 공무상 작성 또는 시행되는 문서(도면 · 사진 · 디스크 · 테이프 · 필름 · 슬라이드 · 전자문서 등의 특수매체 기록을 포함) 및 행정기관이 접수한 모든 문서를 의미한다.

나. 공문서 성립의 요건

어떠한 문서가 사문서가 아닌 공문서로 인정받기 위해서는 다음과 같은 요건이 갖추어져 있어야 한다.

첫째, 당해 기관의 의사표시가 명확하게 표시되어야 한다. 당해 기관의 의사

표시라 함은 기관의 장이나 장으로부터 권한을 위임받은 직책의 서명이 있어야 함을 의미한다.

둘째, 위법 · 부당하거나 시행이 불가능한 사항이 없어야 한다. 법령에 위반되거나 어긋나지 않아야 하며 문서의 내용이 시행할 수 있는 것이어야 한다는 뜻이다.

셋째, 법령에 규정된 절차에 따라 형식이 정리되어야 한다. 행정기관에서 생산하는 문서이기 때문에 법령에 규정되어 있는 일정한 절차와 형식에 부합해야 한다는 의미이다.

다. 공문서 처리의 원칙

모든 행정행위는 공문서에 의해 이루지게 됨으로 공문서 처리는 정확하고 원칙에 맞도록 처리되어야 하는데 그 원칙을 보면 다음과 같다.

첫째, 즉일로 처리하는 것이 원칙이다. 공문서는 내용에 따라 그 처리 기간이나 방법이 다를 수 있으나, 효율적인 업무수행을 위하여 당일에 처리하는 것이 바람직하다.

둘째, 책임 처리의 원칙이다. 공문서는 분장된 사무에 따라 직무의 범위 내에서 책임성을 가지고 관련 규정에 따라 신속 · 정확하게 처리되어야 한다는 뜻이다.

셋째, 적법성의 원칙이다. 공문서는 법령의 규정에 따라 일정한 형식 및 요건을 갖추어야 하며 권한이 있는 자에 의하여 작성 · 처리되어야 한다.

넷째, 전자처리의 원칙이다. 오늘날은 전자 시스템이 갖추어져 있기 때문에 공문서의 기안 · 검토 · 협조 · 결재 · 등록 · 시행 · 분류 · 편철 등 모든 처리 절차가 전자문서 시스템에서 의해 처리되어야 한다.

라. 공문서의 성립과 효력발생

(1) 공문서의 성립

(가) 성립시기

하나의 문서가 공문서로 성립되는 시기는 당해 문서에 대한 결재권자의 서명(전자문자서명 · 전자이미지서명 및 행정전자서명을 포함)에 의한 결재가 있음으로써 성립한다.

(나) 성립요건

첫째, 정당한 권한이 있는 공무원이 작성해야 한다.
둘째, 직무의 범위 내에서 공무상 작성되어야 한다.
셋째, 결재권자의 결재가 있어야 한다.

(2) 공문서의 효력발생

일반문서의 경우는 당해 공문서가 수신자에게 도달된 때로부터 효력이 발생하고 공고문서의 경우는 고시 또는 공고가 있은 후 5일이 경과한 날로부터 발생한다. 다만, 효력발생 시기가 법령에 규정되어 있거나 공고문서에 별도로 명시되어 있는 경우는 그대로 따른다. 한편 전자문서는 당해 공문서가 수신자의 컴퓨터 파일에 기록된 때로부터 발생한다.

마. 공문서 작성 및 관리

(1) 용지 및 글자의 색깔

공문서에 쓰이는 용지는 특별한 규정이 없는 한 흰색으로 하는 것이 원칙이며 공문서 글자의 색은 검은색 또는 푸른색으로 하되 도표의 작성이나 수정 · 주의 환기 등 특별한 표시를 할 때에는 다른 색을 사용할 수도 있도록 되어 있다. 그러나 황색이나 보라색 · 담홍색 계통의 색은 복사나 모사전송을 통해 발송할 경우 글자가 잘 나타나지 않을 수 있으므로 사용하지 않는 것이 좋다.

(2) 공문서의 수정

공문서를 수정할 경우에는 원안의 글자를 알 수 있도록 삭제 또는 수정하는 글자의 중앙에 가로로 두선을 그어 삭제 또는 수정하고 삭제 또는 수정한 자가 수정한 곳에 서명 또는 날인한다. 그러나 당해 문서에서 특히 중요한 내용을 삭제 또는 수정하는 경우에는 문서의 여백에 삭제 또는 수정한 글자 수를 표시하고 서명 또는 날인한다. 한편 전자문서를 수정하는 경우에는 수정한 내용대로 재작성하여 시행한다. 그러나 만일에 수정 전의 문서를 기안자 · 검토자 또는 결재권자가 보존할 필요가 있다고 인정하는 경우에는 이를 보존해야 한다.

바. 문서의 기안

기안이란 당해 행정기관의 의사를 결정하기 위하여 문안을 작성하는 것을 말한다. 기안자의 자격은 원칙적으로 제한이 없으며 공무원이면 누구든지 기안자가 된다. 즉 직급에 관계없이 분장된 업무에 대하여 그 업무를 담당하는 자나, 해당 업무 처리 담당자로 지정된 자가 기안자가 된다.

기안문의 구성은 일반 기안문(시행문 겸용)은 두문 · 본문 · 결문(또는 두문 · 본문 · 결문 및 붙임)으로 구성한다. 이 경우 본문은 제목 · 내용 및 붙임으로 하는 것을 원칙으로 하며, 전자 문서인 경우에는 본문은 제목 · 내용 및 붙임으로 하거나 제목 및 내용으로 할 수 있다. 전자문서로서 전자 기안문(시행문 겸용)을 표제부와 본문수로 나누는 경우에는 서로 다른 파일 또는 같은 파일로 구성하되, 표제부는 두문 · 본문 중 제목 및 결문으로, 본문부는 제목 · 내용 및 붙임으로 구성할 수 있다. 이 외에 기안과 관련된 몇 가지 사항을 정리해 보면 다음과 같다.

(1) 기안문의 서식

기안문은 행정기관 간에 통일성과 편의성을 도모하기 위하여 일정한 서식을 취하고 있는데 우리나라에서 사용하는 서식은 대체로 다음과 같다.

달나라고등학교

수신 내부결재
(경유)
제목 2020학년도 교내 체육대회 예선전 개최

---

1. 관련: 체육과-12345(2020.01.01)에 의거
2. 2014학년도 본교 ....라 아래와 같이 실시코자 합니다.
    가. 사업명 : 교내 체육대회 예선전 개최
    나. 일 시 : 2020. 1. 1 (토요일) 09:30~16:00
    다. 장 소 : 교내 운동장 및 체육관
    라. 세부계획 붙임 참조
3. 행정사항
    가. 학생의 등교는...
    나. 대회진행 및 생활지도는...
      1)진행요령은...
        가)진행계획서의...
          (1)학생부원들의...
            (가)준비물의 위치는...
              ①선수들의 안전...
                ㉮시상식장의...

붙임 : 교내 체육대회 예선전 개최 시행계획서 1부.(2타) 끝.

달나라고등학교장

20**. .

교사 부장 교감 교장
협조자 행정실장
시행
우 111-222 서울특별시 영등포구 여의도로 999 / http://www.korea.go.kr
전화 02)111-2222 전송 02)222-1111 / simmusic@hanmail.net / 공개

(2) 기안문의 협조 및 결재받기

기안자는 기안 내용이 본인이 속하지 않은 다른 부서와 관련이 있을 경우 결재자의 결재를 받기 전에 그 부서의 협조를 받아야 하며 협조자의 서명이 필요하다. 그런데 협조 부서에서 의견을 달리 할 경우는 당해 문서 또는 별지에 그 의견을 표시하여 결재자의 판단을 구해서 결재를 받아야 한다. 학교에서의 결재자란 학교장을 말하나 당해 학교의 전결 규정에 의하여 교감이나 당해 부서의 부장교사가 될 수도 있다. 결재자가 출장 등으로 부재 중일 때는 그 직무를 대리하는 자에게 대결을 받아 시행할 수도 있으나 반드시 사후에 보고해야 한다.

(3) 간이 기안

상위 기관에 보고하지는 않고 행정기관(학교)에서 내부적으로만 사용할 보고서나 계획서, 검토서 등은 번거롭게 일반기안이나 전자기안을 하지 않고 간이기안문으로 처리할 수 있다. 간이기안문은 왼쪽 상단에 위치한 문서등록의 표시(등록번호, 보존기간, 결재일자 및 공개구분), 오른쪽 상단에 위치한 결재란의 표시(기안자, 검토자, 협조자, 결재권자), 제목, 요약 설명문 표시, 작성일자, 작성 기관 표시 등을 하여 활용한다.

사. 공문서의 시행

(1) 시행의 일반사항

공문서의 시행이라 함은 내부적으로 성립한 행정기관의 의사를 외부로 표시하는 단계로서 문서의 효력을 발생하게 하는 절차를 말하며 시행방법은 다음과 같다.

첫째, 문서시행의 방법으로 일반적으로 문서발송의 방법이 있으며, 여기에는 주로 인편 발송, 우편 발송, 모사전송 발송, 정보통신에 의한 발송의 방법이 있다.

둘째, 단순사항은 전자게시판 또는 홈페이지 게시방법도 시행 방법의 하나이며, 기관장이 소속 공무원 또는 소속기관에 단순 업무에 관한 지시, 단순자료요구 · 업무연락 · 통보, 공지사항, 일일명령 등의 시행문을 전자문서 시스템의 전자게시판 또는 행정기관의 홈페이지를 통해 게시할 때에는 당해 문서를 시행한 것으로 본다. 또한 보조기관 상호 간에 발신하는 문서에 위 내용을 준용한다.

셋째, 문서의 시행은 전자문서로 함을 원칙으로 한다. 다만, 업무의 성격 기타 특별한 사정이 있는 경우에는 종이문서로 시행할 수 있다.

2. 법정 장부로서의 학교생활기록부

학교에 비치해야 할 법정 장부 중에서 가장 중요한 장부는 학생의 학교생활기록부이다. 학교생활기록부(학생부)는 초 · 중등교육법 제25조에 의해 작성되고 관리되는 장부인데 이에는 학생의 학적사항과 교과 성적 등 학교생활 전반에 관련된 모든 기록물로 학생의 재학 기간에는 물론 졸업 후에도 반영구적으로 보존되는 문서로 당해 학생의 진로나 취업 등에 큰 영향을 미치기도 한다. 그런데 그 기록은 교사에 의해 이루어지기 때문에 교사의 업무 중 매우 중요한 업무라고 할 수 있다.

가. 학교생활기록부의 성격

학생의 학교생활기록부는 첫째, 법정 장부로서 반드시 기록해야 하는 작성의 강제성이 있으며, 둘째, 학생을 총체적으로 이해할 수 있는 자료로 진학 및 취업의 자료로 활용되고, 셋째, 학생의 학적에 대한 증명으로서의 성격을 지닌다.

나. 학교생활기록부 작성의 원칙

학교생활기록부는 앞서 언급한 바와 같이 학교의 가장 중요한 법정 장부이기 때문에 그 기록에 있어 다음과 같은 원칙에 입각하여 기록되어야 한다.

첫째, 객관성이 있어야 한다. 학생의 모든 정보는 학교생활 전 기간에 걸쳐 다수의 교사들에 의해 누가 기록되고 활용되므로 객관적 사실에 입각해서 기록되어야 한다.

둘째, 계속성이 있어야 한다. 학생의 성장 발달은 그 자체가 계속적이고 점진적이기 때문에 충실하게 입력되어야 한다.

셋째, 신뢰성이 있어야 한다. 입력되는 정보의 신뢰도를 높이기 위해 측정의 신뢰도, 입력의 정확성을 기하여야 한다.

넷째, 타당성이 있어야 한다. 학생의 학습지도와 생활지도, 진로지도 등에 유익하게 활용될 수 있도록 자료가 타당하게 기록되어야 한다.

다섯째, 해석 가능성이 있어야 한다. 가급적 의미 있고 쉽게 해석될 수 있도록 기재되어야 한다.

여섯째, 실용성이 있어야 한다. 필요한 곳에 유용하게 활용될 수 있도록 기록되어야 한다.

일곱째, 포괄성이 있어야 한다. 학습지도, 생활지도, 상담 및 가정통신, 진학, 취업, 유학 등에 필요한 각종 증명 자료로 제공됨으로 기록되는 모든 정보는 포괄적이어야 한다.

여덟째, 경제성이 있어야 한다. 최소의 정보로 최대의 활용 가치가 있도록 작성되어야 한다.

다. 처리요령 및 자료입력

(1) 처리요령

첫째, 전산처리를 위한 자료의 입력은 당해 업무를 담당하는 사용자가 수행함을 원칙으로 한다.

둘째, 모든 문자는 한글로, 숫자는 아라비아 숫자로 입력한다.

셋째, 학생생활기록부 작성에 필요한 보조부는 각 학교의 실정에 알맞게 계획을 수립하여 작성 · 활용하되 전산입력 후 출력물로 대신할 수 있다.

넷째, 학생이 전학할 때 원적교에서는 재학 당시까지의 상황을 입력한 학교생활기록부 전산자료, 용지에 출력한 출력물 및 향후 학교생활기록부 작성에 필요한 각종 자료를 전 · 편입학하는 학교로 이송하고 원적교에서는 그 사본을 보관한다.

(2) 자료의 입력 사항

학생생활기록부는 학생생활기록부취급요령(교육과학기술부 훈령 제459호)에 의거 · 기록되고 있는데 학생의 학교생활에 관련된 모든 것을 기록해야 함으로 그 주요 입력사항을 열거해 보면 다음과 같다.

① 인적사항

첫째, 학생과 보호자의 인적사항은 기본적으로 기록해야 할 사항이다.

둘째, 인적사항이 변경된 경우 학교생활기록부 정정대장에 입력한 후 정정한다.

셋째, 학생의 주소는 주민등록등본상의 주소와 일치하는 것을 원칙으로 한다. 외국인의 경우는 '외국인등록증'상의 성명과 성별을 기록한다.

② 학적사항

첫째, 중 · 고등학교에서는 입학 전 전적학교의 졸업 연월일과 학교명을 입력하며, 검정고시 합격자는 합격 연월일과 '검정고시합격'이라고 입력한다.

둘째, 재학 중 학적변동이 발생한 경우에는 전출교와 전입교에서 각각 학적변동이 발생한 일자, 학교와 학년, 학적변동 내용을 입력한다.

셋째, '특기사항'란에는 학적변동의 사유를 입력한다.

③ 출결사항

첫째, '수업일수'는 초 · 중등교육법시행령 제45조의 규정에 의하여 학교장이 정한 학년별 학생이 연간 총 출석해야 할 일수를 입력한다.

둘째, '결석일수'나 '지각', '조퇴', '결과'는 질병과 무단 또는 기타로 구분하여 연간 총일수 또는 횟수를 각각 입력한다.

셋째, 재취학 등 학적이 변동된 학생의 동 학년의 수업일수 및 출결상황은 학적변동 전(원적교)의 것과 변동 이후의 것을 합산하여 입력한다.

넷째, '특기사항'란에는 특기사항 및 학급 담임교사의 의견을 입력한다.

④ 수상경력

첫째, 재학 중 학생이 교내 · 외에서 수상한 상의 명칭, 등급(위), 수상 연월일, 수여기관명, 참가대상을 입력한다. 교과와 관련된 상은 2010년부터 입력하지 않음. 중학교는 교과특기사항에 기록함. 고등학교는 입력함.

둘째, 교외에서 수상한 상의 입력 범위는 교육과학기술부와 시 · 도(지역)교육청이 주최 및 주관한 대회, 학교장의 추천으로 참가하여 수상한 실적에 한하며, 표창(선행, 효행, 모범 등)의 경우도 위의 범위와 같다.

셋째, 동일한 작품이나 내용으로 수준이 다른 상을 여러 번 수상하였을 경우, 최고 수준의 수상 경력만을 입력한다.

⑤ 자격증 및 인증 취득사항

첫째, 학생이 취득한 자격증과 인증의 명칭 또는 종류, 번호 또는 내용, 취득 연월일, 발급기관을 입력한다.

둘째, 자격증은 국가기술자격법에 의한 국가기술자격증, 개별 법령에 의한 국가자격증, 자격기본법에 의한 국가공인을 받은 민간자격증에 한하며, 자격증과 인증은 원본을 대조한 후에 취득한 순서대로 입력한다. 중학교는 2010년부터 기록하지 않음.

⑥ 진로지도사항

첫째, 학기 중에 진로지도를 실시하여 파악한 학생의 특기 또는 흥미, 학생과 학부모의 진로 희망을 입력한다.

둘째, '특기사항'란에는 흥미 · 적성 · 심리검사 결과, 담임교사, 상담교사, 교과담당교사가 상담 · 권고한 내용 등 기타 진로지도와 관련된 사항을 종합하여 학년말에 담임교사가 입력한다.

셋째, 제2항의 규정에 의한 누가기록은 각 학교의 실정에 알맞게 계획을 수립하여 작성 · 활용하되, 전산 입력하여 관리함을 원칙으로 한다.

⑦ 창의적 체험활동상황

첫째, 창의적 체험활동의 4개 영역별(자율활동, 동아리활동, 봉사활동, 진로활동) 활동내용, 평가방법 및 기준은 교육과정을 근거하여 학교별로 정하여 활동하고 이수시간 및 특기사항을 종합적으로 기록한다.

둘째, 봉사활동 실적은 연간 실시한 봉사활동의 일자, 기간, 장소, 주관기관명, 활동내용, 시간 등을 자세히 입력한다.

셋째, 진로활동의 특기사항에는 활동참여도, 활동의욕, 태도의 변화와 담임, 상담 교과담당교사가 상담 · 권고한 내용 등 진로지도와 관련된 사항을 종합하여 입력한다.

⑧ 교과학습발달상황

첫째, 교과학습발달상황의 평가는 '교과학습발달상황 평가 및 관리'에 의거 시행한다.

둘째, 중학교는 평가에 따라 '교과', '과목', '성취도', '석차(동석차수)/재적수'을 산출하여 각 학기말에 입력한다. 다만, 체육 · 음악 · 미술 교과의 과목

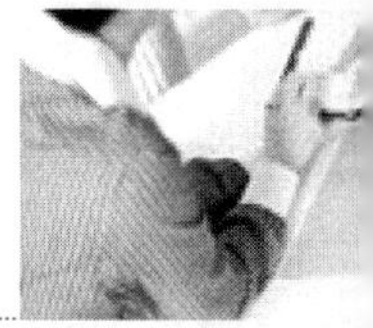

은 '교과', '과목', '등급', 특기사항'을 입력한다.

셋째, 고등학교는 평가에 따라'교과', '과목', '단위 수', 원점수/과목평균(표준편차)', '석차등급(이수자수)'를 산출하여 각 학기말에 입력한다. 다만, 전문교과 중 체육 · 예술에 관한 교과의 과목을 제외한 체육 · 음악 · 미술교과의 과목은 '교과', '과목', '등급', '특기사항'을 입력한다.

넷째, 중 · 고등학교의 '비고'란에는 학교 간 통합 선택교과 이수, 학적변동으로 인한 이수 과목 상이 등 교육과정 운영에 따른 특기사항에 관한 내용을 간략하게 입력한다.

다섯째, '세부능력 및 특기사항'란에는 과목과 관련된 세부능력 및 수행평가, 학습활동 참여도 및 태도 등을 특기할 만한 사항이 있는 과목 및 학생에 한하여 간략하게 입력한다.

여섯째, 고등학교의 일반선택 교양과목군(한문, 교련, 교양) 중 교양교과는 과목명, 이수 단위 및 이수여부를 입력하고 평가는 '세부능력 및 특기사항'란에 특기할 만한 사항이 있는 과목 및 학생에 한하여 간략하게 문장으로 입력한다.

⑨ 독서활동상황

첫째, 고등학교의 개인별 · 교과별 독서활동상황은 독서활동에 특기할 만한 사항이 있는 학생을 대상으로 학기말에 입력한다.

둘째, 독서분야, 독서에 대한 흥미, 이해 수준 등을 종합 서술형으로 정리하여 교과지도 교사가 입력하는 것을 원칙으로 하되, 담임교사도 입력할 수 있다.

⑩ 행동특성 및 종합의견

행동특성 및 종합의견은 수시로 관찰하여 누가기록된 행동특성을 바탕으로 총체적으로 학생을 이해할 수 있는 종합의견을 문장으로 입력한다.

⑪ 기타 사항

첫째, '졸업대장번호'란은 졸업대장의 번호를 입력한다.

둘째, '구분'란은 학생의 학과, 반, 번호 및 담임성명을 입력하고, 변경사항이 있을 경우에는 변경 전 · 후의 내용을 함께 입력하며, ' 전공 · 과정'란에는 전문계 고등학교의 학기별 전공코스 이수, 산업체 실습과정 또는 일반계 및 기타계 고등학교의 개인별 과정선택 등 교육과정 이수에 따른 특기사항을 입력한다.

셋째, '사진'란에는 입학년도에 촬영한 천연색 상반신 사진 1매를 입력하며, 졸업학년도에는 졸업학년도에 촬영한 사진으로 교체 입력한다.

⑫ 자료의 보존

첫째, 학교의 장은 공공기관의 기록물 관리에 관한 법률 및 동법 시행령에 의거 학교생활기록부 I을 준영구 보존해야 한다.

둘째, 단, 초 · 중 · 고 및 특수학교의 특수교육대상자 중 특수학교 기본교육과정을 적용하는 학생에 대하여는 교과학습발달상황 항목에 '세부능력 및 특기사항'란을 포함하여 준영구 보존해야 한다.

셋째, 학교의 장은 학교생활 세부사항 기록부(학교생활기록부 II)의 전산자료와 종이출력물을 학생 졸업 후 5년 동안 보존하여야 하며, 보존기간이 종료된 후 폐기 처분하여야 한다. 단, 고등학교는 상급학교 입학전형 자료로 활용할 수 있도록 학교생활 세부사항기록부(학교생활기록부 II)를 전산매체로 5년간 추가 보존한다.

제 10 장

인사 및 복무

1. 신규임용
2. 기간제 교사의 임용
3. 승급제도
4. 전보제도
5. 승진제도
6. 교내 인사자문위원회
7. 휴가제도
8. 휴직 및 복직
9. 상훈 및 징계

인사와 복무는 교원의 권리와 의무, 즉 권익과 직접적으로 관련이 있는 내용들을 말한다. 따라서 이는 각종 법규로 규정되어 있는데, 즉 국가공무원법, 교육공무원법, 교육공무원 임용령, 교육공무원 승진규정, 초 · 중등교육법 및 동 시행령 · 교육공무원 인사관리 규정, 교원의 연수 관한 규정, 승진규정과 이에 따른 인사업무 처리요령, 각 시 · 도의 교원관련 예규 및 복부규정 등에 상세하게 규정되어 있는데 이들 법규에서 주요한 사항들을 발췌하여 알아보기로 한다.

1. 신규임용

교사의 신규임용은 교원자격증을 가진 자를 대상으로 국 · 공립학교는 이른바 임용고사를 통하여 임용하며 사립학교는 해당 학교 나름의 선발 규정을 통하여 임용하고 있다. 각 시 · 도에서 시행하는 임용고사에 합격하면 종합성적순으로 임용후보자 명부를 작성하여 해당 교과별로 임용하는데 명부의 유효 기간은 작성일로부터 1년이며 1년의 범위 안에서 연장이 가능하도록 되어 있다. 그러나 대부분 임용 예정인원에 맞추어 선발하기 때문에 특별한 사유가 없는 한 유효기간 내에 임용되고 있다. 이와 관련되는 몇 가지 참고 사항을 정리해 보면 다음과 같다.

가. 응시연령

과거에는 교사 임용교사에 있어 응시 연령에 제한을 두었으나 현재는 특별한 제한이 없다.

나. 응시자격

해당교과목의 준교사 자격증 이상 교원자격증 소지자 및 부전공 표시과목 교원자격증을 소지하였거나 교원자격취득예정자(졸업예정자)로 한국사능력검정 3급 이상 합격한 자 결격사유로는 다음과 같은 것이 있다.

· 금치산자 또는 한정치산자
· 파산자로서 복권되지 아니한 자
· 금고 이상의 형을 받고 집행 종료 또는 집행유예가 확정된 후 5년 미경과자
· 금고 이상의 형을 받고 집행유예 완료 후 2년 미경과자
· 금고 이상의 형의 선고 유예자
· 법원의 판결 또는 다른 법률에 의하여 자격 상실 또는 정지된 자
· 징계에 의하여 파면 처분을 받은 때로부터 5년 미경과자
· 징계에 의한 해임 처분을 받은 때로부터 3년 미경과자

다. 임용 후보자 시행

임용후보자 선정 경쟁 시험은 각 시 · 도별로 1, 2차에 걸쳐 전형이 실시되며,
(1) 1차는 3교시로 전체가 응시한다.
· 교육학(논술형, 20점, 60분),
· 전공A(기입형 · 서술형, 각 20점, 90분),
· 전공B(서술형 · 논술형, 각 20점, 90분)
(2) 2차는 1차에 합격한 자 응시
· 실기평가(30점, 해당: 체육, 음악, 미술),
· 교수 · 학습지도안작성(15점/예체능 10점, 60분) 수업실연(45점/예체능 20점, 20분),
· 교직적성 심층면접(40점, 10분)
※ 배정시간 및 배점은 각 시 · 도에서 정한다.

2. 기간제 교사의 임용

각급 학교에서는 교사의 휴직, 장기 병가, 연가 등의 사유에 따라 수업 결손을 보충하거나 특별한 교과의 수업을 위하여 기간제 교원을 임용하여 교육의 효율성을 기할 수 있다. 기간제 교원의 임용에 관한 내용을 간략히 정리해 보면

다음과 같다.

① 기간 : 1년 이내, 3년 연장 가능하며 4년까지 근무할 수 있음
② 임용권자 : 해당 학교장
③ 임용대상자 : 해당 교과의 자격증 소지자
④ 보수 : 공무원보수규정 제8조에 의거 산정된 호봉(계약기간 동안 고정급)

3. 승급제도

승급이란 공무원 보수규정에 의해 호봉을 획정하는 것으로 이를 간략히 살펴보면 다음과 같다.

가. 교사의 호봉 획정

교사의 호봉 획정은 기산 호봉에 학령에서 16년을 뺀 후 가감 연수와 환산 경력 연수를 합하여 결정한다. 기산 호봉은 1급 정교사는 9호봉, 2급 정교사는 8호봉으로 되어 있으며 여기에 가감연수와 법령에 의한 환산 경력 연수를 합하면 교사의 호봉이 확정된다.

나. 정기승급

① 정기승급기간 : 교육공무원의 호봉 간 승급에 필요한 기간은 1년이다.
② 정기승급일은 매월 1일자로 승급한다.

다. 승급의 제한

① 징계처분기간 · 직위해제기간 · 휴직기간은 승급이 제한된다.
② 단, 병역휴직이나 노조전임휴직, 육아휴직 등 일부 휴직의 경우에는

복직 시 동 휴직기간을 승급기간에 포함시킨다.

③ 공무상 질병휴직의 경우에는 일반 재직자와 같이 휴직 중일지라도 승급일에 승급할 수 있다.

표 14 〈휴직과 호봉승급〉

휴직의 종류	호봉승급기간 포함 여부
질병휴직	호봉승급기간에서 제외(공무상 질병인 경우에는 포함)
병역휴직	호봉승급기간에 포함
생사불명	호봉승급기간에서 제외
법정의무수행	호봉승급기간에 포함
고용휴직	상근 100% 산입(비상근인 경우 50% 산입)
국내연수휴직	휴직기간 중 승급제한 (단, 상위자격이나 학위를 취득하였거나 교육경력의 산입으로 호봉을 재획정할 필요가 있을 때에는 호봉 재획정)
육아휴직	최초 1년의 범위 내에서 호봉승급기간에 포함
간병휴직	호봉승급기간에서 제외
동반휴직	호봉승급기간에서 제외
노조전임휴직	호봉승급기간에 포함

4. 전보제도

전보(轉補)란 교육공무원의 동일 직위 및 자격 내에서 근무기관이나 부서를 달리하는 임용을 말한다.

가. 전보계획 수립

교원의 전보는 안정된 교직 수행과 장기 근무로 인한 침체를 방지하기 위하여 시행하는 것으로 임용권자는 합리적인 계획을 세워 신중하게 시행해야 하는데 그 원칙을 살펴보면 다음과 같다.

첫째, 임용권자는 소속 교원이 동일 직위에 있어서의 장기근무로 인한 침체를 방지하기 위하여 매년 전보계획을 수립하여 전보를 하여야 한다.

둘째, 임용권자는 교원의 생활근거지 근무 또는 희망근무지 배치를 최대한으로 보장하여 사기진작 및 생활안정을 도모하고 전보의 공정성을 확보하기 위하여 최대한 노력하여야 한다.

셋째, 시 · 도교육감 또는 교육장이 교원 전보계획을 수립할 때에는 관할지역 내의 국립학교 소속 교원을 포함하여야 한다. 국립학교의 장은 시 · 도교육감 또는 교육장의 인사원칙에 따라야 하며, 국립학교에서 공립학교로 전보될 자는 국립학교의 장이 선정하고, 공립학교에서 국립학교로 전보될 자는 시 · 도 교육감 또는 교육장으로부터 임용예정 인원의 3배수 범위 내에서 추천을 받아 국립학교의 장이 선정한다.

나. 전보구역

임용권자는 전보를 함에 있어 거리 · 교통 등 지리적 요건과 문화시설의 보급 등을 고려하여 설정한 인사구역 및 인사구역별 근무기간 등을 정한 전보구역에 대한 전보기준을 전보 발령 3개월 이전에 공개하여야 한다.

다. 정기 및 비정기 전보

(1) 정기전보

첫째, 교원의 학교 간 전보는 임용권자가 정하는 기간 동안 동일 직위에 근속한 자를 대상으로 정기적으로 실시한다. 다만, 교육상 특히 필요하다고 인정할 때에는 임용권자가 정하는 기간 동안 전보를 유예할 수 있다.

둘째, 임용권자가 소속 교육공무원에 대하여 전보 희망자가 적은 지역에 장기근무를 하게 할 때에는 임용권자가 정하는 특별한 경우를 제외하고는 당해 교육공무원의 근무성적이 '우' 이상이어야 한다.

셋째, 교육부장관이 지정한 특성화 고등학교(종합고등학교를 포함)에 근무하는 교장 · 교감 및 전문교과 담당 교사에 대하여는 위의 규정에도 불구하고 근속기간에 제한을 두지 아니할 수 있으며, 당해 학교장의 추천에 의하여 전보할 수 있다.

(2) 비정기 전보

임용권자는 교육상 전보가 불가피하다고 인정할 때에는 동일 직위 근속기간이 정기 전보기간 이내라 하더라도 전보할 수 있으나 교권이 침해되지 않도록 신중해야 하며 전보기준에 비추어 보편타당한 사유가 있어야 한다.

5. 승진제도

승진(昇進, promotion)이란 직위 분류제에서는 하위 직급에서 상위 직급으로, 계급제에서는 하위계급에서 상위계급으로 종적 · 수직적인 이동을 의미하며 이에 따라 보수가 올라가고 직무의 곤란도와 책임의 확대를 수반한다. 교육공무원의 경우 승진이란 교사에서 교감 – 교장으로 직급이 수직 이동하는 것을 말한다. 교원이 장학사나 교육연구사 등 교육전문직으로 이동하는 것은 승진이라 하지 않고 전직이라고 한다.

대체로 교육공무원의 승진 규정은 기본적으로 경력 평정점수, 연수성적 평정점수, 근무성적 평정점수, 각종 가산점수 등을 합산하여 작성한 순위를 바탕으로 이루어지는데 세부적인 내용은 시 · 도교육청별로 차이가 있다. 참고로 근무성적 평정에 대해 알아보면 다음과 같다.

(1) 기준일 : 매년 12월 31일
(2) 평정자 : 교감(30점)
(3) 확인자 : 교장(40점)

(4) 동료고사의 다면평가(30점)

(5) 합계 : 100점 만점

(6) 평정 요소

① 자질 및 태도(20점)

· 교육자로서의 품성 : 10점

· 공직자로서의 자세 : 10점

② 근무실적 및 근무 수행 능력(80점)

· 학습지도 : 40점

· 생활지도 : 20점

· 교육연구 및 담당업무 : 20점

6. 교내 인사자문위원회

가. 교내 인사자문위원회의 조직의 배경

교내 인사자문위원회의 설치에 대한 법적 근거는 '교육공무원 인사관리 규정'과 '단위학교별 교원인사자문위원회 구성 · 운영 지침' 그리고 전국교원노동조합과 교육청간 맺은 단체협약 등이다. 공립 중 · 고등학교의 경우는 인사자문위원회가 명칭 그대로 자문기구로 되어 있으며 사립 중 · 고등학교의 경우는 심의기구로 되어 있다. 이는 학교 구성원들이 민주적인 학교 인사 규정을 만드는 일과 학교장의 독단적인 인사를 견제하자는 데 그 목적이 있다고 하겠다.

나. 교원인사자문위원회의 구성 및 역할

단위학교별 교원인사자문위원회는 교감을 위원장으로 하고 교사위원은 교사의 성별, 경력별, 과목별 등을 고려, 모든 계층의 교원을 대표할 수 있는 대표성을 가져야 하며 교원들이 자율적으로 민주적 절차에 따라 구성해야 한다. 회의 및 회의결과는 공개를 원칙으로 하고 있으며 세부운영 규정은 교원인사자문위원회의 협의를 거쳐 학교장이 결정한다. 여기에서 협의된 사항은 위원장인 교감이 학교장에게 전달하며 학교장은 이를 참고하여 교내 인사를 단행해야 하는데 교원인사자문위원회에서 협의되는 사항은 대체로 다음과 같다.

· 학급담임 배정, 보직교사 임명에 관한 사항
· 교무분장에 관한 사항
· 연수, 상벌, 파견, 훈 · 포장에 관한 사항
· 기타 인사 관련 사항

7. 휴가제도

교원의 후생복지와 관련하여 교원도 법령에 따라 휴가를 실시할 수 있는데 교원의 휴가에 대한 법령으로는 교원을 비롯하여 모든 공무원에게 통용되는 (1) 국가공무원 복무규정 제3장 휴가(대통령령 제18892호, '05. 6. 30), (2) 공무원 근무사항에 관한 규칙(총리령 제600호, '96. 12. 31), (3) 공무원 휴가업무예규(행정자치부예규 제223호, '06. 11. 1) 등과 교원의 휴가실시에 관한 특례(공무원 휴가업무예규)에 의해 운영되고, (4) 재식기간은 휴식, 정식, 직위해제 기간을 근무기간에 산입하지 아니한다. 다만 육아휴직 및 법령에 의한 의무수행이나 공무상 질병 또는 부상으로 인한 휴직은 근무기간에 산입한다.

한편 교육공무원법 제2조 제1항 제1호는 교원의 휴가는 교직의 특성을 감안하여 교육과학기술부장관이 학사일정 등 사정을 고려하여 따로 정할 수 있도록 하고 있다.

가. 휴가제도의 운영

(1) 휴가의 실시 원칙

(가) 교원의 휴가는 연가 · 병가 · 공가 · 특별휴가로 구분한다.

(나) 기관장 또는 학교의 장은 휴가를 허가함에 있어 소속교원이 원하는 시기에 법정휴가일수가 보장되도록 하되, 연가와 특별휴가는 학생들의 수업 등을 고려하여 부모생신일 또는 기일 등을 제외하고는 특별한 사유가 없는 한 방학 중에 실시하고, 휴가로 인한 수업결손 등이 발생하지 않도록 필요한 조치를 취하여야 한다.

(2) 휴가일수의 계산

(가) 연가 · 병가 · 공가 및 특별휴가는 별개의 요건에 따라 운영되므로 그 휴가일수의 계산은 휴가 종류별로 따로 계산한다.

(나) 휴가기간 중의 공휴일과 주 5일 수업제의 휴무 토요일은 그 휴가일수에 산입하지 않으나, 휴가일수가 연속하여 30일 이상 계속되는 경우와 경조사 특별휴가는 휴가기간 중의 모든 토요일을 휴가 1일로 처리한다.

(3) 휴가 실시 등에 있어 유의할 점

(가) 휴가 중에 긴급 시 연락이 가능하도록 연락체계를 유지하여야 한다.

(나) 교원이 휴가를 실시함에 있어서는 수업 및 담당사무 등을 학교장이 정한 자에게 인계하여 업무의 연속성을 유지하여야 한다.

(4) 휴가 종류별 실시방법

(가) 연가(年暇)

연가란 교원을 포함한 공무원이 1년 동안 유급으로 휴가를 받을 수 있는 기간을 말하는데 재직기간별로 그 기일을 달리하고 있다.

연가일수가 9일 이상(재직기간 1년 이상)인 교원은 본인 및 그 배우자의 부모 생신일 또는 기일 중, 적어도 2일 이상은 연가를 실시하여 경로 효친사상을 고양하도록 한다. 또한 지참, 외출, 조퇴, 반일연가의 누계가 8시간이 되면 1일 연가로 계산한다.

표 15 〈재직기간에 따른 연가일수〉

재직기간	연가일수	재직기간	연가일수
3월 이상 6월 미만	3일	3년 이상 4년 미만	14일
6월 이상 1년 미만	6일	4년 이상 5년 미만	17일
1년 이상 2년 미만	9일	5년 이상 6년 미만	20일
2년 이상 3년 미만	12일	6년 이상	21일

※ 연가는 1월 1일부터 12월 31일까지 1년 단위로 계산하며, 사용 가능 기간 중 미사용 연가에 대해서는 다음해에 재직기간별 연가일수에 각각 1일(합계 2일)을 가산하여 사용할 수 있다. 다만 지참, 외출, 조퇴 등 8시간 미만으로 사용했을 경우 대상이 된다.

(나) 병가(病暇)

병가란 질병으로 업무 수행을 할 수 없을 때 얻는 휴가를 말하는 것으로 일반병가는 질병 또는 부상으로 인하여 직무를 수행할 수 없을 때, 전염병의 이환으로 인하여 교원의 출근이 다른 교원이나 학생 건강에 영향을 미칠 우려가 있을 때 연 60일의 범위 안에서 허가하며, 질병이나 부상으로 인한 지참 · 조퇴 및 외출은 구분 없이 누계시간으로 계산하여 누계 8시간을 병가 1일로 처리한다.

공무상 병가는 공무상 질병 또는 부상으로 직무를 수행할 수 없거나 요양을 요할 경우에 연 180일의 범위 안에서 허가한다. 다만, 병가사유가 동일한 경우에는 연도의 구분 없이 180일의 범위 안에서 허가한다.

한편 병가일수 1월 1일부터 12월31일까지 1년 단위로 계산하며, 전년도 병가

사용일수에 관계없이 연도가 바뀌면 새로 시작한다. 다만, 공무상 병가에 있어서 병가사유에는 그러하지 아니한다. 그리고 진단서를 제출하여야 함에도 제출하지 못한 병가는 이를 연가일수에서 공제하고 병가일수에는 산입하지 아니하며 병가 기간에는 보수 전액을 지급한다.

(다) 공가(公暇)

공가란 공적인 업무에 의하여 근무를 할 수 없을 때 해당 사유에 의해 학교장으로부터 허가를 얻는 것을 말하는데 그 사유는 다음과 같다.

① 병역법 기타 다른 법령에 의한 징병검사 · 소집 · 검열 · 점호 등에 응하거나 동원 또는 훈련에 참가할 때
② 공무에 관하여 국회 · 법원 · 검찰 기타 국가기관에 소환된 때
③ 법률의 규정에 의하여 투표에 참가할 때
④ 승진 · 전직 시험에 응시할 때
⑤ 원격지간의 전보발령을 받고 부임할 때
⑥ 국민건강보험법시행령 제26조에 의한 건강검진을 받을 때
⑦ 교원연수에 관한 규정 제13조에 의한 외국어 능력시험에 응시할 때
⑧ 올림픽 전국체전 등 국가적인 행사에 참가할 때
⑨ 천재 · 지변 · 교통차단 기타의 사유로 출근이 불가능할 때
⑩ 혈액관리법시행령 제2조의 규정에 의하여 헌혈에 참가할 때
⑪ 교원의 노동조합 설립 및 운영 등에 관한 법률 제6조에 의한 단체교섭위원으로 참석할 때와 교원의 노동조합 설립 및 운영 등에 관한 법률 시행령 제3조 3항에 의한 교섭관련협의를 위하여 지명된 자로 참석할 때
⑫ 교육기본법 제15조에 의한 교원단체(예, 한국교원단체총연합회)가 교원 지위 향상을 위한 교섭 · 협의에 관한 규정 제2조 교섭 · 협의 당사자로 지명된 소속 교원이, 교원 지위 향상을 위한 특별법에 의한 교섭 · 협의 위원으로 단체교섭 및 협약체결을 위해 참석할 때

(라) 특별휴가

① 경조사 휴가

경조사 휴가란 용어 그대로 결혼식과 같은 경사나 상을 당했을 때 받을 수 있는 휴가로 사안별로 정해진 휴가일수는 다음 〈표 16〉과 같다.

표 16 〈경조사 구분에 따른 휴가 일수〉

구분	대상	일수
결혼	본인	5
	자녀	1
출산	배우자	5
사망	배우자, 본인 및 배우자의 부모	5
	본인 및 배우자의 조부모 · 외조부모	2
	자녀와 그 자녀의 배우자	2
	본인 및 배우자의 형제 자매	1

② 출산휴가

㉮ 임신 중의 교원에 대하여 출산의 전후를 통하여 90일의 출산 휴가를 허가하여야 하고, 휴가기간의 배치는 산후에 45일 이상이 되어야 한다. 다만, 휴가 기간의 배치는 의료기관의 진단서에 의한 출산 예정일을 기준으로 하되, 조산의 우려 등 특별한 경우는 예외를 인정한다.

㉯ 임신 16주 이후 유산 또는 사산한 경우로서 교원이 신청하는 때에는 다음 기준에 따라 유산 · 사산휴가를 주어야 함. 다만, 인공임신중절수술(「모자보

건법」 제14조 제1항의 규정에 의한 경우는 제외)에 의한 유산의 경우는 휴가를 부여하지 않는다.

③ 여성보건휴가

㉮ 여자교원은 매월 생리기와 임신한 경우 정기점진 등을 위하여 매월 1일의 여성 보건휴가를 얻을 수 있다. 이 경우 유급으로 처리한다.

㉯ 보건휴가의 취지상 폐경기가 도래한 여성은 보건휴가를 얻을 수 없다. 이 경우 의사의 진단서로 증명할 수 있다.

㉰ 보건휴가는 1일로 사용하는 것이므로 분리하여 2일 사용은 할 수 없다.

④ 육아휴가

㉮ 생후 1년 미만의 유아를 가진 여자교원은 1일 1시간의 육아시간을 얻을 수 있으며, 허가대상 여부는 병원의 출생증명서 또는 주민등록등본으로 확인한다.

㉯ 육아시간은 본인의 신청에 따라 수업 등 학생지도에 지장이 없는 범위 내에서 근무 시간 중의 적절한 시간을 선택하여 유아가 만 1세가 되는 날의 전일까지 허가한다(예시 : 1시간 또는 30분 늦게 출근하거나, 1시간 또는 30분 일찍 퇴근 또는 근무시간 중 1시간 활용).

㉰ 육아시간의 허가는 근무상황부에 사용기간과 매일의 사용시간을 기재하여 일괄 결재로 처리하고, 사용시간이 변경될 경우에는 다시 결재를 받아야 한다.

⑤ 수업휴가

㉮ 한국방송통신대학교에 재학 중인 교원은 「한국방송통신대학교 설치령」에 의한 출석 수업에 참석하기 위하여 연가일수를 초과하는 출석 수업에 대하여 수업휴가를 얻을 수 있다.

㉯ 본인의 법정연가일수를 먼저 사용한 후에 부족한 일수에 한하여 수업휴가

가 인정되므로 출석수업 전 연가사용은 불가피한 경우로 제한하여야 한다.

⑥ 재해구호휴가

㉮ 수해 · 화재 · 붕괴 · 폭발 등의 재해 또는 재난으로 인하여 피해를 입은 교원과 재해 또는 재난발생지역에서 자원봉사활동을 하고자 하는 교원은 5일 이내의 재해구호휴가를 얻을 수 있다.

㉯ 학교의 장은 재해 또는 재난의 피해 정도, 피해지역에 대한 자원봉사활동의 필요성, 학생수업상의 지장유무 등을 판단하여 신중하게 허가하여야 하며 이를 남용하지 않아야 한다.

(5) 공무 외의 국외여행

① 기본방침

㉮ 교원의 공무 외 국외여행은 휴업일(여름 · 겨울 및 학기말 휴업일을 말함) 중에 실시함을 원칙으로 한다.

㉯ 교원의 전문성 신장을 위하여 휴업일 중 공무 외의 자율연수 목적의 국외여행 기회를 부여한다.

㉰ 공무 외 자율연수 목적의 국외여행 인정범위 및 절차 등에 관한 세부적인 사항은 시 · 도 교육감(국립은 총장 또는 학교장)이 정한다.

② 실시 방법 및 기간

본인 또는 친인척의 경조사, 질병의 치료, 친지방문, 견문목적, 취미활동, 가족 기념일 여행, 기타 필요한 경우에 시행할 수 있는데 그 기간은 다음과 같다.

㉮ 본인 또는 친인척의 경조사 및 본인의 긴급한 질병치료 등 특별한 경우를 제외하고는 학교교육에 지장이 없는 휴업일 중 휴가기간의 범위 안에서 공무 외의 목적으로 국외여행을 할 수 있다,

㈏ 교원(교육공무원법 제2조 제1항 제1호)이 여름 · 겨울 및 학기말 등의 휴업일에 공무외의 국외여행을 할 경우에도 국가공무원 복무규정에 의한 휴가일수의 범위 안에서 실시한다. 다만, 교육공무원법 제41조의 규정에 의한 연수목적의 국외여행은 별도이다.

8. 휴직 및 복직

가. 휴직제도의 의의

공무원이 재직 중 특정한 사유로 직무에 종사할 수 없는 경우에 면직시키지 아니하고 일정기간 동안 신분을 유지하면서 직무에 종사하지 않고 질병치료, 법률상 의무 이행, 능력 개발을 위한 연수 기회를 부여하는 등 공무원의 신분을 보장하기 위한 제도이다.

나. 휴직사유 및 휴직기간

(1) 직권휴직

직권휴직이란 교육공무원으로서 재직 중 일정한 사유로 인해 직무에 종사할 수는 없을 때 면직시키지 아니하고 신분을 보유하게 하는 제도로써 발령권자가 직권으로 휴직 처리하는 것을 말하는데 그 사유와 기한은 다음과 있다.

(가) 신체 · 정신상의 장애로 장기요양을 요할 때 : 1년 이내

(나) 병역법에 의한 병역의 복무를 위하여 징집 또는 소집되었을 때 : 복무기간

(다) 천재 · 지변 또는 전시 · 사변이나 기타의 사유로 생사 또는 소재가 불명하게 된 때 : 3월 이내

(라) 기타 법률의 규정에 의한 의무를 수행하기 위하여 직무를 이탈하게 된 때 : 의무복무기간

(마) 교원의 노동조합 설립 및 운영 등에 관한 법률 제5조의 규정에 의하여

노동조합 전임자로서 종사하게 된 때 : 전임기간

(2) 청원휴직

청원휴직이란 교육공무원으로서 재직 중 일정한 사유가 있어 본인의 청원에 의해 발령권자가 휴직을 허락하되 면직시키지는 아니하고 신분을 보유하게 하는 제도로써 그 사유와 기간은 다음과 같다.

(가) 학위취득을 목적으로 해외유학을 하거나 외국에서 1년 이상 연구 또는 연수하게 된 때 : 3년 이내(학위취득의 경우 3년 연장 가능)

(나) 국제기구 · 외국기관 또는 재외국민교육기관에 고용된 때

(다) 6세 미만~만 8세 이하의 자녀를 양육하기 위하여 필요하거나 여교원이 임신 또는 출산하게 된 때 : 여교원인 경우 2년 연장이 가능하며, 남자의 경우 1년 이하이다.

(라) 교육부장관이 지정하는 국내의 연구기관이나 교육기관 등에서 연수하게 된 때 : 3년 이내

(마) 사고 또는 질병으로 장기간의 요양을 요하는 부모, 배우자, 자녀 또는 배우자의 부모의 간호를 위하여 필요한 때 : 1년(재직기간 중 총 3년 이내)

(바) 배우자가 외국근무를 하게 되거나 제5호에 해당하게 된 때 : 3년 이내(3년 연장 가능. 단, 총 휴직기간은 배우자의 국외근무, 해외유학 · 연구 또는 연수 기간을 초과할 수 없음)

(3) 휴직기간 동안의 처우

휴직기간 동안의 처우에 대하여는 국가공무원법 제73조 및 공무원 보수규정 제28조의 규정에 따르도록 되어 있는데 이에 의하면 다음과 같다.

(가) 신분은 보유하나 직무에 종사하지는 못한다.

(나) 휴직기간 중 휴직사유가 소멸되면 30일 이내에 신고해야 하며 지체 없이 복직 발령된다.

(다) 휴직기간이 만료되면 30일 이내 복직신고를 해야 하고 당연 복직된다.

(라) 육아휴직에서 보수는 지급 안하고 수당을 1년까지 40% 지급하나 상한선 100만원과 하한선 50만원으로 지급액을 제한한다.

(마) 신체 · 정신상의 장애로 인한 휴직은 봉급의 7할을 지급한다.

(바) 결핵성 질환으로 인한 휴직은 봉급의 8할을 지급한다.

(사) 공무상 질병으로 인한 휴직은 봉급 전액을 지급한다.

(아) 해외유학 또는 1년 이상 국외연수 휴직은 봉급의 5할을 지급한다.

9. 상훈 및 징계

교원도 공무원이기 때문에 국가의 상훈 법규에 의하여 포상도 받을 수 있고 법규를 어겼을 때에는 당연히 징계를 받게 되는데 이를 간략히 살펴보면 다음과 같다.

가. 상훈(賞勳)

상훈과 관련된 법규로는 상훈법, 상훈법시행령, 정부표창규정, 정부포상업무지침 등이 있으며 상훈의 종류로는 훈장(勳章), 포장(褒章), 표창(表彰) 등이 있는데 이를 간략히 살펴보면 다음과 같다.

(1) 훈장

표 17 <등급에 따른 훈장의 종류>

등급 \ 훈장	국민훈장	근정훈장	문화훈장	체육훈장
1등급	무궁화장	청조근정훈장	금관문화훈장	청룡장
2등급	모란장	황조근정훈장	은관문화훈장	맹호장
3등급	동백장	홍조근정훈장	보관문화훈장	거상장

등급 \ 훈장	국민훈장	근정훈장	문화훈장	체육훈장
4등급	목련장	녹조근정훈장	옥관문화훈장	백마장
5등급	석류장	옥조근정훈장	화관문화훈장	기린장

(2) 포장

건국포장 · 국민포장 · 무공포장 · 근정포장 · 보국포장 · 예비군포장 · 수교포장 · 산업포장 · 새마을포장 · 문화포장 · 체육포장 등이 있다.

(3) 표창

대통령표창, 국무총리표창, 장관표창, 교육감표창, 교육장표창 등 관련 기관장의 표창이 있다.

(4) 교원의 주요 포상

교원에 대한 포상은 주로 스승의 날(매년 5월 15일)을 통하여 이루어지는데 그 대상은 국가관과 교육관이 투철한 교원으로서 표창은 5년 이상, 포장은 10년 이상, 훈장은 15년 이상 재직한 자 중에서 학교인사위원회의 심의를 거쳐 학교장이 추천하게 된다. 해당 상훈 규정에 의거 엄정한 심사를 통하여 상훈이 주어지며 다른 공무원과의 형평성을 고려하여 매년 상훈별로 포상 인원을 정하여 수여된다.

나. 징계

교육공무원의 징계에 대한 법령은 다른 공무원과 마찬가지로 국가공무원법 제78조 제1항의 규정과 교육공무원 징계령 제6~18조, 교육공무원법 제51조 적용을 받는데 그 사유를 보면 다음과 같다.

(1) 국가공무원법 및 동법에 의한 명령 위반
(2) 직무상의 의무 위반, 직무 태만(타 법령에서 공무원의 신분으로 인하여 부과된 의무 포함)
(3) 직무 내외 불문 체면 또는 위신의 손상 행위

한편 감사원의 감사 검찰 또는 경찰이나 자체 조사 등을 통하여 위와 같은 징계 사유가 발생하여 징계를 할 때에는 다음과 같은 절차를 밟게 된다.

(1) 징계사유를 적발한 기관에서는 발령권자에게 중징계, 경징계로 구분하여 징계를 요구한다(이 때 혐의자에게 징계의결요구사유서 부본을 통보한다).
(2) 징계요구를 받은 발령권자는 관할 징계위원회를 소집하여 징계를 의결하게 되는데 관할 징계위원회에서 이를 접수하면 징계위원회 개최 3일 전에 출석 통지하여 소명을 들은 후 접수일로부터 30일 이내 징계를 의결한다.
(3) 징계처분권자는 징계 의결을 통고받은 날로부터 15일 이내에 징계를 집행한다.
(4) 징계를 받은 자는 징계가 부당하다고 생각할 경우 징계처분을 받은 날로부터 30일 이내 소청심사를 청구할 수 있으며 소청 결정도 부당하다고 생각될 경우 60일 이내에 행정소송을 청구할 수 있다.
(5) 징계의 종류와 효력을 표로 만들어 보면 다음 〈표 18〉과 같다.

표 18 〈징계의 종류와 따른 효력〉

종류		기간	신분	보수, 퇴직급여 등
중징계	파면		· 공무원 관계로부터 배제	· 재직기간 5년 미만자 퇴직급여액의 1/4
			· 5년간 공무원에 임용될 수 없음	· 5년 이상인 자 1/2감액 지급
	해임		· 공무원 관계로부터 배제	· 퇴직급여 전액 지급
			· 3년간 공무원에 임용될 수 없음	
	정직	1월 ~3월	· 신분은 보유하나 직무에 종사 못함	· 18월+정직처분기간 승급 제한
			· 18월+정직처분기간 승진 제한	
			· 처분기간 경력평정에서 제외	· 보수의 2/3감액

종류		기간	신분	보수, 퇴직급여 등
경징계	감봉	1월 ~3월	· 12월+감봉처분기간 승진제한	· 12월+감봉처분기간 승급 제한
				· 보수의 1/3감액
	견책		· 6월간 승진 제한	· 6월간 승급 제한

제 11 장

학교회계의 이해

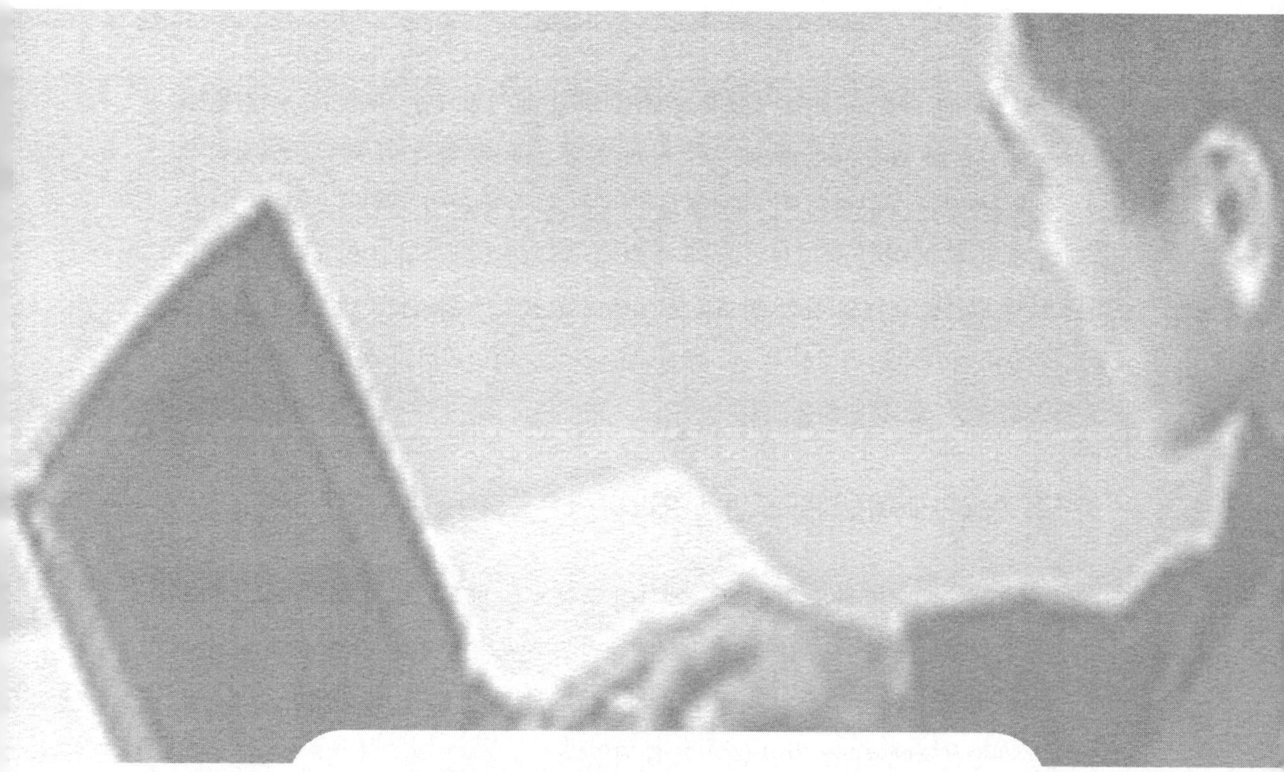

1. 학교회계제도의 개요
2. 학교회계제도의 원칙
3. 학교회계제도의 내용
4. 예산의 편성과 심의 및 결산
5. 예산의 집행

1. 학교회계제도의 개요

가. 도입배경

2000년부터 제7차 교육과정이 전국적으로 적용됨에 따라 종래의 경직된 회계 예산제도로써는 학교의 자율적인 운영과 효과적인 교수-학습활동 지원이 어렵다고 판단하여 초 · 중등교육법을 개정하고 국립 및 공립 초 · 중등학교 회계규칙을 제정하여 2001학년도부터 학교회계 예산제도가 시행되었다.

나. 학교회계 예산제도의 개념

단위학교의 자율적 재정 운영을 통해 다양한 교육활동을 효과적으로 지원하여 학교교육의 질적 수준을 높이기 위해 일상경비, 도급경비, 학교운영지원비 등 세입 재원을 구분하여 각 자금별로 지정된 목적에 따라 제한적으로 편성·집행해 오던 학교 예산을 회계연도 개시 전에 총액으로 배분하고 학교운영지원비 등 자체 수입도 하나의 통합 회계로 운영하며 교직원의 참여와 학교의 제 여건을 고려하여 예산안을 편성하고, 동 예산안을 학교운영위원회의 심의를 거쳐 학교장이 확정한 후 집행하는 제도이다.

다. 학교회계 예산제도 도입의 효과

(1) 관할청에서 학교에 전출하는 예산이 총액으로 배부되게 됨에 따라서 개별 학교에서는 교육 수요와 학교 구성원의 의견을 반영하여 각 학교의 실정에 따라 필요한 우선순위를 정하여 자유롭게 집행할 수 있어 단위학교에서의 재정운영에 대한 자율성이 확대되었다.

(2) 학교장의 교육방침에 따라 각 학교의 개별적 실정에 적합한 예산을 편성하여 학교를 자율적으로 경영할 수 있어 학교장의 교육 리더십을 발휘할 수 있게 되었다.

(3) 일상경비, 도급경비, 학교운영지원비 등 여러 가지 회계로 나누어 운영되던 학교 재정이 하나의 회계로 통합되어 복잡하던 학교재정을 한눈에 파악할 수 있고 학교의 예 · 결산이 모두 공개되어 국민의 세금으로 운영되는 학교재정과 학부모가 부담하는 돈들이 어디에 어떻게 쓰이는지 잘 알 수 있어 학교재정 운영의 투명성과 신뢰성이 향상되었다.

(4) 학교운영위원회의 실질적인 예 · 결산 심의를 통해 학교재정이 교육계획과 교수-학습활동에 밀접하게 연계되었는지, 교직원과 교육 수요자들의 요구를 잘 반영하였는지를 충분히 심의함으로써 학교재정 운영에 대한 내적타당성과 외적 신뢰성이 높아졌다.

(5) 세입재원을 용도별로 지출하던 예산을 통합하여 개별학교의 교육방침과 학교의 특성, 학교의 필요에 적합하게 우선순위에 따라 자유롭게 지출할 수 있어 재정 운영의 효율성이 높아졌다.

(6) 학교회계연도와 학년도가 일치하게 되어 학교의 교육활동을 적기에 지원할 수 있어 재정 운영의 효율성이 증대되었다.

(7) 예산의 이월이 가능하여 융통성 있게 재정 운영을 할 수 있으며, 계획적인 예산 집행이 가능해졌다.

(8) 학교운영비의 부족, 자금별 목적과 사용 범위의 제한 등으로 교사들의 예산요구를 제대로 반영하지 못하여 교사들의 예산참여가 형식적으로 이루어져 왔으나 학교회계의 도입과 함께 학교운영비가 확충되고, 예산의 목적 지정이 없어져 직접 수업현장을 담당하는 교사들의 요구를 예산에 적극 반영할 수 있어 교사들의 예산참여권이 보장되었다.

(9) 기존에 자금별로 장부를 별도로 작성 · 관리하던 것을 하나의 장부로 통합 운영하게 되어 있어 회계업무가 간소화되었다.

(10) 경비의 종류에 따라 서로 다른 회계 지침을 적용해 오던 복잡성을 제거하여 하나의 회계규칙에 의거 관리하게 되어 회계처리가 대폭 편리해지며, 회계처리 과정의 전산화가 용이해져 업무를 효과적으로 처리할 수 있는 기반이 마련되었다.

2. 학교회계제도의 원칙

가. 예산공개의 원칙

편성 · 집행된 예 · 결산은 관계 규정에 따라 교직원 등 학교구성원들에게 공개하여야 하며 이는 학교재정 운영의 투명성과 책무성을 제고하는 데 그 목적이 있다.

나. 회계연도 독립의 원칙

학교회계 운영에 있어서 회계연도를 기준으로 각 회계연도에 지출되어야 할 경비의 재원은 그 해 연도의 수입에서 충당하고, 당해 연도의 세출은 반드시 그 해에 지출하여야 하며, 다음 연도의 사업에 지출하지 못하는 것을 말한다. 또한 학교의 모든 활동이 학년도를 단위로 이루어지므로 학교재정이 학교활동을 효과적으로 지원하기 위해서는 학년도를 기준으로 운영되어야 한다. 따라서 학교회계연도는 학년도와 동일하게 3월 1일을 기준으로 개시하고 다음 해 2월 말일을 기준으로 종료한다.

다. 예산총계주의

한 회계연도에 있어서 일체의 수입을 세입으로, 일체의 지출을 세출로 하여 그 금액을 예산에 계상하는 것을 의미한다.

3. 학교회계제도의 내용

학교 예산의 내용을 알기 쉽도록 표로 만들어 보면 다음 〈표 19〉와 같다.

표 19 〈학교예산 구분에 따른 내용〉

구 분	내 용
예산총액	세입 · 세출예산, 계속비, 명시 이월비에 관한 총괄적 규정 및 기타 예산집행에 관하여 필요한 사항을 정하며, 그 회계연도 내에서만 효력을 가지며 추가경정예산의 편성에 의해서만 변경이 가능함. (계속비 및 명시 이월비는 해당 사항이 있을 경우에만 기록)
세입·세출예산	한 회계연도 동안 학교의 기본운영, 각종 교육과정 운영 및 단위 학교가 학교조직목표 달성을 위한 주요 정책이나 사업계획 수행에 소요되는 재원규모 및 이의 확보 경로를 나타낸 것으로 일반적으로 예산이라고 할 때 세입 · 세출예산을 말함.
계속비	공사나 제조 등 완성에 수년을 요하는 경우 소요경비의 총액과 연도별 소요금액을 정하여 수년에 걸쳐 지출하는 경비
명시 이월비	예산이월제도의 일종으로 학교예산 운영에 있어서 세출예산 중 경비의 성질상 당해 회계연도 안에 지출을 못할 것이 예상되어 명시 이월비로, 특히 그 취지를 세입 · 세출예산에 명시하여 다음 연도에이월하여 사용할 수 있도록 함.

4. 예산의 편성과 심의 및 결산

가. 예산안의 편성절차 및 방법

(1) 예산안의 편성절차

관할청의 학교회계예산 편성 기본지침 시달 ➡
- · 회계연도 개시 3개월 전까지 단위학교에 시달
- · 관할청의 교육재정 여건 및 운용방안 제시
- · 교육시책 및 권장사업 포함
- · 예산과목 및 과목내용 등 학교예산 운영에 대하여 필요한 제안 내용 포함

▼

부서별로 교직원의 예산요구서 제출 ➡
- · 예산편성지침 시달 후 학교예산편성 방향 및 계획에 따라 부서별, 개인별 소요 예산 산출
- · 교육과정운영 및 학교운영을 위하여 필요한 사업 및 재정소요액 등 기록
- · 부서별 및 개별교사별로 산출된 예산요구서 제출

▼

연간 총 전입금 및 분기별 자금교부계획 통보	· 관할청으로부터 학교회계로 전출되는 금액의 총 규모 및 분기별 자금교부계획 통보 · 목적사업의 경우 대상학교가 지정되는대로 확정 · 통보
▼	
예산조정 작업 및 예산안 확정	· 단위학교의 총 세입 규모를 확정 · 부서별 또는 전체 조정회의를 거쳐 예산안 확정
▼	
예산안 제출	회계연도 개시 30일 전까지 학교운영위원회에 제출

[그림 2] **예산안 편성절차**

(2) 학교 예산안 편성 과정

(가) 학교회계 예산편성 기본지침의 시달

첫째, 교육감은 학교회계연도 개시 3월 전까지 학교회계 예산편성 기본지침을 학교에 시달하여야 한다.

둘째, 교육감은 학교회계 예산편성 기본지침이 시달된 후 학교의 예산 운용에 영향을 미치는 중요한 시책이 수립되거나 변경되는 경우에는 이미 시달된 지침을 변경하여 시달할 수 있다.

(나) 예산요구서의 제출 및 예산안의 편성

학교장은 학교회계 예산편성 기본지침이 시달되면 소속 교직원에 대하여 연간 학교 운영시책 및 학교 예산편성에 필요한 사전교육을 실시하고, 교직원으로부터 교육과정 및 학교운영을 위하여 필요한 경비를 기재한 예산요구서를 개인별 또는 부서별로 제출받아 그 타당성을 검토하되 교직원의 의견을 최대한 반영하여 예산안을 편성한다.

(다) 전출금 교부계획 통지 및 예산 사정

첫째, 관할청은 단위학교의 계획적, 자율적 재정운영을 위하여 회계연도 개시 50일 전까지 각 학교별로 연간 교부할 학교회계전출금의 총 규모 및 분기별 자금 교부계획을 확정 · 통보하여야 한다.

둘째, 학교장은 관할청으로부터 전입금 교부계획이 통지되면 학교의 연간 세입예산을 확정하고 가용재원의 범위 내에서 교직원회의 또는 보직교사 협의회 등을 통해 예산 사정 작업을 하고 예산안을 확정한다.

(라) 학교운영위원회에 예산안 제출

학교장은 위의 과정을 거쳐 편성한 학교회계 세입세출 예산안을 회계연도 개시 30일 전까지 학교운영위원회에 제출하여야 한다.

나. 예산안의 심의 및 예산확정 절차

(가) 예산안 통지

학교장으로부터 예산안을 제출받은 학교운영위원회 운영위원장은 예산안 심의를 위한 학교운영위원회의 개최일을 정하고 7일 전까지 예산안을 학교운영위원 전원에게 개별적으로 통지하여 학교운영위원들이 충분히 검토할 수 있도록 해야 한다.

(나) 예산심사소위원회의 구성

학교운영위원회는 예산안의 효율적인 심의를 위하여 의결로써 예산심사소위원회를 구성할 수 있다. 이 경우 소위원장은 본 회의에서 심의된 의견을 충분히 설명하여야 한다.

(다) 학교장의 제안 설명

예산안 심의를 위한 학교운영위원회 개최 시 학교장은 예산안에 관하여 제안 설명을 하여야 한다. 단, 학교장은 학교재정의 운용방향 및 예산안 편성기준에 대한 개괄사항을 설명하고, 개별적인 항목에 대한 상세한 설명은 예산편성의 실무자인 행정담당자로 하여금 대행하게 할 수 있다.

(라) 교직원 의견 청취

학교운영위원회는 예산안 심의 시 필요한 경우 학생의 수업에 지장을 주지 않는 범위 내에서 관련 교직원의 의견을 청취할 수 있다.

(마) 증액 및 새로운 비목의 설치 금지

학교운영위원회는 예산안 심의 시 학교장의 동의 없이 세출예산 각 항목의 금액을 증액하거나 새로운 비목을 설치할 수 없다.

(바) 예산확정

학교운영위원회는 학교회계 세입세출 예산안을 회계연도 개시 5일 전까지 심의하여 학교장에게 그 결과를 통보하고, 학교장은 예산안 심의결과를 통지받은 후 예산을 확정하여야 한다.

이와 같은 일련의 과정을 알기 쉽게 그림으로 나타내 보면 다음 [그림 3]과 같다.

예산안 통지	학교운영위원들에게 회의 개최 7일 전까지 예산안 통지
예산심사소위 위원회 구성	예산심의의 효율성을 높이기 위하여 학교운영위원회의 의결에 의해 자율적으로 구성
학교장 제안 설명 및 관계자 의견 청취	·학교의 교육시책 방향 및 재정여건, 예산편성 방향 및 내용에 대한 학교장(행정담당자) 제안 설명 ·예산과 관련된 교직원의 의견 청취 ·소위원회 구성 시 소위원회 위원장이 심사의견 발표
예산안 심의 결과 송부	·회계연도 개시 5일 전까지 심의 종료 ·학교장에게 예산안 심의결과 송부
예산 확정	학교장이 학교회계 세입세출예산 확정

[그림 3] 예산안의 심의 확정 절차

5. 예산의 집행

확정된 예산에 따라 회계연도 개시와 더불어 수입을 조달하고 공공경비를 지출하는 재정활동을 의미하며, 단순히 예산으로 정해진 금액을 수납하고 지출하는 것만을 뜻하는 것이 아니라 수입의 조정, 납입의 통지, 수납, 지출원인행위의 실행, 세출예산의 이 · 전용, 계약의 체결, 지급 등을 모두 포함한다.

가. 예산의 목적 외 사용금지

세출예산의 집행 시에는 학교운영위원회의 심의 결과를 존중하고 예산 · 편성의 목적을 달성하기 위하여 정해진 목적 외에는 지출할 수 없도록 하고 있다. 예산은 학교재정운영에 대한 약속이라고 할 수 있으며 예산에 정해진 목적을 벗어나 방만한 예산집행을 하게 되면 예산제도 존재 자체가 무의미하게 되는 결과를 가져올 수 있다.

나. 예산 불성립시의 예산집행

예산이 회계연도 개시 전까지 확정되지 못하였을 경우에는 학교장은 다음 사항들에 한하여 전년도에 준하여 예산을 집행할 수 있다.

① 교직원들의 인건비
② 학교교육에 직접 사용되는 교육비
③ 학교시설 유지관리비
④ 법령상 지급의무가 있는 경비
⑤ 명시이월비나 계속비 등 학교운영위원회의 심의를 거쳐 미리 예산으로 확정된 경비

다. 예산집행의 신축성

예산집행은 정해진 목적과 예산의 범위에서 회계연도 독립의 원칙에 따라 이루어지는 것이 원칙이나 학교의 목표 달성을 위한 효율적인 예산집행을 위해서는 예산 성립 후의 여건 변화에 적용할 수 있도록 예산집행의 신축성을 유지하는 방안으로 예산의 이 · 전용, 예산의 이월, 계속비, 예비비 제도가 있다.

예산의 이용(移用)이란 세출예산상 관 · 항 간 경비의 상호 옮겨 쓸 수 있는 것을 말하며, 본 예산이나 추경예산 편성시 예산 총칙의 범위 내에서 그 범위를 정하여 예산운용을 할 수 있다.

예산의 전용(轉用)이란 예산집행시에 재정여건의 변화, 사업의 효율적 수행을 위하여 필요한 경우에 동일한 항(項) 내에서 각 목(目) 사이에 예산을 전용할 수 있다는 것을 말한다. 그러나 인건비, 시설비, 업무추진비에 사용하기 위한 경우나 회계연도가 경과된 후에는 전용이 불가하다.

예산의 이월(移越)이란 예산집행상 당해 연도에 남은 예산을 회계연도를 넘겨 다음 회계연도의 예산으로 사용할 수 있는 제도로 사고이월, 명시이월, 순세계 잉여금 처리 등으로 구분할 수 있다. 사고이월이란 당해 회계연도에 원인행위는 하였으나 지출하지 못한 경비를 이월시키는 것을 말하며, 명시이월이란 당해 회계연도에 지출을 끝내지 못할 것이 예상되는 경비를 이월시키는 것을 말한다. 또한 순세계 잉여금이란 결산 마감 후 발생된 불용액으로 이것도 다음해 회계연도에 이월하여 사용할 수 있다.

제 12 장

학교운영위원회 및 교직단체의 이해

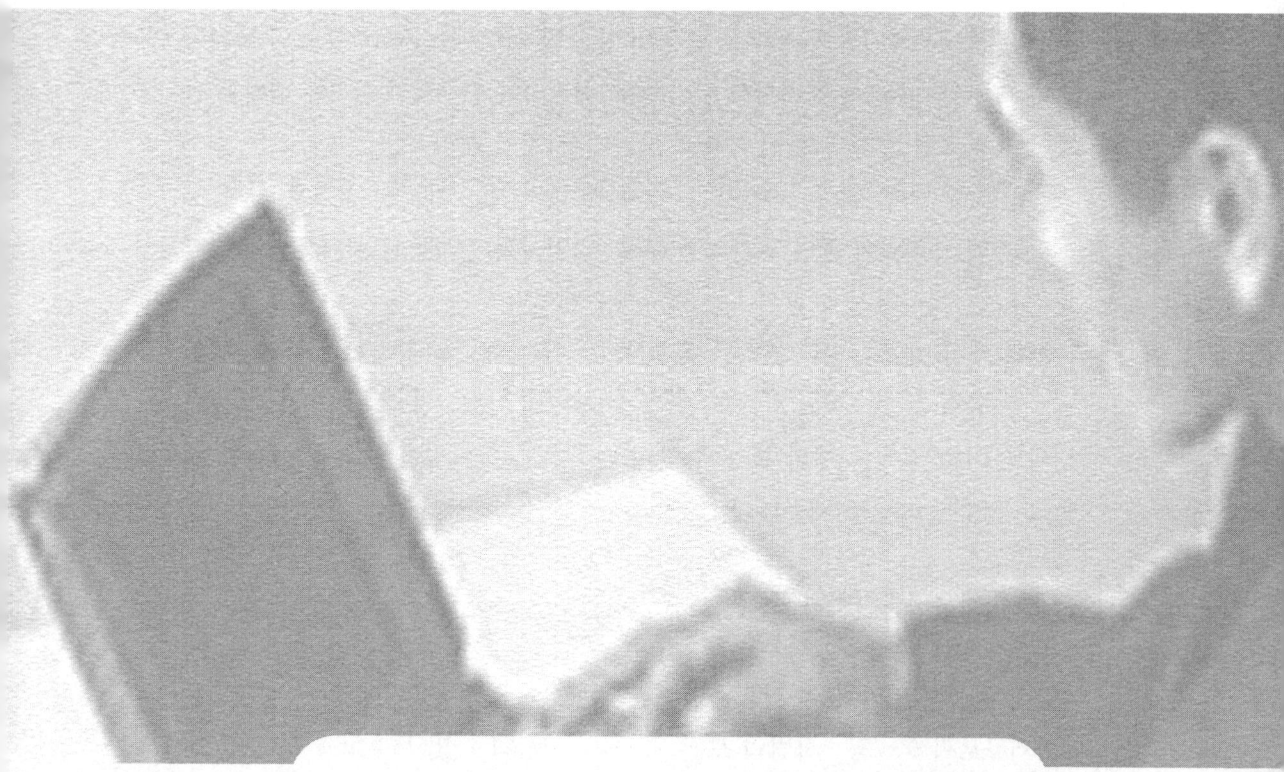

1. 학교운영위원회
2. 교직단체의 이해

1. 학교운영위원회

학교운영위원회는 학교운영의 자치성과 자주성 그리고 민주성에 바탕을 두고, 지금까지 공급자 위주로 설계되었던 우리의 교육체제를 학생 · 학부모 · 지역사회의 다양한 요구를 수렴하여 반영하는 수요자 중심의 교육체제로 변화시킴으로써 21세기 지식기반사회에서 요구하는 교육을 실시할 수 있도록 초 · 중등교육법 제31~34조에 의거하여 모든 학교에 설치해야 하는 법정기구이다.

가. 학교운영위원회의 성격

첫째, 학교운영위원회는 학교 운영의 중요한 사항에 대해서 학교 구성원인 교사, 학부모, 지역사회 인사 등이 참여하여 민주적인 절차에 따라 자율적으로 결정하는 단위학교 차원의 자치기구이다.

둘째, 학교운영위원회는 학교의 구성주체이면서도 이제까지 학교운영으로부터 소외되어 왔던 교사와 학부모, 지역사회 인사들이 학교운영의 중요한 의사결정에 참여하는 학교공동체이다.

셋째, 개성 있고 다양한 교육을 꽃 피울 수 있는 제도적 장치로써 학교운영위원회 제도는 학교의 규모, 환경, 학부모의 사회 · 경제적 지위 등 학교가 처해 있는 실정과 특색에 맞게 다양하고 창의적인 교육을 실현할 수 있는 터전을 제공한다.

나. 학교운영위원회의 조직

앞서 언급된 바와 같이 학교운영위원회는 초 · 중등교육법에 의거 설치되는 법정기구로써 국 · 공 · 사립의 모든 초 · 중 · 고등학교 및 특수학교 등 모든 학교에 설치해야 하는데 그 조직을 보면 다음과 같다.

(1) 위원장과 부위원장

학교운영위원회의 대표, 의사정리 및 질서유지 책임자 정기회 · 임시회 소집 공고, 의사일정의 작성 · 변경, 소위원회에의 안건심의 회부 등의 권한을 갖는다. 부위원장은 위원장을 보좌하며 위원장이 유고할 때 그 직무를 대행한다.

(2) 소위원회

학교운영위원회의 안건 심사의 전문성 · 효율성을 높이기 위해 운영위원들로 소위원회를 구성(예 · 결산 소위, 방과 후 교육활동 소위, 급식소위원회 등)하여 안건에 대하여 사전검사, 검토 등을 할 수 있다.

(3) 산하단체

학부모 등으로 구성되는 학교 내외의 자생 조직(어머니회, 녹색어머니회, 후원회, 명예교사회 등)은 규정이 정하는 바에 따라 자율적으로 운영하거나 운영위원회의 산하단체로 둘 수 있으며, 그 대표자는 그 조직의 활동과 관련하여 운영위원회의 허가를 얻어 회의에 출석하여 발언할 수 있다.

(4) 간사 및 사무처리 부서

학교운영위원회의 회의기록 등 사무를 처리하기 위하여 행정실 책임자를 당연직 간사로 한다. 다만, 행정직원이 없는 학교의 경우에는 학교장의 추천을 받은 교직원 중에서 위원장이 임명할 수 있다.

다. 구성 절차 및 선출

(1) 학교운영위원 정수

위원 정수는 다음 〈표 20〉과 같이 학생 수를 기준으로 학교의 규모 등을 고려하여 당해 학교의 학교운영위원회 규정으로 정한다.

표 20 〈학교운영위원회 위원 수 기준〉

학 생 수	위 원 수
200명 미만	5~8명
200명 이상 1천명 미만	9~12명
1천명 이상	13~15명

(2) 학교운영위원 구성 비율

학교운영위원회 운영위원의 종류별 구성 비율은 다음 〈표 21〉과 같다.

표 21 학교운영위원 구성 비율

구 분	일반 학교(일반조항)	특성화 고등학교(선택조항)
학부모위원	40%~50%	30%~40%
교원위원	30%~40%	20%~30%
지역위원	10%~30%	30%~50% ※1/2 이상은 사업자로 구성

(3) 학교운영위원의 선출

(가) 학부모 위원선출

학부모위원은 학부모 중에서 민주적 대의절차에 따라 학부모 전체회의에서 직접 선출하여야 한다. 선출방법은 직접투표를 하거나 서신 또는 우편투표를 직접투표와 병행하여 선출할 수 있다. 그러나 학교의 규모 등을 고려하여 학부모 전체회의에서 직접 선출하기 곤란한 사유가 있는 경우 학급별 대표로 구성된 학부모 대표회의에서 선출할 수 있다.

(나) 교원위원 선출

법에 따라 학교장은 당연직 교원위원이 되므로 학교장을 제외한 교원위원을 선출해야 한다. 국 · 공립학교 학교에서는 교직원 전체회의에서 무기명 비밀투표로 선출하는 것이 원칙이며, 사립학교에서는 학교법인의 정관과 당해 학교운영위원회 규정에 정한 절차에 따라 교직원 전체회의에서 선출하여 추천한 자 중에서 학교장이 위촉한다.

(다) 지역위원 선출

지역위원은 국 · 공 · 사립 모두 해당 지역에서 명망이 있고 학교교육에 관심과 식견을 가진 자를 학부모위원 또는 교원위원 당선자의 추천을 받아 학부모위원 및 교원위원 당선자가 회집하여 무기명 투표로 선출한다.

(라) 위원장 및 부위원장 선출

위원장과 부위원장은 교원위원이 아닌 위원 중에서 무기명 투표로 선출한다.

(4) 운영위원의 자격

학교운영위원회의 운영위원의 자격을 표로 만들어 보면 다음 〈표 22〉와 같다.

표 22 〈학교운영위원회의 자격표〉

<table>
<tr><th>구 분</th><th>자 격</th><th>비 고</th></tr>
<tr><td>학부모위원</td><td>당해 학교에 자녀를 둔 학부모</td><td rowspan="3">시 · 도별
조례에 의함</td></tr>
<tr><td>교원위원</td><td>당해 학교에 재직하고 있는 교원</td></tr>
<tr><td>지역위원</td><td>·당해 학교가 소재하는 지역을 생활근거지로 하는 자로서 교육행정에 관한 업무를 수행 하는 공무원
·지역을 생활근거지로 하는 사업자
·당해 학교를 졸업한 자
·기타 학교운영에 이바지하고자 하는 자</td></tr>
</table>

라. 학교운영위원회의 권한과 의무

학교운영위원회는 앞서 언급한 바와 같이 학교운영의 자치성과 자주성 그리고 민주성에 바탕을 두고 우리의 교육체제를 학생 · 학부모 · 지역사회의 다양한 요구를 수렴하여 반영하는 수요자 중심의 교육체제로 변화시키는데 그 설치목적이 있으므로 이에 부응하기 위하여 다음과 같은 권한과 의무를 부여하고 있다.

첫째, 학교운영 참여권으로 학교운영위원은 자신이 대표하는 학부모, 교원, 지역사회의 다양한 요구를 수렴하여 학교운영위원회에 제안하고 건의할 수 있다.

둘째, 학사에 관한 중요 사항을 심의하고 자문하는 권한으로 운영위원들은 「초 · 중등교육법」 제32조(공 · 사립)와 시 · 도교육청의 조례로 정한 학교운영에 관한 중요사항을 공립 중 · 고등학교는 심의할 수 있고, 사립 중 · 고등학교의 경우는 학교법인 정관으로 정한 사항을 자문할 권한이 있다.

셋째, 보고 요구권으로써 학교장이 학교운영위원회의 심의 결과와 다르게 시행하거나 운영위원회의 심의 · 자문 사항임에도 불구하고 심의 · 자문을 거치지 않고 시행하는 경우에 관련 사항과 그 사유를 지체 없이 학교운영위원회에 보고하도록 요구할 수 있다.

한편 학교운영위원의 의무로는 첫째, 회의에 참여할 의무로써 운영위원은 학교운영위원회가 소집되었을 때 회의에 성실히 참여해야 하는 기본적 의무가 있다.

둘째, 지위남용금지의 의무로 운영위원은 그 지위를 남용하여 당해 학교와 영리를 목적으로 하는 거래를 하거나 재산상의 권리, 이익의 취득 또는 알선을 할 수 없다. 또한, 학교운영위원은 무보수 봉사직이다.

마. 학교운영위원회의 기능

학교운영위원회에서는 다음 사항을 심의하여 학교장에게 보내면 학교장은 이를 바탕으로 의사결정을 하여 집행한다.

(1) 학교헌장 및 학칙의 제정 또는 개정에 관한 사항
(2) 학교의 예산안 및 결산에 관한 사항
(3) 학교교육과정의 운영방법에 관한 사항
(4) 교과용 도서 및 교육 자료의 선정에 관한 사항
(5) 정규학습시간 종료 후 또는 방학기간 중의 교육활동 및 수련활동에 관한 사항
(6) 교육공무원법 제31조제2항의 규정에 의한 초빙 교원의 추천에 관한 사항
(7) 학교운영지원비와 학교발전기금의 조성 · 운용 및 사용에 관한 사항
(8) 학교 급식에 관한 사항
(9) 대학입학 특별전형 중 학교장 추천에 관한 사항
(10) 학교운동부의 구성 · 운영에 관한 사항
(11) 학교운영에 대한 제안 및 건의 사항
(12) 학생 지도를 위한 지원 사항
(13) 교복 및 체육복의 선정, 현장체험학습 등 학부모가 경비를 부담하는 사항 (다만, 특정 서클 등에서 특정 학생을 대상으로 하는 사항은 제외)
(14) 지역사회 교육에 관한 사항
(15) 학부모 및 일반인을 대상으로 한 평생교육 프로그램의 설치 · 운영에 관한 사항
(16) 기타 학교운영에 관한 위원들의 제안 사항과 학교장이 심의 요청한 사항

한편 예외적으로 '학교발전기금의 조성 · 운영 및 사용에 관한 사항'은 심의뿐만 아니라 의결권까지 행사한다.

2. 교직단체의 이해

가. 교직단체의 개요

우리나라의 교직과 관련된 단체는 교육기본법에 입각한 전문직 교원단체와 교원의 노동조합설립 및 운영 등에 관한 법률에 따른 노동조합 형태의 교원단체로 나눌 수 있다. 전문직 교원단체로는 한국교원단체총연합회(약칭 : 한국교총)가 있는데 가입 자격은 유치원 교원으로부터 초 · 중등교원 및 대학교원 모두에게 있으며 노동조합 형태로는 전국교직원노동조합(전교조) 등 4개 노조가 설립되어 활동하고 있다.

가입자격은 교장, 교감 및 대학교원을 제외한 유 · 초 · 중등 교사에게만 주어지며, 가입과 탈퇴는 자유이며 전문직 단체와 노동조합 형태의 노조에 함께 가입할 수도 있다.

나. 교직단체의 종류

(1) 한국교원단체총연합회(한국교총)

한국교원단체총연합회(한국교총)는 「교육기본법」과 「민법(비영리 법인의 설립과 허가)」, 「교원지위향상을 위한 특별법(교원지위향상을 위한 교섭·협의)」에 의해 설립된 사단법인체이다. 설립목적은 '회원 상호 간의 강력한 단결을 통하여 교원의 사회적 · 경제적 지위 향상과 교직의 전문성 확립을 기함으로써 교육의 진흥과 문화의 창달에 기여함'을 목적으로 하고 있다고 정관에 명시하고 있다.

주요 활동으로는 회원의 상호간 협동 · 단결, 교권의 옹호확대, 교원의 처우 및 복지 증진과 근무조건의 개선에 관한 일, 교직의 전문성 확립과 민주적 발전, 교육정책에의 참여, 국제교원단체와의 협력 및 교류, 정기간행물의 발간과 보급 등이다. 1947년에 처음 설립된 '조선교육연합회'를 모태로 1948년에 '대한교육연합회'로 개칭한 후 1989년 '한국교원단체총연합회'로 개칭하여 오늘에 이르고 있으며, 1991년 「교원의 지위 향상을 위한 특별법」에 의해 단체교섭 및 협의권을 획득하여 활동하고 있다.

(2) 교원노동조합

교원노동조합 운동의 시작은 4 · 19 혁명 직후인 1960년에 결성되었다가 5 · 16으로 좌절되었던 '한국교원노조연합회'로부터 그 연원을 찾을 수 있다. 그 후 교원노조운동은 사라졌다가 1987년 이른바 '6 · 29 선언' 이후 본격화되기 시작하여 정부 당국과 마찰을 빚으면서 참여했던 많은 교사들이 해직을 당하는 등 우여곡절을 겪었다. 그러나 꾸준한 합법화 투쟁으로 1998년 '노사정위원회'의 합의에 따라 '교원의 노동조합 설립 및 운영 등에 관한 법률'이 국무회의에서 가결되고 이어서 1999년 국회 본회의에서 의결되어 비로소 합법화되었다. 그러나 노동 3권 중에서 단체행동권은 제외되고 단체권과 단체교섭 및 단체협약체결권만 인정되고 있으며 복수 노조가 허용됨에 따라 현재는 다음과 같은 4개 노동조합이 설립되어 활동하고 있으나 전국교직원노동조합을 제외하면 회원 수도 소수이고 그 활동도 미약한 측면이 있다.

(가) 전국교직원노동조합

전국교직원노동조합(전교조)은 '교원의 노동조합 설립 및 운영에 관한 법률'에 근거하여 1999년 7월 1일 전국교직원노동조합 설립을 전국단위로 신고한 단체로 노동조합 형태의 교원단체로는 가장 크고 가장 활발한 활동을 전개하고 있으며 민주노총에 가입되어 있다. 설립의 목적은 '교육노동자로서의 기본 권익을 적극 옹호하고 민주교육 발전에 기여한다'라고 규약에 명시하고 있다. 목적을 달성하기 위한 주요 사업으로 근로조건의 개선 및 조직 강화, 교직원의 사회 · 경제적 지위향상, 교육환경 및 교육제도 개선을 위한 사업, 조합원 교육 및 교원옹호, 후생복지, 문화 선전홍보사업 등을 추구하고 있다. 본 교원노조가 설립되기까지 초기에는 법령이 마련되지 않아 해직교사가 발생하는 등 우여곡절이 많았으나 현재는 노동 3권 중에서 단체행동권을 제외한 단체교섭권과 단결권 등 노동 2권을 확보하여 활발하게 활동하고 있다. 조직은 중앙집행위원회, 시·도 본부, 상설위원회, 특별위원회, 전문산하기구 등과 각급 학교에는 지회를 두고 있다.

(나) 한국교원노동조합(한교조)

한국교원노동조합(한교조)은 '교원의 노동조합 설립 및 운영 등에 관한 법률'에 근거하여 1999년 7 월 1일 한국교원노동조합 설립을 전국단위로 신고하였다. 설립목적은 '푸른 교육을 구현하고 교원으로서 존엄성을 유지하며 교직의 전문성 확립을 기함으로써 창조적이고 민주적인 교육문화 창달에 기여한다'라고 규정하고 있다. 주요 사업으로는 '푸른교육' 운동 구현, 교원의 노동기본권 신장, 조합원의 복지 등 교원의 사회·경제적 지위 향상, 학교운영의 민주화와 교육제도 개선에 관한 사항, 교원의 전문성 제고 및 교육 발전에 관한 사항 등을 실천하고 있다.

(다) 자유교육조합(자교조)

자유교육조합(자교조)은 '교원의 노동조합 설립 및 운영 등에 관한 법률'에 근거하여 2006년 3월 31일 자유교육조합 설립을 전국단위로 신고하였다. 설립의 목적은 '자유민주주의의 이념을 교육운동으로 실천하고 교원의 사회적·경제적 지위 향상 및 제 권리를 획득하며 합리적, 평화적인 상생의 노동조합운동을 한다'라고 밝혔다. 주요 사업으로는 학교선택권과 학생선발권 회복을 추진하며 학교별 특성화된 교원평가의 실시를 추진한다고 명시하고 있으며 중앙집행부, 지역조합, 대의원대회, 운영위원회의 조직을 두고 있다.

(라) 대한민국교원조합(대한교조)

대한민국교원조합(대한교조)은 '이념중심의 교육 탈피와 진정한 교육개혁 실현'을 내세우며 출범하였다. 창립대회에서 '자유민주적 가치를 부정하는 이념적 교단세력을 해체하고 책임교육의 지평을 열어야 한다'고 하였다. 2006년 출범한 시민단체 성격의 '뉴라이트 교사 연합'이 자유민주적 교원운동을 벌이기 위해 교원노조로 탈바꿈한 것이라고 명시하고 있다.

제 13 장

교직에서의 자기계발

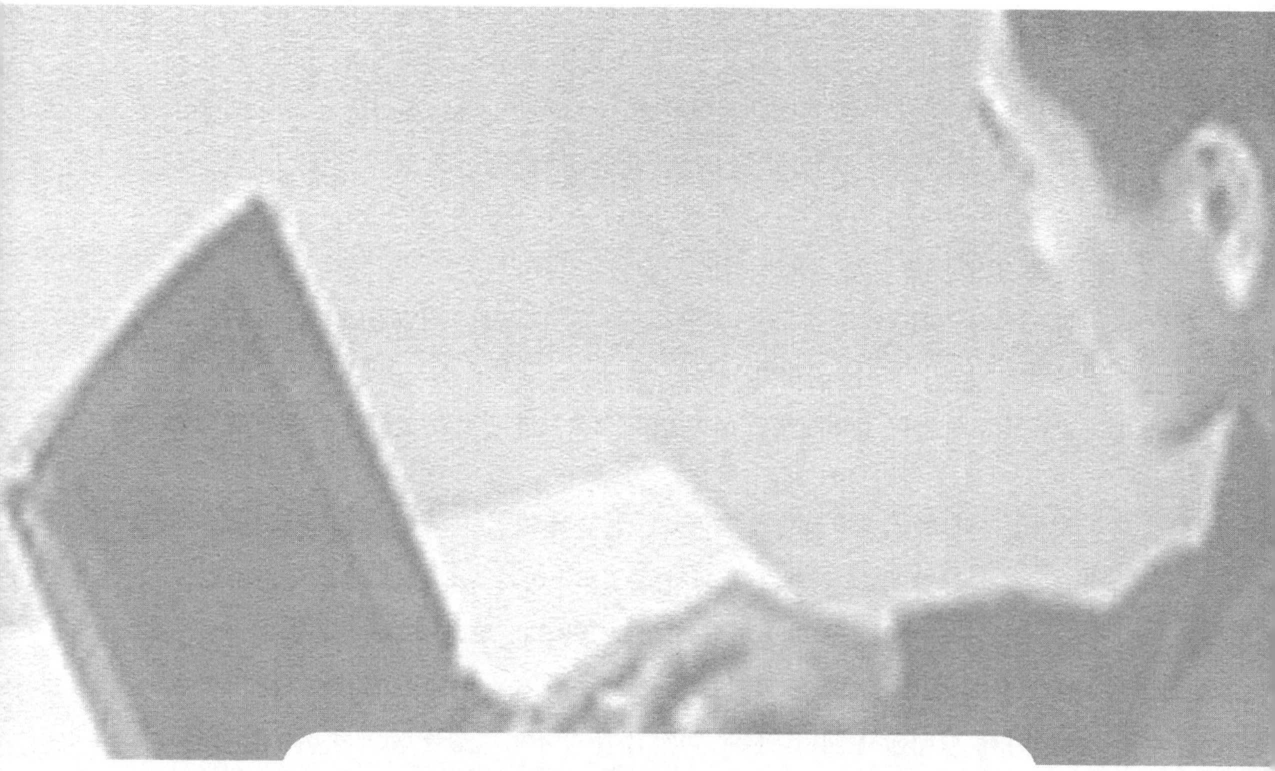

1. 교직과 매너리즘
2. 자기계발의 필요성
3. 자기계발 방안의 예

1. 교직의 매너리즘

최근에 이르러 교사임용고사 경쟁률이 치열하여 대학에서 힘들게 공부하여 교사 자격증을 획득하고도 교직에 진출하기가 매우 어렵게 되어 있지만 막상 교직에 진출해 보면 어려움도 있고 보람도 있게 된다. 교직의 가장 큰 장점이라면 다른 직종에 비하여 대체로 안정된 직장으로 한번 임용이 되면 특별한 잘못이 없는 한 62세 정년까지 보장된다는 점이라 할 것이다. 뿐만 아니라 교직은 미성숙자인 학생들이 자신의 가르침을 통하여 성장하고 변화되는 모습을 보며 많은 보람을 맛보기도 한다.

그럼에도 불구하고 교직은 때로는 따분하고 지루한 직업이기도 하다. 거의 모든 날을 다람쥐 쳇바퀴 돌듯 큰 변화 없는 생활의 연속이며 사회적으로도 특별히 우대받거나 큰 권력이 주어지지도 않고 빛이 나는 직업도 아니기 때문이다. 그리고 가르치는 대상이 교사보다 미숙한 학생들이고 보니 교사는 학생들보다 우월한 지위를 이용하여 수업 방법이나 교재 연구를 게을리하고 적당히 가르쳐도 그리 큰 탈이 없기도 하다. 그래서 심지어 가장 연구와 공부를 많이 해야 할 직종이 교직임에도 불구하고 가장 공부를 하지 않는 직업이 교사라는 비판적 시각이 있기도 하다. 실제로 교무실 교사들의 책상을 보면 책꽂이에 교과서나 학습 참고서 등은 즐비하게 꽂혀 있어도 교육학과 관련된 서적이나 전공 교과에 대한 서적은 찾아보기 힘든 경우가 많다.

물론 중등학교에서 학생을 가르치는데 교과서나 학습 참고서만 참고하여 가르쳐도 충분할 수는 있겠으나 교직이 전문직이기 위해서는 교수방법에 대한 좀 더 차원 높은 연구와 실천이 절실할 것이다. 그래도 초임 교사 시절에는 잘 가르쳐 보려는 의욕을 가지고 많은 노력을 기울이기도 하지만 차츰 경력이 쌓일수록 나태해져 매너리즘에 빠지고 무기력한 모습을 보이는 경우가 많다. 이는 교직이 경력이 많은 교사나 이제 갓 교직에 임한 교사나 그 하는 일에

별로 차이가 나지 않을 뿐만 아니라 열심히 교직을 수행하는 교사나 그렇지 못한 교사나 당장에는 그리 큰 차이가 보이지 않기 때문이기도 하다. 그러나 자세히 들여다 보면 당장에는 모든 교사가 다 같아 보여도 상당한 세월이 흐른 뒤에는 나태하게 교직을 수행한 교사와 매너리즘에 빠지지 않으려고 꾸준히 노력한 교사 사이에는 큰 차이가 나는 것을 볼 수 있다. 이는 제자들을 통한 평가와 보람으로 나타나기도 하고 다른 교사보다 앞서 승진도 하고 교육 전문직으로도 진출하여 차원 높은 자아실현의 모습으로도 나타나기도 한다. 그러므로 교직 초기부터 보다 훌륭한 선배 교사를 멘토로 삼아 높은 이상을 세우고 매너리즘에 빠지지 않도록 부단하게 노력하는 모습이 필요한 것이다.

2. 자기계발의 필요성

교육에는 가르치는 일과 배우는 일이 따로 존재하지 않는다. 교학상장(敎學相長)이라는 말도 있듯 교사는 갈수록 방대해지는 지식을 학생들에게 가르치는 동시에 계속적으로 배워나가야 한다. '교육의 질은 교사의 질을 능가할 수 없다'는 말처럼 교사의 능력은 교육의 성패를 좌우하기 때문에 학생들에게 양질의 교육을 제공하기 위한 교사의 자질 향상 노력은 필수적이다.

뿐만 아니라 앞서 언급한 바와 같이 교직에서의 매너리즘에 빠지지 않고 현대사회의 변화와 교육 수요자들의 요구에 부응하며 교직에서의 보람된 자아실현을 위해서는 스스로 부단한 노력과 자기계발에 힘써야 할 것이다.

3. 자기계발 방안의 예

가. 각종 연수에 참여

가장 쉽게 생각할 수 있는 자기계발 방법은 방학 등을 활용하여 실시되는 각종 연수에 적극적으로 참여하는 일이다. 현직 교사들에게는 연수의 기회가 많이 주어지는데 이는 교사의 전문성을 신장시키고 직무 수행 능력을 향상시킬 수 있는 중요한 기회이다. 교직이 전문성을 필요로 하는 직종이지만 그 특성상 전문성에 대한 즉각적인 피드백이 없어서 자칫 현실에 안주하고 자기계발을 소홀히 할 수 있다. 그러나 사회가 빠르게 변화하고 있고, 특히 교육의 대상자인 학생들도 변화해 가고 있다. 따라서 교사도 지속적인 변화과정이 필요하며 여기에 각종 연수가 한몫을 하게 된다.

연수는 크게 '자격연수'와 '직무연수' 및 '특별연수' 등으로 구분된다.

(1) 자격연수

자격연수는 상급 자격을 취득하기 위해서 이루어지는 연수로 1급 정교사 자격연수, 교감 자격연수, 교장 자격연수, 상담교사 자격연수 등이 해당된다. 자격연수는 보통 180시간 이상을 이수해야 하며 연수를 받은 후에는 해당 자격이 주어지게 된다. 1급 정교사 자격연수는 대학에서 소정의 교직과정을 이수하고 졸업하여 2급 정교사 자격증을 받아 교직에 임용된 후 3년의 경력을 쌓으면 받게 되는 연수로 별다른 잘못이 없으면 모든 교사에게 그 기회가 주어진다. 그러나 교감이나 교장 자격연수는 일정한 경력을 쌓은 후 여러 가지 요소에 의해 치열한 경쟁 하에 선발되는 연수로 이에 대해서는 별도로 언급하기로 한다.

(2) 직무연수

직무연수는 교사의 수업 전문성과 업무 수행 능력 신장을 위해 이루어지는 각종 연수이다. 직무연수에의 참여는 원칙적으로 본인의 희망이 중요하다. 해당 연수에 희망자가 많을 경우 희망자를 중심으로 경력, 업무, 연수의 특성 등을 고려하여 해당 시 · 도 교육청에서 선발한다. 그러나 연수의 종류가 많기 때문에 경쟁이 그리 심하지는 않으므로 본인의 의지만 있으면 직무연수를 받는 것은 어렵지 않다.

(3) 자율연수

자율연수는 교사의 교양을 쌓고 개인의 욕구를 충족시키기 위한 연수로 개인의 취미생활 또는 여가와 관련하여 여러 가지를 배울 수 있는 기회가 된다. 자격연수나 교육청에서 지명한 직무연수의 경비는 전액 교육청에서 지불하며, 자율연수의 납부영수증을 제출하면 사후에 보전받을 수 있다.

(4) 특별연수

특별연수는 교육청 등에서 특수한 목적을 가지고 교사를 국내 · 외의 연수기관으로 보내 연수받도록 하는 것이다.

한편 교원에게 있어 연수는 법규상 교사의 의무로 되어 있으나 학자에 따라서 연수를 교사의 자기계발의 권리로 보는 견해도 있고 교사의 신분을 유지하기 위한 책무로 보는 견해도 있는데 두 가지 모두를 포함한다고 생각하면 될 것이다. 외국의 경우 주기적으로 연수를 받지 않으면 교사의 자격이 박탈되는 경우도 있을 만큼 교사의 연수를 중시한다. 우리나라에서도 교사들의 연수 의욕을 높이기 위하여 연수 학점제를 실시하고 있으므로 연수의 기회를 잘 살펴서 능동적으로 꾸준하게 연수를 받는 자세가 필요하다.

(5) 원격연수

최근에는 장소와 시간에 구애받지 않고 받을 수 있는 인터넷을 통한 원격연수기관도 많이 있으므로 이를 잘 활용하면 연수에 크게 도움이 된다. 정해진 날짜와 시간에 정해진 장소로 이동하여 연수를 받는 집합연수와는 다르게 원격연수는 시간과 장소를 초월하여 자기 주도적 연수를 받을 수 있다는 점에서 최근 교사들에게 많은 인기를 끌고 있기도 하다.

연수기관으로는 각 시 · 도에 설치되어 있는 교육연수원을 비롯하여 한국교원연수원(https : //www.hstudy.co.kr) 등 각급 연수원에 집합연수뿐만 아니라 원격연수

과정도 많이 설치되어 있으므로 뜻만 세우면 알찬 연수를 얼마든지 받을 수 있다. 참고로 원격연수를 효율적으로 받는 방법을 소개하면 다음과 같다(전남교육청, 교직실무매뉴얼, 2009, 참조).

첫째, 매일 학습 시간과 분량을 정한다. 원격연수는 연수기간 동안 교사 스스로 원하는 시간대에 원하는 분량을 학습하는 방식으로 진행되기 때문에 규칙적인 시간과 분량을 정해 두고 학습하는 것이 필수적이다. 통상 원격강의의 시간은 학습 효율성이 가장 높은 시간대로 개인이 설정하되 반드시 그 시간에 출석한다는 생각으로 시간을 엄수하고, 학습분량도 하루 1~2시간 정도로 함이 적절하다.

둘째, 충분한 이해를 위해 반복학습이 중요하다. 동영상 강의의 최대 장점은 언제든 반복학습이 가능하다는 점에 있다. 동영상 강의는 현장 강의와 다르게 집중력이 흐트러지기 쉬우며 실시간으로 질문을 할 수 없다는 점에서 강의 내용을 이해하지 못하고 넘어갈 수가 있다. 이런 경우에는 항상 학습한 내용을 되돌리기하여 충분히 이해를 하고 다음 단계로 넘어가는 것이 좋다.

셋째, 컴퓨터 과정의 경우 반드시 실습하기와 병행한다. 최근 ICT 및 교육정보화 정책으로 인해 컴퓨터 과정을 통해 연수를 받는 교사가 많아졌다. 컴퓨터 과정의 경우 이론보다는 실기가 현장교육에서 활용도가 더 높고, 또한 실습이 학습 효과를 높이는데 유용한 면이 있다. 워드/컴활/ITQ 등 컴퓨터 과정의 경우에는 이론학습 50%, 실습하기 50% 정도로 시간을 설정하여 반드시 이론과 실습의 연계학습이 바람직하다.

넷째, 온라인 과제 및 시험 일정을 철저히 체크한다. 원격연수는 통상 4~5주의 연수기간 중에 온라인 과제 제출, 온라인 시험 등 매주 제출할 과제와 시험이 정해져 있다. 이는 교육부 인가 규정에 의해 연수 수료 조건에 반드시 포함된 항목으로 연수를 받는 교사는 꼭 참여를 해야 하는 중요한 커리큘럼의 하나이다. 연수 개강 시 제공되는 오리엔테이션 자료나 공지사항 등을 통해 그 주의 내용들이 안내되는데 연수 일정표를 잘 확인하여 누락되는 일이 없도록 세심한 신경을 써야 한다.

다섯째, 사이버 강의실의 첨삭지도 강사를 적절히 활용한다. 원격연수는 이미

동영상 촬영된 강의 내용을 학습하는 방식으로 연수 도중에 실시간으로 강사에게 질문을 하기가 어렵다. 하지만 이러한 문제점을 해결하기 위해 연수가 진행되는 기간에 사이버 첨삭강사가 상주하여 학습도우미 역할을 해 주고 있다. 첨삭강사는 강의 중에 의문시되거나 연수 진행상 생길 수 있는 모든 질문들에 대하여 해결책을 가지고 있는 학습도우미이다. 학습내용이나 학사일정 등 연수 관련 질문은 첨삭강사를 적절히 활용하면 많은 도움을 받을 수 있다.

여섯째, 동료교사와 함께 연수를 받는다. 집합연수의 장점 중의 하나가 연수 중 동료교사를 통해 여러 가지 도움을 받을 수 있다는 점이다. 하지만 원격연수는 특성상 첨삭강사나 행정직원을 통해 해결할 수 없는 따라서 연수의 효율성을 높이기 위해서는 가급적 동료교사와 함께 수강을 하는 것이 바람직하다.

일곱째, 출석하여 치루는 고사문제의 유형이나 시험범위 등을 사전에 파악한다. 연수 성적은 중요한 연수 결과물 중의 하나이다. 연수 수료증과 성적은 향후 중요한 의미를 가질 수 있다. 통상 연수 중 실시되는 온라인 과제 및 온라인 시험은 오픈북이고 충분한 시간을 주기 때문에 대부분의 연수 참여자가 별 어려움 없이 만점을 받을 수 있다. 그러나 출석하여 치루는 고사는 연수 마지막날 가까운 장소에 모여 집합 필기시험을 보는 것으로 전체 평가의 60% 비중을 차지하는 아주 중요한 시험이다. 즉 집합 출석고사의 점수에 의해 과락 여부 및 상대평가 점수가 결정된다. 따라서 과락에 대한 걱정이 있거나 성적이 잘 나오길 바라는 교사는 출석고사 전에 시험문제의 유형을 파악하는 것이 도움이 된다.

여덟째, 연수과정을 선택하기 전에 경험자에게 자문을 구한다. 다양한 과정은 그만큼 교사의 선택의 폭을 넓게 하지만 교사의 수준별 연수 개설이 쉽지 않은 만큼 실제 연수과정 선택 시 교사는 약간 혼란스러울 수 있다. 연수 과정의 세부 학습 내용 및 진행 방식에 대해서 충분히 사전 정보를 확인해야 하며 강사의 강의 방식이나 내용 등 구체적인 부분은 그 연수를 먼저 수강한 동료 교사나 연수원에 직접 문의하여 상담을 받는 것이 좋다.

아홉째, 연수기관 선택에 신중을 기한다. 원격연수는 온라인 인터넷 학습을 위한 설비시스템, 학습관리시스템, 연수 전반에 관련한 행정시스템 등 갖춰야 할 조건이 다양하다. 현재 연수기관 중 영세한 기관의 경우 인가 자진 반납 및 포기 현상이 발생하고 있으며, 인가 취소로 인해 발생되는 피해는 연수를 받은 교사에게 돌아갈 수 있으니 기관의 대외적 신뢰도 및 운영현황 등을 잘 파악한 후 선택해야 한다.

나. 자기 계획에 의한 연수

교사의 자기개발에서 외부에서 받는 연수 못지않게 중요한 것은 끊임없이 연구하는 자세이다. 스스로 주제를 정해서 연구를 하기도 하고, 뜻이 통하는 여러 명의 교사가 모여서 연구회를 조직한 후 그룹으로 연구 활동을 하기도 하고, 보다 깊은 연구를 위해 대학원을 진학하기도 한다.

(1) 스스로 하는 연수

현장에서 근무하다 보면 연구의 필요성을 느끼게 된다. 수업이나 학생지도에서 자신이 완벽하다고 생각하는 교사는 아무도 없을 것이다. '학습 내용을 학생들에게 좀 더 잘 이해시킬 수 있는 방법에는 어떤 것이 있을까?', '좀 더 좋은 수업 자료를 만들 수는 없을까?' 등 수업에 관련된 것에서부터 '아이들과 상담할 때 효과적인 대화법은 없을까?' 등 학생지도에 관련된 것, 그 외에도 여러 가지 생각할 거리들이 존재한다. 이 때 중요한 것은 생각으로만 그치지 말고 이를 체계적으로 연구해 보는 자세가 중요하다. 1년에 한 가지씩만 연구하더라도 10년 뒤에는 10가지에 대한 전문가가 될 수 있다. 새 학기가 시작되면 연구 파일을 만드는 것도 좋은 방법이다. 파일의 첫 장에는 그 해에 연구하고 싶은 주제를 적는다. 그리고 항상 파일을 가까이에 두고 관련된 자료를 모으고 경험을 기록하면서 파일을 한 장씩 채우다 보면 어느덧 훌륭한 연구 포트폴리오가 되어 있을 것이다.

(2) 각종 연구회 활동에 참여

홀로 연구하는 것이 벅차다고 느끼거나 혹은 연구 분야가 개인이 하기에 힘든 경우에는 연구회를 통해 정보를 얻는 것도 좋은 방법이다. 뜻이 맞는 교사들이 모여서 연구회를 조직하게 되면 교육청으로부터 활동비 지원도 받을 수 있다. 꼭 교육청이 아니더라도 여러 기관에서 교사들의 연구 모임을 지원해 주는 경우가 있으므로 잘 알아보면 큰 도움을 받을 수 있다. 여러 명이 모여서 토론도 하고 자료도 공유하면 혼자 연구할 때보다 훨씬 발전적이고 좋은 연구 결과를 얻을 수 있을 것이다. 무엇보다 혼자서 하다 보면 나태해지거나 중단하기 쉽지만, 여러 명이 하면 책임감에 의해서라도 계속 진행하게 된다.

(3) 대학원 진학

보다 깊이 있고 체계적인 연구를 원한다면 교육대학원에 진학하는 방법도 좋다. 대개의 교육대학원은 교원들의 편의를 위하여 야간이나 방학을 이용하여 운영하기 때문에 뜻만 있으면 얼마든지 진학할 수 있다. 한국교원대 석사과정에 진학하면 학위를 하는 2년 동안 학교에 근무하지 않고도 보수는 계속 지급받으면서 연구에만 몰두할 수 있는 제도도 있다.

대학원에 진학하게 되면 자신의 교과에 대해시 보다 깊이 공부할 수 있다는 점도 의의가 있으나, 스스로 연구할 수 있는 능력을 키우고, 실제로 연구를 수행하는 것에 보다 큰 의미가 있으며 후일 승진이나 교육전문직 등으로 진출하는데 가산점을 받을 수도 있다.

다. 승진 준비

임용고사에 합격하여 교직에 들어서면 앞에서 언급한 바와 같이 많은 연수의 기회가 주어진다. 그 중에서도 교직경력 3년이 지나서 받게 되는 1급 정교사 자격연수가 가장 중요한데 동 연수를 마치면 1급 정교사가 될 뿐만 아니라 1

호봉 승급과 '부장교사'로 일컬어지는 보직교사 임용자격도 얻게 된다. 그리고 동 연수에서 받게 되는 연수 성적이 훗날 승진 시 중요한 요소로 작용하게 된다. 그리고 교직 경력이 쌓임에 따라 선배 교사들로부터 승진에 관한 이야기를 자주 듣게 되는데 승진을 위해서는 '도서 벽지 학교에서 근무한 점수가 중요하다. '그러므로 도서 벽지에는 젊었을 때 가는 것이 좋다.'는 등의 이야기도 듣게 된다. 그러나 햇병아리 교사 시절에는 이러한 이야기들은 사실 별로 마음에 와 닿지 않는다. 승진이란 너무 먼 훗날의 이야기로 여겨지기 때문이다. 그러나 좀 더 큰 목표를 가진 교사라면 신규 교사 시절부터 승진에 대해 관심을 갖는 것도 교직에서의 자기 성취를 위해 좋은 일이다. 승진을 위한 평정은 첫째, 경력평정, 둘째, 근무성적평정, 셋째 연수성적평정, 넷째, 가산점 평정 등 대략 네 가지 요소로 나누어 각 항목의 평정 점수를 합산해서 평정하게 된다.

매년 교육청에서 그 해의 승진 가능 대략의 기준점수를 공고하고 학교에서는 이를 기준으로 그 점수에 근접한 교사를 보고하게 된다. 교육청에서는 보고된 명단 중에서 당해 연도의 승진 수요에 따라 대상자를 선정하여 연수를 시킨 후 승진시킨다. 과거에는 경력이 큰 비중을 차지하였으나 점차 경력 평정점수가 낮아지는 추세로 이는 교직에 활력을 불어넣으려는 정책적 시도로 보인다. 승진과 관련된 각종 평정제도는 앞서 언급한 바와 같이 시 · 도마다 약간씩 차이가 있으나 그 기준은 대체로 다음과 같다.

표 23 〈승진 관련 점수 현황표〉

구분	합계	경력 평정	근무성적 (다면평가 포함)	연수성적			가산점		
				교육성적 · 직무연수 · 자격연수	연구실적 · 연구대회 · 학위취득	합계	공통	선택	합계
만점	213	70	100	27	3	30	3	10	13
비율(%)	100	32.9	46.9	12.7	1.4	14.1	1.4	4.7	6.1

(1) 경력평정

교사의 경력은 매년 12월 31일을 기준으로 교감이 평정하는데 세부 내용은 아래 〈표 22〉와 같다. 2008년 현재 기본 경력 평정 적용 연수를 연차적으로 줄여가기 시작하여 2012년 적용되는 기본 경력은 15년으로 확정되는 것으로 되어 있다. 따라서 2012년 이후부터는 15년의 경력만 채우면 일단 승진의 자격은 갖추게 되는 셈이다. 여기서 '가', '나', '다' 경력이란 정규 교사로 근무한 경력이 '가' 경력이며, 임용권자가 임용하여 전임으로 근무한 강사 또는 기간제 교원(임시교원의 경력을 포함한다)의 경력이 '나' 경력이다. '다' 경력은 교사에서 교감으로 승진하는 평정의 경우에는 해당이 없고 교감에서 교장으로 승진 평정할 때 해당되는 규정이다.

표 24

〈경력평정표〉

적용시기	구 분	등 급 및 계 산 방 법			만 점
		등 급	월수 계산	일수 계산	
2012. 12. 31. 이후	기본경력 (15년)	가. 경력	(월수 × 0.3555)	(일수 × 0.0118)	64.00
		나. 경력	(월수 × 0.3333)	(일수 × 0.0111)	60.00
		다. 경력	(월수 × 0.3111)	(일수 × 0.0103)	56.00
	초과경력 (5년)	가. 경력	(월수 × 0.1000)	(일수 × 0.0033)	6.00
		나. 경력	(월수 × 0.0833)	(일수 × 0.0027)	5.00
		다. 경력	(월수 × 0.0666)	(일수 × 0.0022)	4.00

(2) 근무성적 평정

근무성적 평정은 줄여서 흔히 근평이라고 부른다. 근무성적은 교장(확인자), 교감(평정자), 동료교사가 각각 100점 만점으로 평정한 다음 각각 40 : 30 : 30 비율로 환산하여 매년 12월 31일 기준으로 평정한다. 근무성적을 승진에 반영할 경우는 해당 시점으로부터 최근 몇 년간의 성적을 반영하는데, 그 기간은 2년이었으나 2008년도부터 연차적으로 늘려 최종적으로 2016년 이후에는 승진후보자 명부 작성 기준 최근 10년간의 성적을 반영하기로 되어 있다. 교장과 교감의 평정이 이루지기 전에 모든 교사는 다음 〈표 25〉와 같은 양식의 자기실적 평가서를 교감에게 제출해야 한다. 한편 교장과 교감이 평가하는 근무평정표 양식은 다음 〈표 26〉과 같다.

표 25 〈교사 자기실적 평가서 양식〉

교사 자기실적 평가서

1. 평가 지침
근무실적평정의 신뢰성과 타당성이 보장되도록 객관적 근거에 따라 종합적으로 평가하여야 한다.

2. 평가 기간 : 년 월 일부터 년 월 일까지

3. 평가자 인적사항

○ 소 속 :	○ 직 위 :	○ 성 명 :

4. 평가자 기초 자료

○ 담당 학급 :	○ 담당 과목 :
○ 담당 업무 :	○ 연간 수업시간 수 :
○ 연간 학생상담 시간 수(교과) :	○ 연간 학부모상담 시간 수(교과) :
○ 연간 학생상담 시간 수(생활) :	○ 연간 학부모상담 시간 수(생활) :

5. 자기실적 평가
가. 학습 지도
○ 학습지도 추진 목표
○ 학습지도 추진 실적
나. 생활지도
○ 생활지도 추진 목표
○ 생활지도 추진 실적
다. 교육연구
○ 교육연구 추진 목표
○ 교육연구 추진 실적
라. 담당 업무
○ 담당업무 추진 목표
○ 담당업무 추진 실적
○ 창의적 업무개선 사항
※ 자기 평가 종합 상황

자 기 평 가	목표달성도	당초 설정한 목표에 대한 달성 정도	만족	보통	미흡
	창 의 성	학습지도, 생활지도, 교육연구 및 담당업무 등에서 창의적인 업무수행 정도	만족	보통	미흡
	적 시 성	학습지도, 생활지도, 교육연구 및 담당업무 등을 기한 내 효과적으로 처리한 정도	만족	보통	미흡
	노 력 도	목표달성을 위한 노력, 공헌도	만족	보통	미흡

년 월 일

작성자(본인) 성명 서명(인)

표 26

<근무평정 사항>

구분	평정사항	평정요소	평 정 내 용
교사	자질 및 태도	교육자로서의 품성 (10점)	교원의 사명과 직무에 관한 책임과 긍지를 지니고 있는가
			교원으로서의 청렴한 생활태도와 예의를 갖추었는가
			학생에 대한 이해와 사랑을 바탕으로 교육에 헌신하는가
			학부모·학생으로부터 신뢰와 존경을 받고 있는가
		공직자로서의 자세 (10점)	교육에 대한 올바른 신념을 가지고 있는가
			근면하고 직무에 충실하며 솔선수범하는가
			교직원간에 협조적이며 학생에 대해 포용력이 있는가
			자발적·적극적으로 직무를 수행하는가
	근무실적 및 근무수행 능력	학습지도 (40점)	수업연구 및 준비에 최선을 다 하는가
			수업방법의 개선 노력과 학습지도에 열의가 있는가
			교육과정을 창의적으로 구성하며 교재를 효율적으로 활용하는가
			평가계획이 적절하고, 평가의 결과를 효율적으로 활용하는가
		생활지도 (20점)	학생의 인성교육 및 진로지도에 열의가 있는가
			학교행사 및 교내외 생활지도에 최선을 다 하는가
			학생의 심리, 고민 등을 이해하기 위하여 노력하고 적절히 지도하는가
			교육활동에 있어 학생 개개인의 건강·안전지도 등에 충분한 배려를 하는가
		교육연구 및 담당 업무 (20점)	전문성 신장을 위한 연구·연수활동에 적극적인가
			담당업무를 정확하고 합리적으로 처리하는가
			학교교육목표의 달성을 위한 임무수행에 적극적인가
			담당업무를 창의적으로 개선하고 조정하는가

(3) 연수성적 평정

연수성적 평정은 크게 교육성적 평정(자격연수 성적 + 직무연수 성적)과 연구실적 평정(연구대회 입상실적 + 학위취득 실적) 두 가지로 나뉜다.

여기서 자격연수 성적이란 앞에서 언급한 신규 임용 3년 후에 받게 되는 1급 정교사 자격연수 성적이다. 직무연수는 당해 직위에서 10년 이내에 교원의 연수에 관한 규정에 의한 교원연수기관 또는 교육과학기술부장관이나 시 · 도교육감이 지정한 연수기관에서 받는 60시간 이상의 연수를 말한다.

연구실적 평정은 연구대회 입상실적과 학위취득실적으로 평정한다. 따라서 신규교사는 보다 일찍 대학원에 진학하여 학위를 취득하고 가능하다면 박사 학위까지 취득한다면 승진에 유리할 것이다. 석사나 박사 학위 취득 시 교육과학기술부의 연구직 공무원에 응시할 수 있는 자격이 생기며 각 시 · 도의 교육전문직 선발 시험에서 가산점을 받을 수도 있다.

(4) 가산점 평정

가산점 평정은 공통가산점과 선택가산점 두 가지로 나뉜다. 공통 가산점은 연구학교 근무경력, 재외국민교육기관 파견근무경력, 연수이수 학점실적 등이다.

선택가산점은 도서 · 벽지학교 근무경력, 농 · 어촌교육 진흥학교 근무 경력, 보직교사 근무경력, 한센병 환자 자녀 수용학교 및 학급담임 경력과 특수학교에 근무하거나 특수(통합교육)학급을 직접 담당한 경력 등을 말하며 시 · 도별로 부여하는 점수가 조금씩 다르다.

라. 교육전문직으로 전직(轉職)

교육전문직이란 각 시 · 도 교육청이나 지역 교육청 및 각급 교육 관련 연구 · 연수 기관 등에서 근무하는 장학사나 교육연구사를 말하는데 이들은 일선학교에 대한 장학지도와 교육 시책을 기획하고 연구 또는 연수를 담당하는 교육계의 중요한 직책이어서 교직의 꽃으로 불리기도 한다. 그러므로 교육 전문직은 교원으로서 일정한 경력을 쌓은 자 중에서 소정의 능력을 갖춘 교원을 시 · 도별로 선발하는데 대체로 일단 교육전문직으로 진출하면 장학관으로 승진하여 교육행정가로서 성장할 수도 있고 교감이나 교장으로 승진하는데도 가산점이 부여되는 등 매우 유리하므로 교직 초기부터 이에 관심을 갖고 경력사항이 충족될 때까지 미리 준비하여 일정한 경력이 되면 이에 응시하는 것도 자기계발에 아주 좋은 방안이 될 수 있다.

시 · 도 교육청에 따라 선발 방법이 약간씩 다르기는 하지만 대체로 다음과 같은 절차에 의해 선발하는 것이 통례이다.

(1) 서류전형

시 · 도별로 약간씩 다르지만 대체로 10~15년의 경력 기준과 최근 1년 이내의 근무성적이 '우' 이상인 자로 근무성적 평정 및 연구실적, 포상실적, 교육활동유공경력, 정보처리 관련 자격이나 영어능력, 취득한 학위 등을 사항별로 점수화하여 평정한다.

(2) 필기시험

일단 서류 전형에 결격사유가 없는 자를 대상으로 필기시험을 부과하는데 그 내용은 대체로 다음과 같다.

(가) 1차 전형(선발 예정인원의 1.5배수)

· 논술시험 : 기본소양, 교육시책, 장학론 등(70점)

· 기획능력평가 : 교육현안 관련 기획보고서 작성(30점)

(나) 2차 전형

· 현장평가(70점)

· 역량평가(70점)

· 심층면접(60점)

※배정시간 및 배점은 각 시 · 도에서 정한다.

이와 같은 과정을 통하여 획득한 점수를 종합하여 선발하는데 그 경쟁률이 상당히 높은 편이며 대부분의 시 · 도 교육청에서 응시자격의 규정 또한 높은 편으로 교육계의 엘리트로 성장하는 발판이 되기도 한다.

제 14 장

학사실무 관리

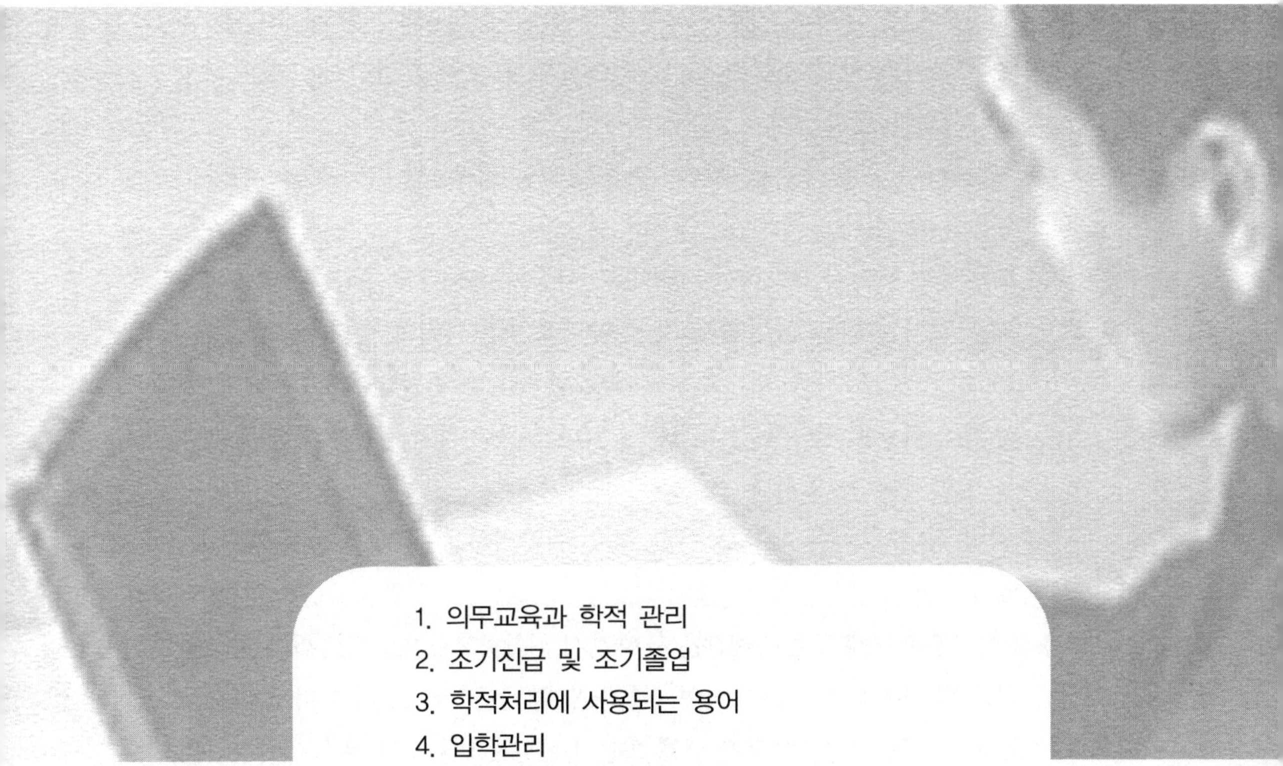

1. 의무교육과 학적 관리
2. 조기진급 및 조기졸업
3. 학적처리에 사용되는 용어
4. 입학관리
5. 학생 유학처리 요령
6. 학기 · 학급편성 및 수업운영
7. 학교건강검사(「학교건강검사규칙」)
8. 학교폭력 예방 및 대책

1. 의무교육과 학적 관리

가. 의무교육의 법적 근거(「교육기본법」 제8조)

(1) 의무교육은 6년의 초등교육 및 3년의 중등교육으로 한다.
(2) 모든 국민은 6년의 초등교육과 3년의 중등교육을 받을 권리를 가진다.
(3) 지방자치단체는 의무교육에 필요한 초등학교 · 중학교 · 특수학교를 설립 · 경영하여야 한다.

나. 취학의무(「초 · 중등교육법」 제13조~제16조)

(1) 모든 국민은 그가 보호하는 자녀 또는 아동이 만 6세가 된 날의 다음 날 이후의 최초 학년 초부터 만 12세에 해당하는 학년 말까지 초등학교에 취학시켜야 한다.
(2) 초등학교장은 학생수용 능력에 여유가 있을 경우, 만 5세 아동의 취학을 허용할 수 있다.
(3) 모든 국민은 그가 보호하는 자녀 또는 아동이 초등학교 졸업 후 만 15세가 되는 날이 속하는 학년 말까지 중학교에 취학시켜야 한다.
※ 조기진급 및 조기졸업자의 경우는 해당 연수를 뺀 연령을 말하고 출석일수의 부족 등으로 인하여 진급 또는 졸업하지 못한 자의 경우에는 해당 연수를 더한 연령을 말한다.
(4) 질병 등 부득이한 사유로 인한 경우 취학의무를 면제 또는 유예할 수 있다.
※ 취학의무를 면제 또는 유예받은 자가 다시 취학하고자 하는 경우에는 학습능력을 평가한 후 학년을 정하여 취학하게 할 수 있다. 이 경우 다시 취학하는 자의 학년이 취학의무를 면제 또는 유예받지 아니하고 계속 취학하였을 때의 학년과 차이가 있는 경우에는 취학의무 연령에 그 해당 연수를 더한다.

(5) 의무교육 대상자를 고용하거나 의무교육을 받는 것을 방해할 수 없다.

(6) 국가 및 지방자치단체는 의무교육 대상자의 친권자나 후견인이 경제적 사유로 취학시키기 곤란한 경우 교육비를 보조할 수 있다.

다. 만 5세 아동의 취학(「초 · 중등교육법 시행령」 제20조)

(1) 교육감은 초등학교의 학생수용 능력을 고려하여 다음 사항이 포함된 고시를 하여야 한다.

(가) 만 5세 아동의 초등학교 취학 허용 아동 수

(나) 취학할 수 있는 아동의 범위

(다) 기타 취학절차 등에 관한 사항

(2) 교육장은 위 (1)의 시행계획에 따라 세부계획을 수립하여야 한다.

(3) 초등학교장은 학생수용 능력에 여유가 있는 경우에 만 5세 아동을 취학시키고 40일 이내에 읍 · 면 · 동장에게 명단을 통보한다.

라. 취학의무의 면제 및 유예(「초 · 중등교육법 시행령」 제28조)

(1) 의무교육 대상자의 경우 퇴학(자퇴 포함)시킬 수 없으므로 사유에 따라 유예 또는 면제 처리하여야 한다.

(2) 유예 또는 면제는 교육감이 정하는 질병(발육상태 부진 등) 등 부득이한 사유가 있는 경우 보호자의 신청으로 학교의 장이 최종 결정한다.

※ 보호자가 행방불명 등일 경우 학교장이 사인 후 결정한다.

(3) 유예는 1년 이내로 하되 특별한 사유가 있는 경우 연장 및 재차 유예를 할 수 있다.

마. 재 · 편입학

(1) 정당한 사유 없이 3개월 이상 장기 결석한 자에 대해서는 정원 외로 학적을

관리할 수 있다(「초·중등교육법 시행령」 제29조).

(2) 의무교육을 면제, 유예, 정원 외 학적 관리 중인 자가 다시 학교에 다니고자 할 경우 초·중학교의 학칙이 정하는 바에 따라 학교장이 해당 학년 수학 가능성을 평가하여 취학할 학년을 결정할 수 있다.

(3) 재입·편입·전입생의 수업일수는 다른 학생의 수업일수와 같지 않을 수 있으나(법정 수업일수 190일 이상이 안 될 수도 있음), 그 수업일수가 당해 학년 수업일수의 2/3 미만이 될 경우에는 당해 학년도 재입·편입·전입이 불가능하다.

(4) 외국에서 귀국한 학생, 외국인 학생 또는 북한 이탈주민의 자녀는 학칙이 정하는 바에 따라 중학교 입학·전학 또는 편입학할 수 있다(「초·중등교육법 시행령」 제75조).

(5) 편입학할 수 있는 자는 편입학하는 학년의 전 학년까지의 과정을 수료한 자 및 이와 동등 이상의 학력이 있다고 인정되는 자이어야 한다(「초·중등교육법 시행령」 제74조).

(6) 퇴학한 자가 재입학할 수 있는 학년은 퇴학 당시의 이하 학년에 한한다.

(7) 재외국민 또는 외국인이 보호하는 자녀 또는 아동이 국내의 초등학교에 입학하거나 최초로 전입학하는 경우에는 거주지를 관할하는 해당 학교의 장은 출입국에 대한 사실증명 또는 외국인등록사실증명의 내용을 확인함으로써 입학 또는 전학절차에 갈음할 수 있다. 다만, 그 재외국민 또는 외국인이 확인에 동의하지 아니하는 경우에는 출입국에 관한 사실이나 외국인등록사실을 증명할 수 있는 서류 또는 임대차계약서, 거주사실에 대한 인우보증서 등 거주사실을 확인할 수 있는 서류를 제출하도록 하여야 한다.

바. 부적응 학생의 전학(「초·중등교육법 시행령」 제21조, 제73조, 제89조)

(1) 초등학교장은 학교생활 부적응 또는 가정 사정으로 인하여 교육환경을

바꾸어 줄 필요가 있는 경우 보호자 1인의 동의를 얻어 교육장에게 전학을 추천하면 전학하게 할 수 있다.

(2) 교육장(감), 중(고)학교의 장이 학생의 교육상 교육환경을 바꾸어 줄 필요가 있다고 인정하여 다른 학교로의 전학 또는 편입학을 추천한 자와 퇴학한 자로서 재입학을 지원하는 자에 대하여는 전학, 또는 편입학이나 재입학할 학교를 지정하여 배정할 수 있다.

사. 취학의 독촉(「초 · 중등교육법 시행령」 제25조~제27조)

(1) 독촉 · 경고 및 통보

(가) 학교장은 다음의 경우 지체 없이 그 보호자 또는 그 고용자에게 학생의 출석을 독촉하거나 의무교육을 받을 것을 방해하지 아니하도록 경고하여야 한다.

① 정당한 사유 없이 계속하여 7일 이상 결석을 하는 때

② 학생의 고용자에 의하여 의무교육을 받는 것이 방해 당하는 때

(나) 학교장은 독촉 또는 경고 후 7일을 경과하여도 그 상태가 계속되는 때나 2회 이상 독촉 또는 경고한 때에는 그 내용을 초등학교의 경우에는 거주지 읍 · 면 · 동의 장에게, 중학교의 경우에는 교육장에게 각각 통보하여야 한다.

(다) 읍 · 면 · 동의 장 또는 교육장은 학생의 취학 또는 출석을 방해하지 않도록 보호자 및 고용자에게 경고하여야 한다.

(2) 교육감은 수시로 확인 · 점검하여야 한다.

(3) 취학독려의 책임자와 경찰공무원은 학령아동으로서 길거리에서 배회하는 자를 발견한 때는 그 이유를 조사하여 적절한 취학독려조치를 하여야 한다.

2. 조기진급 및 조기졸업

가. 조기진급, 조기졸업(「초·중등교육법」 제27조)

(1) 초·중·고등학교 및 이에 준하는 학교의 장은 재능이 우수한 자에 대하여 수업연한의 단축(수업상의 특례 포함)에 의하여 조기진급 또는 조기졸업을 할 수 있도록 하거나 상급학교 조기입학을 위한 자격을 부여할 수 있다.
(2) 상급학교 조기입학에 의한 자격을 부여받아 상급학교에 입학한 경우에는 조기 졸업을 한 것으로 본다.

나. 교과목별 이수인정평가위원회(「조기진급, 조기졸업에 관한 규정」)

(1) 각급 학교의 교과목별 이수인정평가위원회가 실시하는 교과목별 이수인정평가에 의하여 학교장이 행한다.
(2) 교과목별 이수인정평가위원회의 구성 및 운영에 관하여 필요한 사항은 각급학교의 학칙으로 정한다.
(3) 교과목별 조기이수에 의하여 조기진급 또는 조기졸업을 한 자는 당해 학교 학년의 모든 교육과정을 이수한 자와 동등한 학력이 있다고 인정한다.

3. 학적처리에 사용되는 용어

① 입학 : 학교에 들어감(1학년 신입학).
② 취학 : 처음으로 의무교육을 받기 위해 초등학교 또는 중학교의 적정 학년에 들어감.
③ 재학 : 당해 학교의 학생 신분(학적)을 보유함.

④ 재입학 : 고등학교에서 학업을 중단한 자가 중단 이전의 학교에 재학 당시 학년 이하의 학년으로 다시 입학함(의무교육인 초등학교 및 중학교에서는 불가).

⑤ 재취학 : "면제, 유예, 정원외학적관리" 중인 자(의무교육을 중단한 자)가 다시 의무교육을 받고자 초등학교 또는 중학교에 다니게 됨.

⑥ 편입학 : 학업을 중단한 자가 중단 이전의 학교에 재학 당시 학년의 차상급 학년으로 다시 입학하거나, 다른 학교로 다시 입학함.

⑦ 전입학 : 다른 학교 재학생이 우리 학교 재학생이 됨.

⑧ 복학 : 질병 등 휴학 사유 종료에 따라(휴학기간 만료) 다시 학교에 들어옴.

⑨ 진급 : 해당 학년의 교육을 수료하여 상급 학년으로 올라감.

⑩ 조기진급 : 학칙에 의거 상급 학년의 교육과정을 조기 이수하여 차상급 학년으로 진급함.

⑪ 전출 : 다른 학교로 전입학하기 위해 해당 학교의 학적을 버림.

⑫ 유급 : 해당 학년 교육과정 미수료에 의해 상급 학년으로 진급하지 못함.

⑬ 휴학 : 질병 등 사유에 의해 학교장의 허가하에 일정 기간 동안 재학생 신분을 버림.

⑭ 면제 :「초 · 중등교육법」 제14조에 의거 취학 및 교육 의무를 면함.

⑮ 취학유예 :「초 · 중등교육법 시행령」 제28조의 규정에 의거 해당 학년도에 취학하여 교육받을 의무를 다음 학년도까지 보류함.

⑯ 유예 : 재학하여 계속 교육받을 의무를 다음 학년도까지 보류(「초 · 중등 교육법 시행령」 제29조에 의한 입학 이후 유예자 또는 3월 이상 장기결석 중인 학생)하는 것으로 학칙에 의거 '정원외학적관리'할 수 있음.

⑰ 제적 : 고등학교에서 학칙에 의거 재학생 자격을 박탈하여 학적에서 제외시킴(의무교육인 초등학교 및 중학교에서는 불가).

⑱ 자퇴 : 고등학교에서 개인 또는 가정사정으로 학생의 바람에 의하여 학적(재학생의 신분)을 박탈함(의무교육인 초등학교 및 중학교에서는 불가).

⑲ 퇴학 : 고등학교에서 징계 등 학칙에 의해 학적(재학생의 신분)을 박탈함(의무교육인 초등학교 및 중학교에서는 불가).

⑳ 수료 : 해당 학년의 전 교육과정을 이수함.
㉑ 졸업 : 전 학년 교육과정을 수료하여 해당 학교의 학업을 마침.
㉒ 조기졸업 : 학칙에 의한 수업 연한의 단축을 통해 해당 학교 전 교육과정을 조기에 수료하여 해당 학교의 전 과정을 마침.
※ 유학 : 국외유학에 관한 규정에 따른 국비 또는 자비 유학자격에 해당하는 자로서 외국의 학교로 전학함(면제 및 자퇴의 한 사유임).

4. 입학관리

가. 초등학교(「초 · 중등교육법」 제13조~제16조, 「초 · 중등교육법 시행령」 제15조~제22조)

(1) 취학대상

2월 말 현재 만 6세가 되는 어린이가 취학대상자이다. 단, 초등학교의 장은 초등학교의 학생수용능력에 여유가 있는 경우 대통령령(초 · 중등교육법 시행령 제20조)이 정하는 바에 의하여 만 5세 아동의 입학을 허용할 수 있다.

(2) 취학아동명부 작성 및 열람

(가) 읍 · 면 · 동장은 매년 11월 1일 현재 그 관내 거주 아동으로서 다음 해 3월 1일 취학할 아동명부를 11월 30일까지 작성한다.
(나) 취학아동명부 작성 후 10일 이상의 기간을 정하여 보호자가 열람할 수 있도록 한다.
※ 취학대상자가 명부작성 기준일 후 관내 전입시는 즉시 명부에 등재한다.
(다) 취학아동의 조사 및 명부작성에 관하여 필요한 사항은 교육감이 정한다.

(3) 입학 기일의 통보

교육장은 매년도 취학할 아동의 입학 기일과 통학구역을 결정하여 당해 연도

1월 20일까지 읍 · 면 · 동장에게 통보한다.

단, 교육대학 · 사범대학 · 종합교원양성대학의 부설초등학교 및 사립초등학교의 통학구역은 지정하지 않는다.

(4) 취학 통지

읍 · 면 · 동장은 입학할 학교와 입학 기일을 명기하여 당해 연도 2월 25일까지 보호자에게 통지 후 취학아동명부를 입학할 학교장에게 통보한다.

(5) 재외국민자녀의 입학(외국인이 보호하는 자녀 포함)

(가) 출입국에 관한 사실 증명 또는 외국인등록사실증명을 확인함으로써 입학 또는 전학절차에 갈음할 수 있다.

(나) 외국에서 귀국한 아동은 교육감이 정하는 바에 따라 귀국학생 특별학급이 설치된 초등학교에 전학할 수 있다.

나. 중학교(「초 · 중등교육법」 제13조~제16조, 「초 · 중등교육법 시행령」 제66조~제76조, 제96조)

(1) 입학 자격

(가) 초등학교를 졸업한 자

(나) 중학교입학자격검정고시에 합격한 자

(다) 외국 또는 군사분계선 이북 지역에서 6년 이상의 학교교육과정을 수료한 자

(라) 소년원법 제29조의 규정에 의하여 초등학교에 상응하는 교육과정을 이수한 자

(2) 원서제출 및 배정

(가) 출신 초등학교 관할 중학교입학추첨관리위원회(교육청별로 구성)에 중학교

배정원서를 제출한다.

(나) 교육장은 지역별, 학교군별로 추첨에 의해 학교 배정을 한다.

(다) 학교 배정 후 당해 학교 입학을 포기하는 경우 당해 연도에 다른 학교 배정은 불가능하다.

(라) 교육장이 인정한 체육특기자와 지체부자유자는 학교를 지정하여 배정한다.

다. 고등학교(「초 · 중등교육법」 제47조, 「초 · 중등교육법 시행령」 제77조~제89조, 제97조)

(1) 입학 자격

(가) 중학교를 졸업한 자

(나) 고등학교입학자격검정고시에 합격한 자

(다) 교육부장관이 지정한 학교를 졸업한 자

(라) 외국 또는 군사분계선 이북 지역에서 9년 이상의 학교교육과정을 수료한 자

(마) 교육감이 지정한 평생교육시설에서 중학교 교육과정에 상응하는 교육과정을 이수한 자

(바) 소년원법 제29조의 규정에 의하여 중학교에 상응하는 교육과정을 이수한 자

(2) 입학전형 방법

(가) 전기학교

전기학교의 입학전형은 그 실시권자가 따로 정하는 방법에 의하거나, 또는 실기고사, 적성검사, 실험 · 실습 및 면접을 실시할 수 있다.

(나) 후기학교

① 중학교 학교생활기록부의 기록에 의한 방법
② 시 · 도별 시행하는 선발고사에 의한 방법
③ 중학교 학교생활기록부의 기록과 선발고사를 병합한 방법

(다) 입학전형 면제자

① 외국 또는 군사분계선 이북 지역에서 9년 이상의 학교교육과정을 수료한 자
② 정부의 초청 또는 추천에 의하여 귀국한 과학기술자 및 교수 요원의 자녀
③ 외국인 학생
④ 외국에서 부모와 함께 거주하며(2년 이상) 외국의 학교에 2년 이상 재학하고 귀국한 후 국내 중학교에 편입학하여 졸업한 학생
⑤ 체육특기자 및 지체부자유자

(3) 신입생 선발

(가) 전기학교 : 당해 학교장이 결정
(나) 후기학교 : 주간부 · 야간부 순으로 선발
※ 서울시의 경우 후기 야간부 고등학교는 없다.

(4) 신입생 배정

(가) 학교군별로 추첨에 의거 배정한다.
(나) 2개 이상의 학교를 선택하여 지원할 수 있도록 교육감이 지정한 특정지역 내에 소재하는 학교(선복수지원 후추첨배정학교)에 대하여는 지원자 중 해당 학교 정원의 전부 또는 일부를 배정할 수 있다.
(다) 체육특기자, 지체부자유자는 학교군에 제한없이 교육감이 학교를 지정

하여 배정한다.

(라) 통학상 교통이 불편하거나 학교군별 수용 능력상 필요한 경우 정원의 범위 내에서 타 학교군 학교에 배정할 수 있다(서울특별시교육청 고시 제 94-7호).

(마) 당해 연도 고등학교에 배정된 자가 당해 학교의 입학을 포기한 경우 당해 연도에 다시 다른 학교에 배정받지 못한다.

5. 학생 유학처리 요령

가. 합법유학 및 유학 인정

(1) 합법유학(국외유학에 관한 규정)

(가) 초 · 중학교 학생

① 전공분야 특기생으로 학교장 추천에 의해 교육장이 유학을 인정한 예 · 체능계 중학생

② 외국 정부, 공공단체 또는 장학단체의 장학생으로 선발되어 국제교육진흥원장의 허가를 받아 조기유학하는 초 · 중학생

(나) 중학교 졸업 동등 이상의 학생

국비유학생 선발에 의하거나 자비에 의해 유학하는 경우

(다) 정당한 유학으로 인정되는 경우

이민, 공무원 및 상사주재원으로 해외파견, 부모의 해외취업 등에 의해 전 가족이 외국으로 출국하여 합법체류하며 해당 국가 정규학교에 재학하다가 귀국한 경우

※ 초 · 중학생으로 위의 경우 외의 유학이거나, 위의 경우에 해당되어도 그 기간이 6개월 이하인 경우는 불법유학이다.

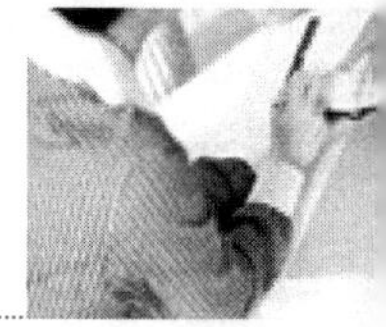

♠ **유학 시 학적 처리**(초 · 중등교육법 시행령 제28조)

① 의무교육대상자인 중 3 졸업 이전의 학생 : 해외 출국 및 체류 신고 후 취학의무(의무교육) 면제 처리

② 고교재학 이상의 학생 : 해당 학교 자퇴 처리

※ 불법유학 시 학적 처리

무단결석 처리하다가 결석개시 후 3개월 경과 시까지 해당 학생이 학교에 출석하지 않는 경우 학적을 정원에서 제외하여 별도 관리한다(정원 외 학적 관리).

(2) 유학 후 귀국학생 처리(초 · 중등교육법 시행령 제29조, 제75조, 제92조)

(가) 합법유학 후 정규학교의 교육과정을 정상 이수하고 귀국한 경우

① 국내외 재학기간(국내외 재학학교의 전 학년 성적증명서에 의해 판단) 합산에 의해 산정된 학년에 특례 신 · 편입학

② 해당 학년의 정원 외 별도 정원이 있다(구체적 정원은 해당 학교 학칙에 정한다 : 대개 학년정원의 2~3%).

③ 해당 학년의 교육과정 및 학업성적을 인정하는 것은 아니다.

(나) 고교재학 이상의 학생으로서 학교 자퇴 후 유학하고 귀국한 경우

① 자퇴한 학년 이하의 학년에 재입학

재입학일 이후의 자퇴한 학년의 학업성적 및 결석상황이 소멸되며 재입학하여 수행한 최근의 기록으로 갱신된다.

② 자퇴 학년보다 상급 학년으로 편입학 희망 시

· 해당 학년 정원 내 결원이 있고 학칙이 정하는 바에 의한 편입학 희망 학년의 수학 능력이 있다고 인정(평가)된 경우에 한해 가능

· 해당 학년의 교육과정 및 학업성적을 인정하는 것은 아니다.

· 학년 누락에 의한 제반 불이익은 본인이 감수해야 한다.

· 자퇴한 학년의 학업성적 및 결석상황은 그대로 유지된다.

(3) 상급학교 특례입학의 기본조건(초 · 중등교육법 시행령 제82조)

(가) 합법유학이며 부모와 함께 해당국에서 2년 이상 합법체류하고 해당국 정부가 인정하는 정규의 학교에서 2년 이상 정규의 교육과정을 이수한 경우로서 귀국 후 편입학한 학교를 1년 6개월 이내에 졸업하며 상급학교에 입학하는 경우

※ 중학교 1학년에 편입학한 경우 고입 전형 시 특례입학 대상이 아니다(1년 6개월 기간 경과).

(나) 신입학하려는 학교 이하의 학교급까지의 전 교육과정을 외국에서 이수한 경우

※ 대입은 초 · 중 · 고(1~12학년), 고입은 초 · 중(1~9학년) 전체 교육과정을 외국의 정규학교에서 이수한 경우 특례신입학 대상이다.

(다) 정부 초청 및 추천에 의한 과학기술자 및 교수요원 자녀

※ 대입전형에 있어서의 특례입학은 위의 기본조건 외 추가로 세부 조건을 대학별로 부여하는 경우도 있다.

- 외국체류 5년 이상을 단서로 하거나, 12학년의 교육과정 중 학년 누락이 없어야 하는 등 대학별 전형요강에 의해 달리 적용할 수 있다(고등교육법 시행령 제29조).

♠ 학업중단자 수업일수

학업중단자(면제 · 유예 · 정원 외 학적관리 중인 자)가 취학 · 재취학하거나 귀국학생 등이 편입학하는 경우에는 재취학 및 편입학 당시 해당 학년 수업일의 수학가능성을 인정한 것이므로 수업일수가 당해 학년도 수업일수의 3분의 2 이상에 미달하여도 해당 학년 수료에 영향을 받지 아니한다(초 · 중등교육법 시행령 제29조 및 제 75조).

나. 불법유학 후 귀국학생

(1) 불법유학 후 귀국학생 학적 처리

※ '합법유학하였으나 비정규학교에 재학한 경우'이거나 '정규학교에 재학하였으나 정규의 교육과정을 모두 이수하지 않은 경우'도 포함된다.

(가) 정원 외 학적관리된 학년 이하의 학년에 재취학하는 경우
정원 외 학적관리된 학년의 학업성적 및 결석상황이 소멸되며 재취학하여 수행한 최근의 기록으로 갱신된다.

(나) 정원 외 학적관리된 학년보다 상급의 학년에 취학 및 편입학을 희망할 경우 해당학교의 학칙에 의한 수학가능성 평가 결과에 의한 학년에 일반취학 및 편입학된다.

· 해당 학년의 정원 내 결원의 범위 내에서 가능
· 해당 학년의 교육과정 및 학업성적을 인정하는 것은 아니다.
· 학년 누락에 의한 제반 불이익은 본인이 감수해야 한다.
· 정원 외 학적관리된 학년의 학업성적 및 결석상황은 그대로 유지된다.

(2) 불법유학 학적 처리

(가) 중학교 졸업 이전에 국외의 학교에 수학할 수 있는 경우는 예체능 특기생으로 추천받아 유학하거나 외국학교의 장학생으로 선발되어 국제교육진흥원장의 추천을 받아 유학하는 경우, 이민, 파견근무 등 부득이 전 가족이 해외로 출국하게 되어 유학하는 경우에 한한다.

(나) 중졸 이전에 불법 · 부당 유학한 경우에 외국에서의 학력은 해당국가의 학력일 뿐 국내의 학력으로 인정되지 않는다. 재학 중인 초등학교 또는 중학교 의 해당 학년에서 무단결석 처리되며 결석개시 3개월 후에 학업이 중단되는 학적정리(정원 외 학적관리)가 된다. 이후 귀국하여서는 학업을 중단

한 학년에 다시 취학해야 한다.

(다) 합법적인 경우(부모 모두와 함께 출국)에는 국내외 재학기간 합산에 의해 편입학년을 결정하여 편입학하게 되고, 거기에 2년 이상 체류(부모 모두와 함께 출국)하고 2년 이상 재학하였다면 특례 편입학 및 신입학을 적용한다.

(라) 국가가 인정하는 유학이라도 비정규학교에서 수학한 기간이나 정규학교에서 정규의 교육과정을 모두 이수하지 않은 경우, 또는 불법유학(어학연수 등)한 기간에 대해서는 기본적으로 수학기간을 인정할 수 없으므로, 귀국 후 편입할 학교의 학칙이 정하는 바에 따라 해당 학교의 해당 학년 수학가능성 평가결과에 따라 학교장이 편입할 학년을 결정하게 된다. 따라서 귀국 후 거주지 인근의 편입 희망학교를 직접 방문하여 해당 학교 학칙에 따라 편입학을 허가받아야 한다.

(3) 불법유학 및 재취학

(가) 입학포기원을 내고 불법유학

출신 초등학교에서 졸업을 인정했으면 그 졸업은 유효하다. 그러나 학교배정을 받은 후 배정포기원을 내고 불법유학을 했다면 초·중등교육법 시행령 제72조의 “당해 학교에 입학을 포기한 경우에는 당해 연도에 다시 다른 학교에 입학배정을 받지 못한다.”의 규정과 동 시행령 제67조의 “중학교의 입학시기는 학년 초부터 30일 이내로 한다.”는 규정에 의해 처리해야 한다.

(나) 6개월 불법유학 후 재취학

불법유학 후 정원 외 관리된 학생은 원칙적으로 당해 학년도에 재취학이 불가능하다. 다만 학교장이 재취학을 허가할지라도 초·중등교육법 시행령 제50조에 의해 출석일수 부족으로 진급을 할 수 없다.

6. 학기 · 학급편성 및 수업운영

가. 수료 및 졸업(「초 · 중등교육법 시행령」 제50조)

학교의 장은 학생의 교육과정 이수 정도 등을 평가하여 학생의 각 학년 수료 또는 졸업을 인정한다. 학생의 각 학년 과정의 수료에 필요한 출석일수는 법정 수업일수의 3분의 2 이상이어야 한다. 학교의 장은 당해 학교의 교육과정을 이수 하였다고 인정하는 자에게 졸업장을 수여한다.

나. 학기 및 수업일수

학교의 학기는 매학년도를 두 학기로 나누되, 1학기는 3월 1일부터 학기의 수업일수, 휴업일 및 교육과정 운영을 고려하여 학교의 장이 정한 날까지, 2학기는 1학기 종료일 다음 날부터 다음 해 2월 말일까지로 한다.

수업일수는 유치원 180일 이상, 초 · 중 · 고, 고등기술학교, 특수학교는 190일 이상, 공민학교, 고등공민학교는 170일 이상이다. 학교의 수업일수는 이와 같은 기준에 따라 학교(원)장이 정한다. 초 · 중 · 고, 고등기술학교 및 특수학교 장은 천재지변이나 주 5일 수업제의 실시, 연구학교 운영 또는 자율학교의 운영 등 교육과정 운영상 필요한 경우 10분의 1 범위 안에서 수업일수를 감축할 수 있으며, 수업일수를 감축할 경우 다음 학년도 개시 30일 전에 관할청에 보고해야 한다.

다. 휴업일과 수업시각

학교의 휴업일은 학교의 장이 매학년도가 시작되기 전에 학교운영위원회의 심의를 거쳐 정하되 관공서의 공휴일 및 여름 · 겨울 휴가가 포함되어야 한다. 학교의 장은 비상재해 기타 급박한 사정이 발생한 때에는 임시휴업을 할 수 있다. 이 경우 학교의 장은 지체 없이 관할청에 보고하여야 한다.

수업이 시작되는 시각과 끝나는 시각은 학교의 장이 정한다.

라. 학급편성 및 수업운영 방법

학교의 학급편성은 같은 학년 같은 학과로 하여야 한다. 학교의 장은 교육과정의 운영상 특히 필요한 경우에는 2개 학년 이상의 학생을 1학급으로 편성할 수 있다.

학교의 장은 교육상 필요한 때에는 학년 또는 학과 등을 달리하는 학생을 병합하여 수업할 수 있다. 학교의 장은 교육과학기술부 장관이 지정하는 방송프로그램을 수업에 활용할 수 있다. 또한 정보통신매체를 이용하여 수업을 운영할 수 있다. 학교의 장은 교육상 필요한 경우 보호자의 동의를 얻어 교외체험학습(학생·학부모의 희망을 받아 학교장이 허가하는 기간, 국외는 1주일 이내)을 허가할 수 있으며 이 경우 학칙이 정하는 범위 안에서 수업으로 인정할 수 있다. 유치원은 필요한 경우 반일제, 시간연장제 또는 종일제로 운영할 수 있다.

마. 학급 및 학생수 수용(「초·중등교육법 시행령」 제51조)

학교의 학급수 및 학급당 학생수는 교육감이 정하되 다음에 해당하는 자는 학생수에 포함하지 아니할 수 있다.

(1) 유급생
(2) 외국의 학교에서 국내의 중학교에 전학 또는 편입학하여 졸업한 자
(3) 군사분계선 이북 지역에서 2년 이상 재학하고 군사분계선 이남 지역의 중학교에 편입학하여 졸업한 자
(4) 재입학·전학 또는 편입학한 자
(5) 국가유공자의 자녀
(6) 기타 지역실정에 따라 교육감이 정한 자

교육감은 관할 학교의 학생수용계획을 수립하여야 한다.

바. 조기진급 및 조기졸업

초·중·고등학교 및 이에 준하는 각급학교의 장은 재능이 우수한 자에 대하여 수업연한의 단축(수업상의 특례 포함)에 의하여 조기진급 또는 조기졸업을 할 수 있도록 하거나 상급학교 조기입학을 위한 자격을 부여할 수 있다. 상급학교 조기입학에 의한 자격을 부여받아 상급학교에 입학한 경우에는 조기졸업을 한 것으로 본다.

조기진급, 조기졸업 및 상급학교 조기입학 자격부여 등은 각급 학교별로 구성된 교과목별이수인정평가위원회가 실시하는 교과목별 이수인정평가에 의한다. 교과목별 이수인정평가에 의하여 조기진급 또는 조기졸업을 한 자는 당해 학교 해당 학년의 모든 교육과정을 이수한 자와 동등한 학력이 있다고 인정한다.

교과목별 조기이수에 의하여 조기진급 또는 조기졸업을 할 수 있는 자는 학교장이 정하는 교과목의 학업성취도가 우수한 자 중에서 개인지능검사결과 등을 고려하여 학교장이 선정한다. 교과목별 조기이수대상자의 수를 선정함에 있어 1인 미만의 단수가 있는 경우에는 이를 1인으로 한다. 교과목별 조기이수에 의하여 조기진급 또는 조기졸업을 한 자는 당해 학교 해당 학년의 모든 교육과정을 이수한 자와 동등한 학력이 있다고 인정한다. 교과목별이수인정평가위원회의 구성 및 운영에 관하여 필요한 사항은 각급 학교의 학칙으로 정한다.

7. 학교건강검사(「학교건강검사규칙」)

※「학교건강검사규칙」 입법예고에 근거함(교육과학기술부공고 제2009-51호 '09. 2. 4.)

가. 건강검사 실시

학교의 장은 「학교보건법」 제7조에 따른 건강검사에 필요한 소요예산을 포함한 구체적인 건강검사 실시계획을 매년 3월 말까지 수립하여야 한다. 건강검사는 신체의 발달상황, 신체의 능력, 건강조사 및 건강검진으로 구분한다. 신체의 발달상황, 신체의 능력 및 건강검사는 학교장의 주관하에 실시하고, 건강검진은 「검진기본법」 제14조에 따라 지정된 검진기관에서 실시한다.

※ 위 규정에 불구하고 건강검진을 실시하는 학생에 대한 신체의 발달상황 및 건강조사는 검진기관에서 실시하되 건강조사는 문진표의 작성으로 갈음할 수 있다. 건강검사 중 신체의 능력검사는 학년 초에 실시하는 것을 원칙으로 한다.

나. 건강검사 내용

신체의 발달상황은 '키와 몸무게'로 측정한다. 건강조사는 예방접종 및 병력, 식생활 및 비만, 위생관리, 신체활동, 학교생활 및 가정생활, 텔레비전, 인터넷 및 음란물의 이용, 안전의식, 학교폭력, 흡연 · 음주 및 약물의 사용, 성의식, 사회성 및 정신건강, 건강상담 등에 대하여 실시하여야 한다. 건강검진은 근 · 골격 및 척추, 눈 · 귀, 콧병 · 목병 · 피부병, 구강, 기관능력, 병리검사 등에 대하여 검사 또는 진단을 하여야 한다.

다. 신체의 능력검사 대상 및 방법

신체의 능력검사는 초 · 중 · 고등학교 학생에 대하여 실시하되, 심장질환 등 신체허약자와 지체부자유자에 대하여는 실시하지 아니할 수 있다.

신체의 능력검사는 필수평가와 선택평가로 구분한다.

① 필수평가 : 심폐지구력, 유연성, 근력근지구력, 순발력, 체지방평가로 한다.

② 선택평가 : 심폐지구력평가, 비만평가, 자기신체평가, 자세평가로 한다.

※ 선택평가는 3년간 1회 이상 실시하여야 함.

라. 신체의 능력급수

신체의 능력검사의 결과는 이를 종합하여 신체의 능력등급으로 판정하여 구분한다. 신체의 능력등급은 각 종목별로 신체의 능력검사 기준표와 종목별등급 및 점수기준표에 의하여 산정한 점수의 총점을 신체의 능력등급 판정표에 의하여 판정한다.

마. 건강검사의 결과의 관리

학교의 장은 학생에 대하여는 건강기록부를 작성하고, 교직원에 대하여는 건강검진 결과를 관리하여야 한다. 전염병 예방접종의 실시 여부 등을 포함한 학생의 건강검사 결과는 교육정보시스템에 의한 처리를 위하여 학생건강기록부로 작성하여야 한다. 학교의 장은 소속 학교의 학생이 전출하거나 고등학교까지의 상급학교에 전학할 때에는 해당 학교장에게 이관하여야 한다.

※ 중학교 또는 고등학교에 진학하지 못하거나, 고등학교에서 휴학 · 퇴학생은 최종 재학했던 학교에서 5년간 보존하여야 한다. 신체의 능력검사 결과에 따라 학생 개인별 신체활동처방을 제공하는 학생건강 체력평가시스템을 교육정보시스템과 연계하여 구축 · 운영한다.

바. 건강검사 실시의 예외 및 기타

당해 연도에 건강검사를 실시할 수 없는 경우에는 교육감 또는 교육장의 승인을 얻어 신체의 발달상황 및 신체의 능력과 건강조사를 생략할 수 있고 건강검진은 다음 학년도로 연기할 수 있다. 개정된 규정은 '09학년도 초등학교, '10학년도 중학교, '11학년도에 모든 학교에 적용한다.

사. 신체능력 검사항목

구분	체력요인	검사항목
필수평가	심폐지구력	왕복오래달리기, 오래달리기걷기, 스텝검사
	유연성	앉아 윗몸 앞으로 굽히기, 종합유연성 검사
	근력근지구력	팔굽혀펴기(남), 무릎 대고 팔굽혀펴기(여), 윗몸말아올리기, 악력
	순발력	50m 달리기, 제자리멀리뛰기
	체지방	체질량지수(BMI), 체지방률
선택평가	① 심폐지구력 정밀평가 ② 비만평가 ③ 자기신체평가 ④ 자체평가	

아. 학교보건 안전관리

(1) 학교에는 학교의사(치과의사 및 한의사 포함), 학교약사 및 보건교사를 둔다. 18학급 이상의 초등학교에는 학교의사 1인, 학교약사 1인 및 보건교사 1인을 두고, 18학급 미만의 초등학교에는 학교의사 또는 학교약사 중 1인을 두고, 보건교사 1인을 둘 수 있다.

(2) 9학급 이상인 중학교와 고등학교에는 학교의사 1인 및 보건교사 1인을 두고, 9학급 미만인 중학교와 고등학교에는 학교의사 또는 학교약사 중 1인과 보건교사 1인을 둔다.

(3) 등교중지(「학교보건법」 제8조, 동법 시행령 제13조)

학교의 장은 건강검사의 결과나 의사의 진단결과 전염병에 감염되었거나 감염될 우려가 있는 학생 및 교직원에 대하여는 등교를 정지시킬 수 있다. 학교의 장이 등교중지를 명할 때에는 그 사유와 기간을 명시한다. 다만, 질환 증세 또는 질환 유행의 양상에 따라 필요한 경우에는 그 기간을 단축 또는 연장할 수 있다.

자. 전염병 발생 시 신고

신고의무자(「전염병예방법」 제5조) : 학교장

신고 내용(「전염병예방법 시행규칙」 제2조)

(가) 신고인의 주소, 성명과 환자 또는 사망자와의 관계

(나) 환자의 주소, 성명, 생년월일, 성별 및 직업

(다) 환자의 주요 증상(사망자인 경우에는 사망 이전의 주요 증상)

(라) 환자 또는 사망자의 발병 연월일

차. 학교안전교육, 성보호, 성매매 예방

안전점검의 날은 매월 4일로 하고 방재의 날은 매년 5월 25일로 한다. 학교장은 연 2회 이상 학교시설물에 대한 안전점검을 실시하고 그 결과를 연 1회 교육감에게 보고하여야 한다. 성희롱 예방교육은 연 1회 1시간 이상 교육시간을 확보하여야 한다. 성매매 예방교육은 해당 학교의 소속된 직원, 학생(초등학생 제외)을 대상으로 1년에 한 번 이상 실시하여야 한다.

※ 보충자료 ※

◎ 보건교사의 변천과정

1930년에 이화학당에 간호사를 배치하는 것을 시작으로 1953년 양호교사 지위를 인정하는「교육공무원법」 제285호로 명시하였으며 교육부 장관 발행의 양호교사 자격증과 함께 양호교사를 발령하였다. 그 이후 「학교보건법」과 초 · 중등교육법률로 전환함에 따라 2002년 양호교사가 보건교사로 명칭이 개칭되었다.

8. 학교폭력 예방 및 대책

가. 학교폭력의 정의

학교 내외에서의 학생 간에 발생한 상해, 폭행, 감금, 협박, 약취 · 유인, 명예훼손 · 모욕, 공갈, 강요 및 성폭력, 따돌림, 정보통신망을 이용한 음란 · 폭력정보 등에 의하여 신체 · 정신 또는 재산상의 피해를 수반하는 행위를 말한다.

나. 학교폭력대책자치위원회 설치

(1) 자치위원회의 설치 기능

(가) 학교폭력의 예방 및 대책에 관련된 사항을 심의하기 위하여 학교에 자치위원회를 둔다.

(나) 자치위원회는 학교폭력의 예방 및 대책 등을 위하여 다음 사항을 심의한다.

① 학교폭력의 예방 및 대책을 위한 학교의 체제 구축

② 피해학생의 보호

③ 가해학생에 대한 선도 및 징계

④ 피해학생과 가해학생 간의 분쟁조정

⑤ 그 밖에 대통령령이 정하는 사항(학교폭력 문제를 담당하는 책임교사 또는 학생회 대표가 건의하는 사항)

(2) 자치위원회의 구성

(가) 자치위원회는 위원장 1인을 포함하여 5인 이상, 10인 이하의 위원으로 구성한다.

(나) 자치위원회의 위원은 다음 각 호의 어느 하나에 해당하는 사람 중에서 해당 학교의 장이 임명하거나 위촉한다.

① 해당 학교의 교감

② 해당 학교의 교사 중 학생생활지도의 경력이 있는 교사

③ 해당학교운영위원회의 학부모 대표

④ 판사 · 검사 · 변호사

⑤ 해낭 학교를 관할하는 경찰서 소속 경찰공무원

⑥ 의사의 자격을 가진 사람

⑦ 그 밖에 학교폭력 예방 및 청소년 보호에 대한 지식과 경험을 가진 사람

(다) 자치위원회의 위원장은 위원 중에서 호선한다.

(라) 자치위원회의 위원의 임기는 2년으로 하되 연임할 수 있다.

다. 피해학생의 보호

(1) 자치위원회는 필요한 경우 다음 내용의 조치를 취할 것을 학교장에게 요청한다.

(가) 심리상담 및 조언

(나) 일시보호

(다) 치료를 위한 요양

(라) 학급교체

(마) 전학권고

(바) 그 밖에 피해학생의 보호를 위하여 필요한 조치

(2) 학교의 장은 피해학생의 보호자의 동의를 얻어 당해 조치를 취할 수 있다.

(3) 조치 등 보호가 필요한 학생의 결석은 학교장이 인정하는 경우 이를 출석으로 산입할 수 있다.

(4) 학교의 장은 성적 등을 평가함에 있어 위의 조치로 인하여 학생에게 불이익을 주지 아니하도록 노력해야 한다.

라. 가해학생에 대한 조치

(1) 자치위원회는 다음의 조치를 학교장에게 요청한다.

(가) 피해학생에 대한 서면사과

(나) 피해학생에 대한 접촉 및 협박의 금지

(다) 학급교체

(라) 전학

(마) 학교에서의 봉사

(바) 사회봉사

(사) 학내외 전문가에 의한 특별교육이수 또는 심리치료

(아) 10일 이내의 출석정지

(자) 퇴학처분(의무교육과정에서는 제외)

(2) 자치위원회는 가해학생 및 보호자에게 의견진술의 기회를 부여하는 등 적정한 절차를 거쳐야 한다.

(3) 분쟁조정 기간은 1월을 넘지 못한다.

마. 학교폭력 추방의 날

교과부는 학교폭력 발생 빈도가 상대적으로 높은 학기 초인 3월과 9월 셋째 주 월요일을 학교폭력 추방의 날로 정하고 '05년부터 운영하고 있다.

강갑원 외(2006). 교육학개론. 서울 : 교육과학사.

경기도교육정보연구원(1999). 학급담임교사 직무의 실제.

국사편찬위원회(1981). 한국사. 서울 : 탐구당.

교육과학기술부(1997). 제7차 교육과정 운영.

교육과학기술부 홈페이지(http://www.mest.go.kr).

교직실무편찬회(2008). 교원과 교직실무. 서울 : 도서출판 예응.

김경헌 외(2007). 신교육학개론. 서울 : 태영출판사.

김진한(2009). 교사를 위한 교직실무. 서울 : 학지사.

김창대 외 4인(1994). 성적이 떨어지는 아이들. 청소년상담문제연구보고서, 9. 서울 : 청소년대화의 광장.

대전광역시교육청(2005). 생활지도가이드북.

박윤배외 4명(2008). 중등 신규교사 길라잡이. 서울 : 교육과학사.

박재윤(2005). 학교교육법 편람. 서울 : 교육과학사.

서울대학교교육연구소(1997). 한국교육사. 서울 : 교육과학사.

서울특별시남부교육청(2008). 새내기 교사를 위한 길라잡이.

신득렬 외(2004). 쉽게 풀어 쓴 교육철학 및 교육사. 경기 : 양서원.

위키백과(인터넷백과사전)홈페이지(ko.wikipedia.org).
윤종건(2007). 학교행정실무백과. 서울 : 한국교육신문사.
이칭찬 외(2008). 교직실무이론. 서울 : 동문사.
이칭찬, 주상덕(2009). 교직실무이론. 서울 : 동문사.
전라남도교육청(2007). 학교생활기록부 길라잡이.
전라남도교육청(2009). 교직실무메뉴얼(중등장학자료 2008-38). 혜성출판사.
조동섭외 7명(2008). 새내기 교사가 알아야 할 100가지. 서울 : 교육과학사.
조화섭(2007). 조화섭교육학. 서울 : 도서출판 혜담.
탁영진(2008). 탁영진교육학. 서울 : 도서출판 희소.
한국교육철학회(1998). 교육철학 제16집.
황정규(1990). 학교학습과 교육평가. 서울 : 교육과학사.
효과적인 교수법(Effective Teaching Methods). 서울 : 피어슨에듀케이션 코리아.

국가공무원법(법률 제8423호). 2007.
국가공무원복무규정(대통령령 제20059호). 2007.
교원예우에 관한 규정(대통령령 제16786호). 2000.
교원의 노동조합 설립 및 운영 등에 관한 법률(법률 제8157호). 2006.
교원 지위 향상을 위한 특별법(법률 제8414호). 2007.
교육공무원법(법률 제7537호). 2005.
교육공무원 인사 관리 규정(교육과학기술훈령 제702호). 2006.
교육공무원 임용령(대통령령 제20111호). 2007.
교육공무원 징계령(대통령령 제19844호). 2007.
교육기본법(법률 제8415호). 2007.
교육법전(2008). 교육법 편찬위원회. 서울 : 교학사.
대한민국헌법. 1987.
초·중등교육법시행령(대통령령 제20116호). 2007.
초·중등교육법(법률 제8165호). 2007.

저자 소개

✍ 김헌수

· 교육학 박사
· 원광대학교 사범대학 명예교수

〈저서〉

· 게슈탈드(1994, 정암서원)
· 현장교육연구법(1996, 재동문화사)
· 심리교육(1998, 한국심성교육개발원, 교육부)
· 새 교육학(2000, 공저, 교육출판사)
· 21세기를 위한 생활지도(2009, 공저, 태영출판사)

✍ 심연흠

· 교육학 박사
· 한국예술총연합회 속초지부 부지부장 역임
· 속초시 사회복지협의회장 역임
· 연세대학교 교육대학원 총학생회 회장 역임
· 관동대학교 사범대학 겸임교수

✍ 류재수

· 교육학 박사
· 목포 덕인고, 목포 혜인여고, 이리남성여고, 남성고, 남성중 교사 역임
· 남성여중 교사
· 원광대학교 사범대학 겸임교수

신교직실무 -개정판-

초판발행 2011년 3월 5일
개 정 2쇄 2017년 8월 20일

2017. 8.

저 자 김헌수 · 심연흠 · 류재수

발행인 김현태
발행처 태영출판사

주 소 (08301) 서울 구로구 구로동 104-10 동남오피스텔 201호
전 화 02 · 839-3757, 839-3752
팩 스 02 · 837-3754
등 록 2005년 5월 30일 제12-421호
http://www.taeyeongbook.co.kr
E-mail tys2005@hanmail.net
ISBN 978-89-6302-161-4 93370
정 가 16,000원

* 잘못 만들어진 책은 교환해 드립니다.